ALEX »ALEXIBEXI« BÖHM
MIT CAROLIN SCHWARTAU

SCHEISS AUF KAMERAS

Bibliografische Information der Deutschen Nationalbibliothek
Die Deutsche Nationalbibliothek verzeichnet diese Publikation in der Deutschen Nationalbibliografie.
Detaillierte bibliografische Daten sind im Internet über http://d-nb.de abrufbar.

Für Fragen und Anregungen
info@rivaverlag.de

Originalausgabe
1. Auflage 2019

Nymphenburger Straße 86
D-80636 München
Tel.: 089 651285–0
Fax: 089 652096

Redaktion: Silke Panten
Umschlaggestaltung: Marc-Torben Fischer, München
Umschlagabbildung: © Alex Böhm und Carolin Schwartau
Layout, Satz, Bildbearbeitung: Christoph Dirkes · 4cSONS mediendesign · www.4cSONS.de
Druck: Florjancic Tisk d.o.o., Slowenien
Printed in the EU

ISBN Print 978-3-7423-0899-3
ISBN E-Book (PDF) 978-3-7453-0560-9
ISBN E-Book (EPUB, Mobi) 978-3-7453-0561-6

Weitere Informationen zum Verlag finden Sie unter
www.rivaverlag.de
Beachten Sie auch unsere weiteren Verlage unter
www.m-vg.de

ALEX »ALEXIBEXI« BÖHM
MIT CAROLIN SCHWARTAU

SCHEISS AUF KAMERAS

PERFEKT FOTOGRAFIEREN UND FILMEN MIT DEM SMARTPHONE

riva

INHALT

VORWORT

Hey, ihr Wissenslustmolche, und willkommen zu einer bisher unbekannten Art des Gedankentransportes meinerseits ... unsererseits. Das hier ist kein YouTube-Video, keine Insta-Story, kein Tweet. Das hier ist ein Buch. Totholz. Warum? Weil nicht nur wir, sondern auch ihr genau wisst, dass es viel besser ist, selbst Hand anzulegen, als nur zuzugucken. Wir erzählen euch gleich mehr darüber, wer »wir« sind. Aber erst mal freuen wir uns sehr, dass ihr dieses Buch gekauft, geliehen, gefunden, geschenkt bekommen und aufgeschlagen habt, um mehr über das Fotografieren und Filmen mit dem Smartphone zu lernen. Heißt auch, dass ihr wohl etwas Neues lernen wollt und keinen Bock mehr auf den immer gleichen Kram habt. Wir wollen gemeinsam mit euch auf eine Reise gehen, bei der ihr entweder euer billiges China-Schrott- oder euer Flaggschiff-Smartphone in Sachen Foto und Film besser kennenlernen werdet. Am Ende, wenn ihr dieses Buch zuklappt, werdet ihr ziemlich genau wissen, wie ihr euer Smartphone richtig und effektiv einsetzen könnt. Oder besser gesagt: Ihr werdet all die Zweifler und modernen Technologieverweigerer das Fürchten lehren.

»Aber wozu? Warum macht ihr euch die Arbeit, so einen Papierstapel mit Buchstaben und Bildern zu füllen?«, fragt ihr euch vielleicht, und das zu Recht. Nun, wir gehen durch eine Welt, in der Menschen ihr Smartphone tagtäglich als ihren stetigen Begleiter in den Händen halten. Das Smartphone ist faktisch die meistgenutzte Kamera der Welt. Mal eben schnell ein Foto von unserem Haustier, unseren Freunden, unseren Körperteilen oder einer schönen Urlaubslandschaft. Kinderkram. Doch sitzt man später zu Hause bei Kaffee und Kuchen (oder Netflix und Chill) und schaut sich die Bilder an, dann entsprechen die Schnappschüsse oft nicht dem, was wir uns vorgestellt hatten. Hier ist eine Ecke abgeschnitten, da ist es irgendwie unscharf und dort sind die Farben zu doll oder zu oll. Woran liegt das? Warum ist es uns (zu) oft egal, wie wir unser Smartphone objektiv betrachtet richtig nutzen? Was kann man an einem Smartphone überhaupt alles einstellen? Was können wir tun, um Bilder zu kreieren, für die wir uns im Nachhinein beim Herumswipen nicht schämen müssen?

Vor allem kann man sich aber die Frage stellen, wie weit heutzutage die kreativen Möglichkeiten gehen, damit die bis unter die Zähne mit Power bewaffnete Kommunikationskeule wenigstens ein bisschen ins Schwitzen kommt. Ja, es gibt viele Artikel dazu im Internet, viele YouTube-Videos, viele Meinungen, aber in gedruckter Form so gut wie nichts (Authentisches). Fanden wir also ganz charmant, als Digital Natives mal ein »definitives Kompendium« herauszubringen, in dem ihr durch schnelles Blättern viel gezielter an eure Informationen kommt, als wenn ihr euch durch Videos spulen oder durch Postings scrollen müsst. Totholz mit Buchstaben hat also noch so seine Vorteile. Wer sich heute mit der Fotografie auseinandersetzen will, sollte sich die kleinen Kameras in all den unterschiedlichen Telefonen unbedingt genauer anschauen und den Blick vor neuer und zukünftiger Technik nicht verschließen. Sie liegt doch schon auf einem Silbertablett vor unseren Füßen, verdammt! Wir müssen sie nur verstehen und benutzen. Also, freut euch auf viele Seiten vollgestopft mit Halb ... äh ... Wissen, damit ihr euer Smartphone beim nächsten Mal in die Hand nehmen und von einem ganz neuen Blickwinkel aus betrachten könnt.

»Ach, scheiß drauf! Nehmen wir einfach 'ne professionelle Kamera und gut is'! In der Werbung war doch gerade so eine günstige Spiegel-Reflexzonen-Massage ... äh ... Kamera. Da weiß man auf jeden Fall, was man hat! Das sieht dann immer besser aus! Das steht auch so in all den Prospekten von Media Markt!« Wenn ihr so denkt, dann verleihen wir euch hiermit offiziell den goldenen Staubsauger. Der hilft euch dabei, staubige Gedanken wegzusaugen. Denn das »Werbedenken« ist so alt wie die Zielgruppe der öffentlich-rechtlichen Fernsehsender. Wer von euch jedoch sagt: »Am Arsch, das geht auch anders!«, der wird mit diesem Buch eine Menge Spaß haben. Ach und fast vergessen: Wir müssen uns ja noch einmal kurz vorstellen, wenn ihr uns nicht schon kennt. Das kommt mit einem »Danke« doch immer ganz gut, oder?

Also: ein Dankeschön an dieser Stelle nicht nur von mir, Alex Böhm (ein, zwei Leuten auch als »alexibexi« bekannt), sondern auch von meiner geschätzten Kollegin und Freundin Caro Schwartau. Sie ist schon seit einigen Jahren für die Kameraarbeit meiner Bewegtbildinhalte verantwortlich. Ihr kennt sie also schon ewig. Zumindest indirekt. ***#Filmemacher***, ***#YouTuber***, ***#ContentCreator***, ***#Kamerafrau***, ***#GuteSeeleHinterDenKulissenVonAlexibexi***. Wir haben zwar studiert, aber hey. Wir sind Autodidakten. Wir wissen, dass nichts läuft, ohne es wirklich gemacht und ausprobiert zu haben. Kein Hersteller, keine Agentur und kein Entwickler bezahlt, umgarnt oder bepudert uns. Unser Buch ist Edutainment für jeden, der verstehen will, was für ein Potenzial in diesen winzigen Kameras von Smartphones steckt. Wir legen deswegen ganz bewusst den Fokus auf Technik und machen nur der Vollständigkeit halber einen Crashkurs der klassischen »Fotolehre«.

Wir wollen euch, so gut wir können, durch Inspirationen dazu verführen, kreativ aus den immer wieder heruntergebeteten Regeln der Fotografie auszubrechen, und einfach mal machen lassen. Daher heißt es für jeden von euch, der das Buch bis zum Ende verinnerlicht hat: rausgehen, machen, do it! Das ist heutzutage viel spannender, hilfreicher und nachhaltiger. Jeder ist, hat und kann Kamera!

DIE GESCHICHTE, GEGENWART UND ZUKUNFT VON »KAMERAS«

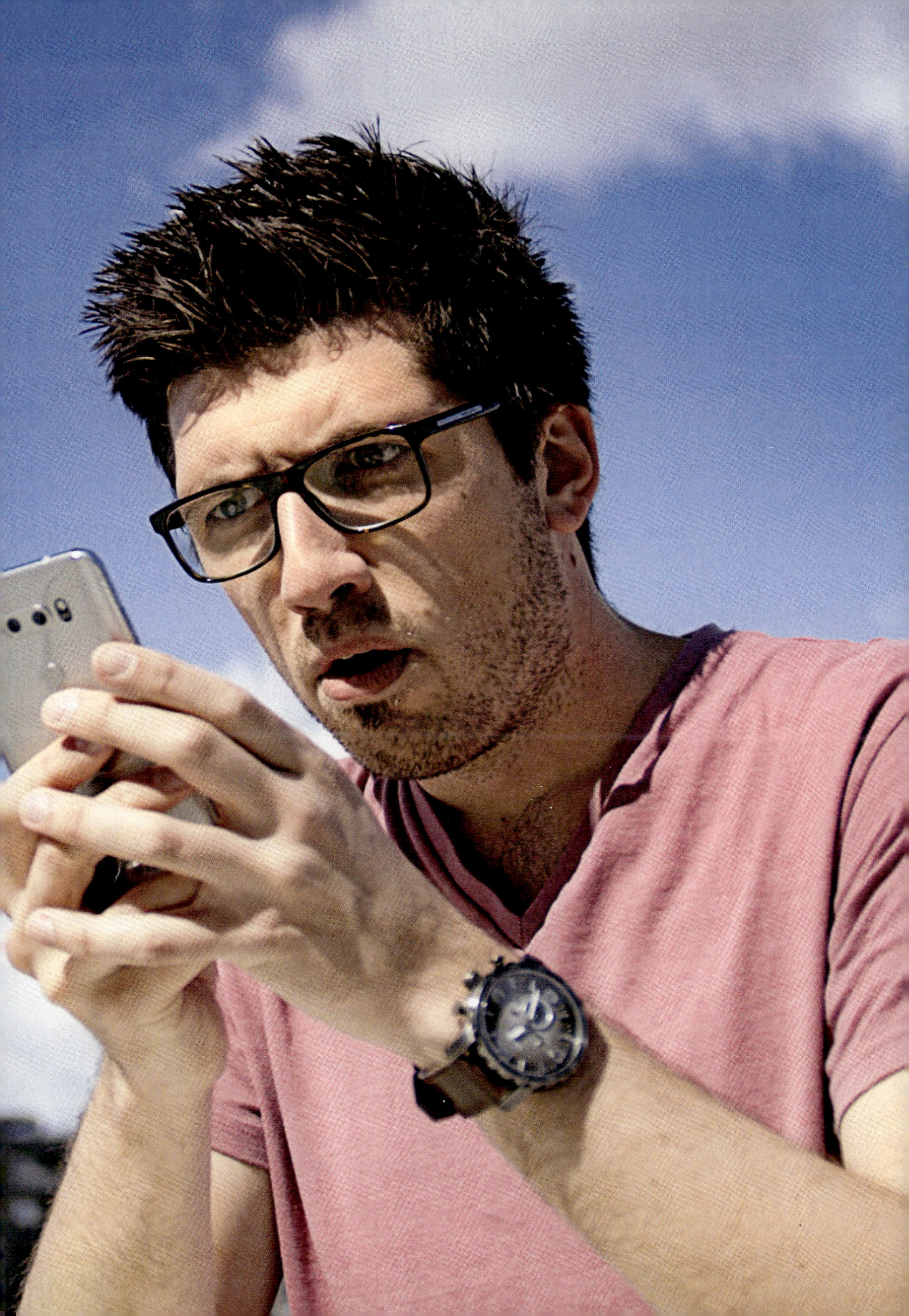

Okay. Also. Wir werden über Kameras reden. Über Smartphone-Kameras. Wir werden auf jeden Fall über Fotos und über Videos reden.

Zu Beginn deutlich mehr über Fotos, weil sich die technischen und gestalterischen Grundlagen der Videofunktion an denen der Fotos orientieren und die Videofunktion sich sozusagen nur »draufsetzt« aufs gemachte Nest ... also »ins« gemachte Nest. Typisch.

Viele von euch nehmen moderne Technologien für selbstverständlich. Das nervt. Eure stundenlangen Gaming-Sessions an der Xbox auf Twitch entstammen auch Gameboys oder gar Pong-Maschinen. Euer dauerunbefriedigtes Songgeskippe auf Spotify entstammt Schallplatten oder gar Tonbändern.

Eure überzüchteten Drölf-Megapixel-Serienbild-Selfie-Monster aka »Smartphone« entstammen Filmrollen oder gar Fotoplatten. Vielleicht gehört der ein oder andere von euch auch noch zu der Generation, die sich mit Freunden über die Megapixelzahl auf dem Nokia 3310i unterhalten hat.

Wie stolz wir damals waren: Fotos mit dem Handy machen! Hätten wir da schon gewusst, wohin sich Kameras von Mobiltelefonen entwickeln würden, hätten wir wohl nur müde gelächelt. Na ja, das Internet hatte ja auch »keine Zukunft« und überall hätte es schon fliegende Autos oder selbstschnürende Turnschuhe geben müssen.

Für uns eröffnete sich damals eine ganz neue und faszinierende Welt, in der wir nicht immer unsere »Partyknipse« dabeihaben mussten. Fotos (ja, und Musik) wurden via Infrarot und Bluetooth miteinander getauscht. Auch wenn man sich keinen Millimeter dabei bewegen durfte, war das der Wahnsinn! Der Weg bis dorthin und inzwischen bis hierhin war aber lang und teilweise furchtbar.

Das zu wissen und zu verstehen, ist eine Herzensangelegenheit unsererseits und ein erster wichtiger Schritt, um das Thema Kameras in Smartphones zu verinnerlichen. Das sagen wir nicht, weil wir alte, verbitterte »früher war alles besser«-Hinterhertrauerer sind, sondern weil es – neben nützlichem Angeber-Party-Wissen – vor allem Sicherheit und Vertrauen gibt. Ihr werdet sehen: Smartphone-Fotografie ist kein moderner Firlefanz. Die Grundsätze sind seit Jahrzehnten gleich, nur die Möglichkeiten verändern sich. Und dich. ***#Bushidoanspielung***.

KAMERAS, WIE WIR SIE EINST KANNTEN

Schauen wir doch mal: Wann und womit ging es eigentlich los? Wie sah die erste Kamera aus und wie sah überhaupt die erste Smartphone-Kamera aus? Was hat sich technisch bis heute verändert und ab wann war es überhaupt möglich, Fotos sofort mit allen zu begucken und zu teilen?

Camera obscura

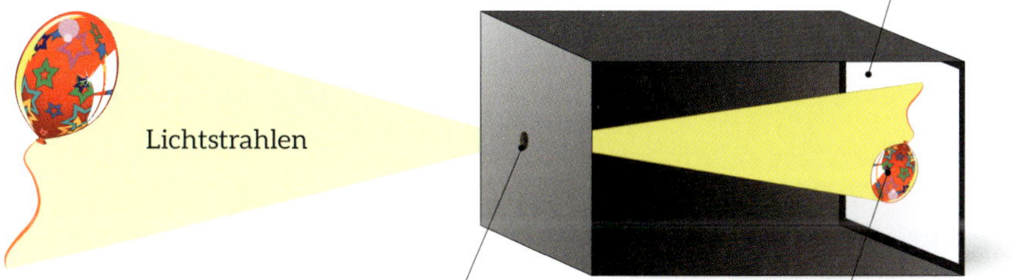

Im 4. Jahrhundert v. Christus beschrieb Aristoteles erst mals das optische Grundprinzip der »Fotografie« (altgriechisch »Licht« und »zeichnen«) oder bessser gesagt: das Prinzip der Camera obscura. Diese wird auch als Lochkamera bezeichnet. Guckt euch das Bild an. In dem Raum mit dem Loch auf der einen Wand trifft das durch das Loch kommende Licht eines Motivs auf die gegenüberliegende Wand. Dabei entsteht ein auf dem Kopf stehendes und seitenverkehrtes Bild. Unser Auge funktioniert übrigens fast genauso. Unser Gehirn dreht das Bild dann »richtig herum«. Wir nennen das: sehen. Wow. *#Brainplosion.*

Das sichtbare Bild hat man damals salopp gesagt »abgepaust«. Es gab noch kein beständiges Medium, das die Abbildung »speichern« konnte.

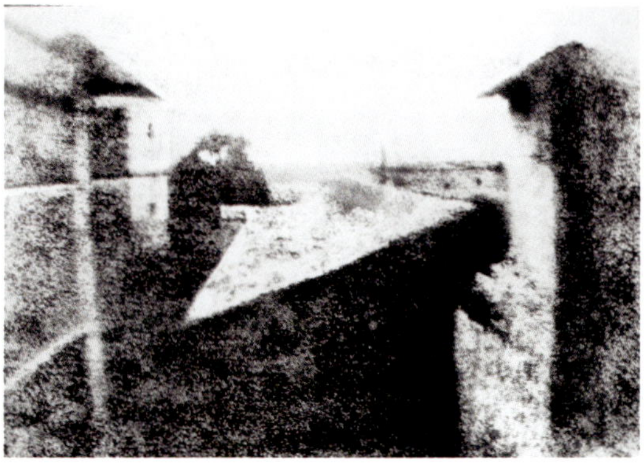

Das erste Foto, das jemals aufgenommen wurde.

Die eigentlichen Erfinder der Fotografie sind jedoch Joseph Nicéphore Niépce und Louis Daguerre. Joseph nahm 1826 das erste Foto auf. Es war der Ausblick aus seinem Arbeitszimmer. Was erkennt ihr auf dem Foto? Nichts, oder?

Die Aufnahme dauerte damals unfassbare acht Stunden und wurde auf eine Zinnplatte belichtet, also »gespeichert«. Wie anstrengend wohl erst ein Selfie gewesen sein müsste. Heute schimpft ihr doch schon über vier Sekunden Ladezeit bei ***Netflix***. In der Zeit könntet ihr wirklich eine Menge Kaffee oder glutenfreies Bio-Wasser in euch hineinschütten. Louis wurde im Laufe der nachfolgenden Jahre Josephs Partner und entwickelte 1839 ein Aufnahme- und Entwicklungsverfahren mit Kupferplatten und Quecksilberdämpfen. Die Dauer bis zum fertigen Bild wurde – für damalige Verhältnisse – enorm kurz. Man nannte es die Daguerreotypie. Ja, das war gesundheitlich wirklich richtig mies. Aber technisch top! Das war so gut, dass man auf so einer Fotoplatte unter der Lupe noch feine Details in den Gesichtern oder der Kleidung erkennen konnte! 1840 hatten Kameras also schon einen besseren Standard als heutige Billigkameras.

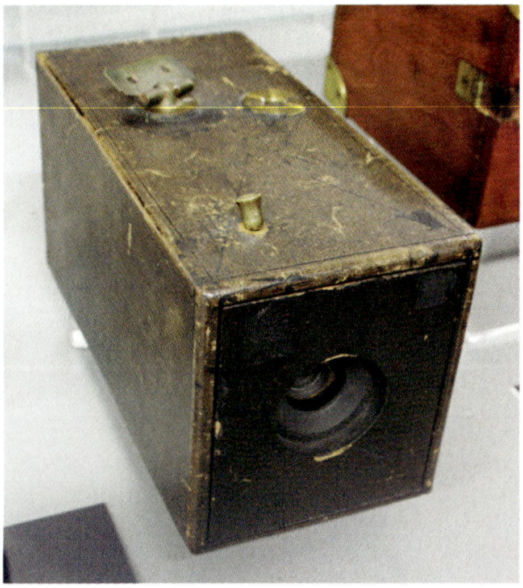

Die Kamera, die man wirklich tragen konnte: die Kodak 1.

Bis hierhin war das alles aber sperrig. Eine Kamera, ein Bild, ewige Wartezeiten, bis man mit dem Foto irgendwas anfangen konnte. Fotos machen war dann doch etwas für Leute mit zu viel Zeit, zu viel Geld und Pferdekutschen für die umzugskartongroßen Kameras ... oder? Fast. Wie alles im Leben wurden auch Kameras irgendwann »industrialisiert« und Industrialisierung setzt zumindest ein Minimum an Standardisierung voraus. Im Jahr 1888 kamen die ersten Aufnahmemedien in Rollenform heraus (Fotofilme), zusammen mit der ersten tragbaren Kamera, der Kodak 1.

Hat eigentlich »nur« 25 Dollar gekostet. Schnapper! Von wegen. Das wären heute satte 700 Dollar. Die Kodak 1 war den Leuten aber immer noch zu schwer (und zu teuer). Also tüftelten Menschen selbst privat an neuen Möglichkeiten herum und schwupps: Der erste Prototyp einer Kompaktkamera wurde 1914 von Oskar Barnack entwickelt. Der hatte Ahnung von dem Thema, da er bei Leitz arbeitete. Deswegen nannte man seine Erfindung später auch Leica (Leitz Camera). Das war für die Fotografie ein verrückter Fortschritt, denn damit wurden die sperrigen Boxkameras Geschichte. Der Witz an dem Ding war: 35 Millimeter Kinofilm wurden auf kleine Rollen gewickelt und als Aufnahmemedium genutzt. Das war günstig und qualitativ richtig gut, denn das Format war gängig und ist bis heute (!) Maßstab: das Kleinbildformat. Aufgrund des Ersten Weltkriegs kam diese erste Leica jedoch erst 1925, also ganze elf Jahre später, auf den Markt. Aber auch hier hieß es effektiv: warten. Denn dieser Film musste selbstverständlich erst einmal entwickelt werden. Immerhin sprechen wir hier nun nur noch von wenigen Stunden für eine ganze Rolle!

Bis hierhin war alles schwarz-weiß. Erst 1936 geht der für uns interessante Teil weiter, denn in dieser Zeit gab es die ersten alltagstauglichen und vom Grundprinzip bis heute gleich gebliebenen Farbfotos von Kodak (auch bekannt als Kodachrome und Agfa).

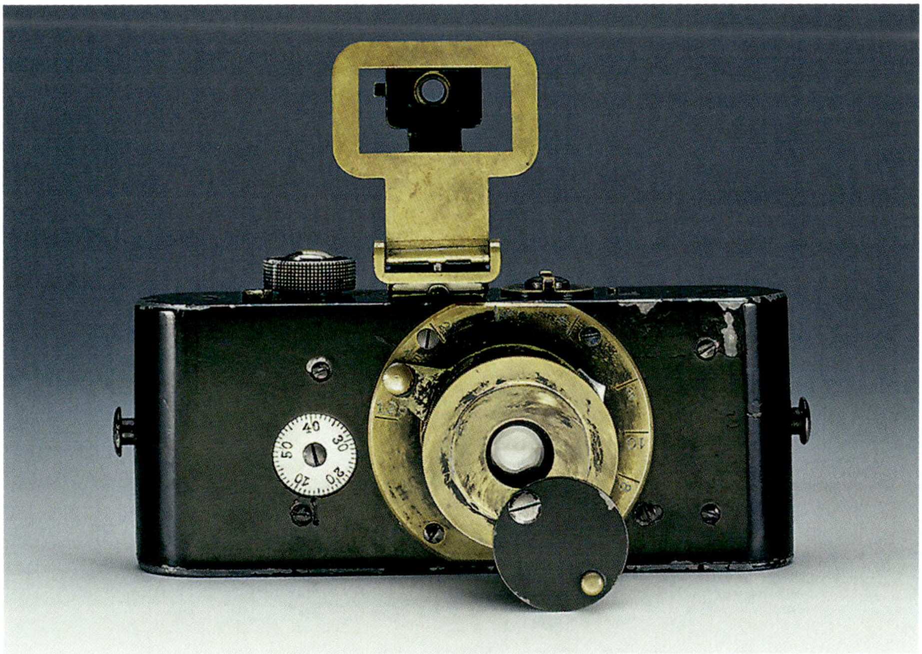

Die erste Kompaktkamera (Leica). Bis heute ist ihr Kleinbildformat Maßstab.

Das war richtig geil, denn mit so einer realitätsnahen Abbildung der Wirklichkeit wollte jeder herumlaufen. Also überlegten sich kluge Köpfe, wie man Kameras und Fotos basteln könnte, die nicht stundenlang entwickelt werden müssen. Zack: 1948 wurde die erste Kamera an den Mann (und die Frau) gebracht, die zum allerersten Mal in der Geschichte der Fotografie ein Foto im Schnellverfahren entwickeln konnte. Es war die Polaroid von Edwin H. Land oder genauer: sein Spezialfilm, der alle bis zu diesem Zeitpunkt bekannten Filmaufnahme- und Entwicklungsverfahren idiotensicher vereinte. Edwins Sofortbildkamera und ihr Prinzip haben bis heute Kult und sind immer noch sehr beliebt, egal ob bei Profis oder Hobbyfotografen. Kult geht halt immer. Damals war diese Kamera in den Köpfen der Foto-Enthusiasten der Startschuss für, wie wir es heute nennen würden, »mobile Fotografie«. Was folgte daraus? Richtig. Perfektionierung.

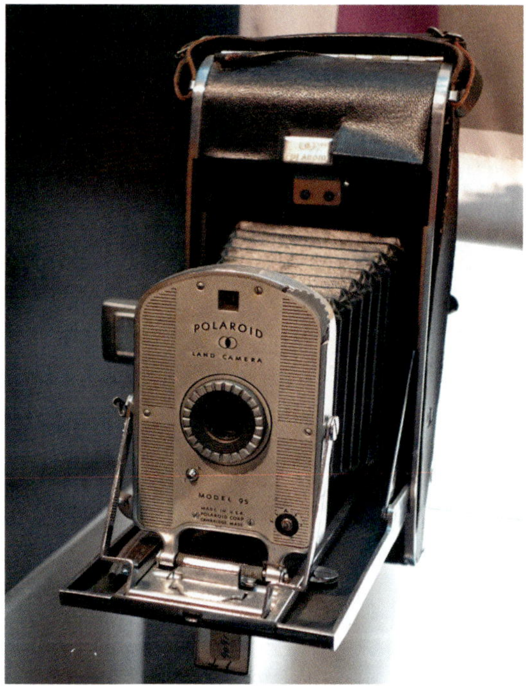

Eine revolutionäre Erfindung: die Sofortbildkamera von Edwin H. Land.

Aber das war noch nicht genug, denn wir wollten einerseits nicht mehr lange warten müssen, andererseits wurden wir auch bedienfaul. Keiner wollte mehr von Hand irgendwelche Knöpfe drücken, also musste Technik nachhelfen. 1956 gab es die erste Kamera mit einer automatischen Funktion: der Zeitautomatik. Die Aufnahmezeit für Fotos musste nicht mehr manuell eingestellt werden. Heilige Scheiße! Die Hersteller hatten Blut geleckt. Wenige Jahre später, 1978, kam mit der Konica C35 AF die erste automatische Schärfeeinstellung auf den Markt und kurz darauf konnte auch die Blende automatisch eingestellt werden. Halleluja! Wir kennen diesen Hokuspokus heute jeweils unter »Autofokus« und »Belichtungsautomatik«. Damals waren das die am schnellsten adaptierten Funktionen für alle vorhandenen und noch erscheinenden Kameras. Wir sind halt eine faule Spezies. Das war aber auch gleichzeitig die Geburtsstunde der digitalen Kameras. Warum? Nun, mehr Funktionen bedeuten auch mehr Möglichkeiten zum Ausprobieren. Wenn Technik solche »einfachen« Dinge

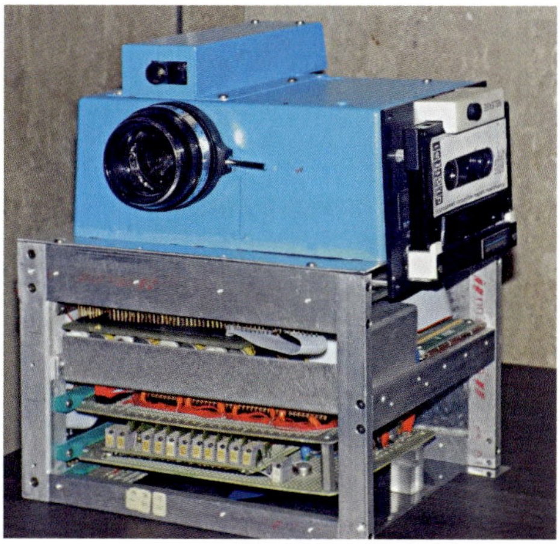

Diese Kamera hat mit heutigen Standards nichts mehr zu tun, war damals aber ein Meilenstein.

übernehmen kann, warum nicht auch noch andere? Komplexere? Also kam man – schon wieder – bei Kodak auf die Idee, Bilder auf Kassetten zu speichern. Warum auch nicht? Tonbänder waren damals das ultimative Schweizer Taschenmesser für … alles (Musik, Sprache, Computerspiele usw.).

Dieser 4 Kilo schwere Kasten nahm sage und schreibe 0,01 Megapixel große Fotos auf Kassette auf und brauchte dafür nur 23 Sekunden. Irre. Problem bis hierhin war nur: Im Gegensatz zum klassischen Film war die »digitale Qualität« unterirdisch. Aber so richtig. Erst Mitte der 1980er-Jahre verhalf die Kombination aus neuartigen Farbsensoren (Bayer-Sensor) und ausreichend Megapixeln der digitalen Kamera zum Durchbruch. Aber zieht euch das mal rein: Wir befinden uns aktuell etwa Ende der 1980er-Jahre. Erst jetzt werden Kameras langsam, aber sicher für die Allgemeinheit bedienbar, praktisch und können mehr als »nur ein Foto machen«. Wo haben wir noch mal angefangen? Ah richtig, 18 fucking 26. ***#HundertsiebzigJahreSpäter*** (oder wahlweise Sponge-Bob-Meme).

Puh. Lasst uns kurz Luft holen. Wobei, können wir das? Der Fortschritt der Kameratechnik wurde ab hier immer krasser. Schlag auf Schlag gab es etwas Neues. Zeit zum Durchatmen? Fehlanzeige! Deswegen möchten wir uns ab hier ein wenig organisieren, eine Grenze ziehen und auf die Entwicklung der Handykameras eingehen. Natürlich geht parallel die Geschichte der klassischen Kameras weiter, also die Geschichte der »großen und kleinen Brüder und Schwestern«, wie DSLRs, DSLMs, System-/Kompaktkameras usw. gern genannt werden. Die wird in diesem Buch aber nur noch bei Bedarf oder als Exkurs zur Erklärung wichtiger Funktionen angerissen.

Also noch mal: Versuchen wir, kurz Luft zu holen. Denn bis hierhin habt ihr schon sehr viel gelernt. Versteht ihr jetzt etwas besser, was wir zu Beginn des Kapitels mit »Verständnis« meinten? Wie fühlt es sich nun an zu wissen, wer die Eltern … Großeltern der modernen Kameratechnik sind? Ist es nicht schön, dass selbst moderne Icons in Apps oder Spielen immer noch so aussehen wie alte Kameras? Es ist nicht nur ein Symbol. Es ist eine Wertschätzung und eine Verknüpfung mit dem, was all das ausmacht. Wertschätzung von Wurzeln bringt übrigens auch im sozialen Umfeld viel. Probiert's mal zu Hause aus.

»Aber warte mal, wie kamen diese riesigen Dinger denn jetzt in mobile Telefone, die nicht größer als eine Schokoladentafel sind?« Gute Frage! Antwort kommt auch schon per Same Moment Delivery: Das hatte etwas mit (der enorm wichtigen) Digitalisierung und (somit möglich gewordenen) Miniaturisierung zu tun. Als die ersten tragbaren, drahtlosen Telefone in Miniaturformat die Rucksäcke der Menschen füllten, dachte noch keiner an Kameras. Oder SMS. Oder Instagram. Oder potenzielle Sicherheitslücken, um private Nachrichten ausspionieren zu können. Diese Ausgeburten der Hölle waren vielmehr spannend, wenn man früh an Krebs sterben wollte. Immerhin, bereits 1926 durfte sich die 1. Klasse der Deutschen Reichsbahn zwischen Hamburg und Berlin über Telefonie von unterwegs freuen. Zugpostfunk nannten die Herrschaften dieses Konstrukt.

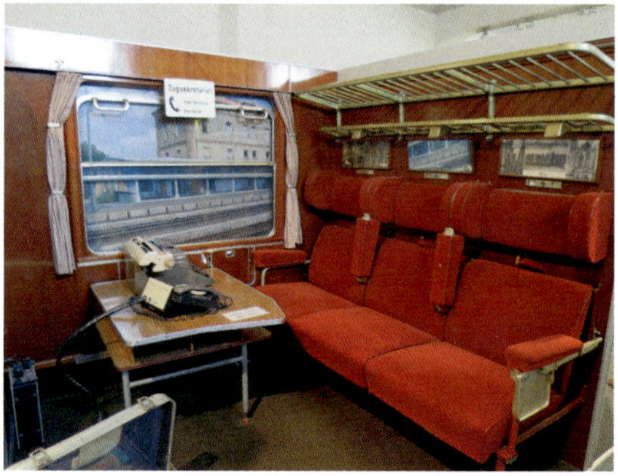

Erstmals von unterwegs telefonieren zu können war der Wahnsinn! Zum Glück darf heute jeder telefonieren, nicht nur die Schnösel der 1. Klasse.

Wie alles im Leben wurden jedoch auch Telefone irgendwann »industrialisiert« und Industrialisierung setzt zumindest ein Minimum an Standardisierung voraus. Schön auswendig gelernt, oder? Also wurde mit Funkwellen gespielt und Radiofrequenzen wurden erst mal zweckentfremdet, um formschöne, analoge Prototypen wie diesen hier zu erschaffen, den DynaTAC 8000X.

Jetzt kommt's: Erst Anfang der 1990er gab es dann digitale Mobilfunknetze, die man damals wie heute als D-Netz kennt. Das war der Startschuss für die Hersteller, um ihre Telefone klein, handlich und praktisch zu machen. Digitale Netze brauchen viel weniger Akku und all die Power konnte in alternative Ideen gesteckt werden wie SMS oder Kameras. Trommelwirbel. Es ist so weit. Wir sind unserem Thema so nah wie bei einem aufregenden Topfschlagen-Match. Die ganze Meute brüllt gerade laut entgegen: »Heiß! Heiß!«

Wir schreiben inzwischen das Jahr 1999. Da kamen diese komischen Dinger auf den Markt, mit denen man unterwegs nicht nur telefonieren, sondern auch – festhalten! – fotografieren konnte. Habt ihr das gespürt? Die Erde unter euch hat ein kleines bisschen gebebt. Das Toshiba Camesse machte den Anfang. Es war beeindruckend hässlich, aber bemerkenswert, da es eine neue Zeit einläutete. Es kam erst in Japan und drei Jahre später auch in Europa auf den Markt und sah wohl eher aus wie ein Tamagotchi und nicht wirklich wie ein technologisches Meilenstein-Mobiltelefon. Dieses Prachtexemplar konnte mit der integrierten – ich wiederhole: integrierten (!) – Kamera satte 0,1 Megapixel aufnehmen und hatte auch schon eine Grafiksoftware zum rudimentären Bearbeiten der Bilder mit an Bord. Das war so viele Jahre vor iPhone, Android & Co.

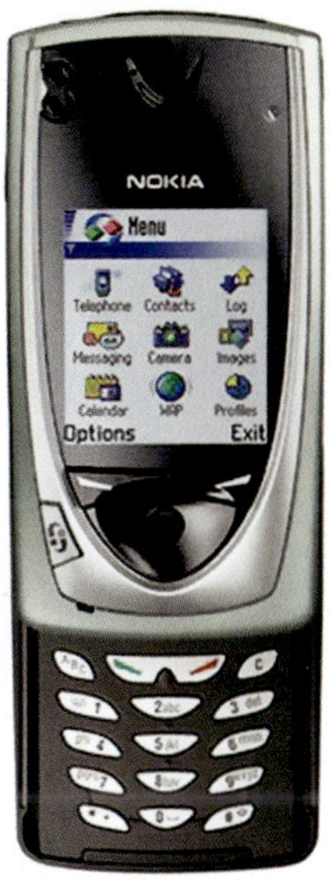

Das Rennen der Hersteller beginnt: Nokia legt mit seinem 7650 vor.

Wie es nun einmal so ist, ab hier gingen der Neid und das Abgucken der anderen so richtig los. Die Handyfotografie ist zwar im Vergleich zur Geschichte der klassischen Fotografie nicht sehr alt. Doch in dieser kurzen Zeitspanne haben sich die Handykameras enorm schnell weiterentwickelt (die Mobiltelefone an sich natürlich auch) und tun es immer noch. Ab hier heißt es also Vollgas!

Das Rennen um Kameras in Smartphones und immer mehr Pixel bei Mobiltelefonen begann mit dem Nokia 7650 und dessen integrierter Kamera. Nokia kam 2002 mit dem 7650 und mit 0,3 Megapixeln (also 640 × 480 Pixel) an den Start. Witzig zu wissen: Es gab auch schon vor und parallel zu diesem Nokia viele weitere Mobiltelefon-Hersteller mit Kameras, aber in der Regel nur als Aufstecklösung.

Getreu dem Motto »Hauptsache, dabei«. Eher: Hauptsache, nicht zu Ende denken. Das war fummelig, unzuverlässig, qualitativ schlecht und verhältnismäßig teuer.

2004 platzte dann die (Marketing-)Bombe. Das war die Zeit des Sharp GX30. Das erste Fotohandy mit einer Auflösung von einem ganzen Megapixel. Sensation! Man konnte damit sogar 45 Sekunden Videos machen und direkt am Telefon (mehr oder weniger gut) bearbeiten.

Es wurde immer weiter herumprobiert. Die Hersteller waren wie besessen. Es kamen dabei auch die merkwürdigsten Formen von Mobiltelefonen heraus. Teilweise so absurd, dass manche Handy-Hersteller damit ihr eigenes Grab schaufelten. Bestes Beispiel: Nokia.

Handys mussten also immer mehr wie Kameras aussehen. Warum auch immer. Die Hersteller wollten wohl so sehr ihre Produkte als modern, technologisch wertvoll und futuristisch, aber dennoch klassisch verkaufen, dass sie ihre eigenen, tatsächlich klassischen und zukunftsweisenden Kameras und Visionen wegkannibalisierten, sodass sie am Ende selbst nicht mehr wussten, wohin die Reise überhaupt gehen soll. Da kamen dann im Laufe der Jahre solche Schreckensgespenster in die Regale:

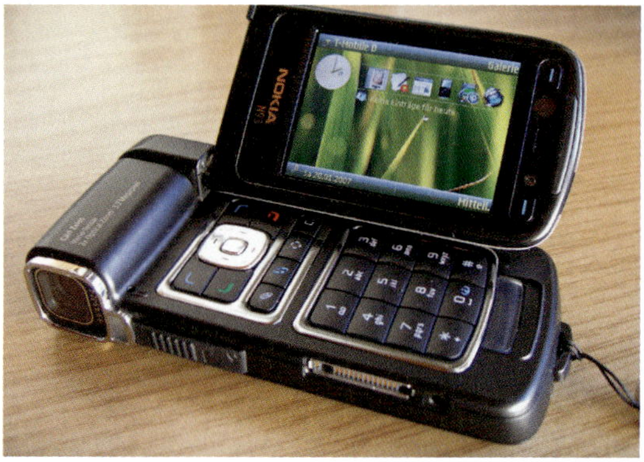

Man wusste wirklich nicht so recht, wo man eigentlich mit Mobiltelefonen hin wollte. Solche komischen Dinger waren das Resultat.

Aber ja. Zugegeben: Jeder wollte damals irgendeines dieser Dinger haben. Auch, wenn sie viel zu teuer waren und man nie so wirklich wusste, was man damit anfangen sollte. Guten, schnellen Handyempfang gab es damals eh nicht (geschweige denn bezahlbare Verträge). Qualitativ war auch alles eher Spielerei. Kein Hersteller machte sich von A bis Z Gedanken, was eine Kamera in einem Telefon überhaupt bedeutete. Keiner stellte sich die naheliegenden Fragen: Was gehört dazu? Was können mir Fotos und Videos auf oder von einem Smartphone für einen Mehrwert bringen?

Nicht nur in unseren, in fast allen Köpfen hatte (oder hat) sich Sony Ericsson als DIE Kamerahandymarke schlechthin eingebrannt. Das ist auch gar nicht mal so falsch. Das Problem war jedoch – nicht nur bei Sony Ericsson, sondern auch bei Nokia, Samsung & Co. –, dass es immer nur um die Kamera und ihre Spezifikationen ging. Das Drumherum war praktisch egal. Die richtige Renaissance erlebte die Kamera-Telefon-Welt tatsächlich erst mit dem ersten alltagstauglichen Smartphone von Apple im Jahr 2007: dem iPhone. Oder auch als Filmtitel zusammengefasst: das Sterben der bis dahin etablierten Marken und Handys. Die einzelne, integrierte Kamera war zwar im Vergleich zu den damaligen Kamerahandys mit Megaauflösung, integriertem Fotoblitz und anderem Firlefanz wirklich langweilig, hatte aber mit dem App-Ökosystem den richtigen Ursprungsgedanken und legte den Grundstein für die Smartphone-Fotografie, wie wir sie heute kennen. Und lieben. Oder hassen.

Fassen wir die Geschichte der Fotografie einmal kurz zusammen: angefangen mit einer riesigen Kamera im 19. Jahrhundert, die eher LKW-Format hatte, bis hin zu einer so winzigen Apparatur mit Kamera, die problemlos in unsere Hosentasche passt. Beeindruckend. Euer Verständnis sollte nun so weit gewachsen und gefestigt sein, dass ihr nachvollziehen könnt, warum es wichtig ist zu wissen, woher die selbstverständliche Knipse in eurer Hosentasche kommt und was es für eine unglaublich lange Zeit gebraucht hat, bis wir im Schlaf (oder im Bett) unsere Instagram- und Facebook-Kanäle mit sinnvollen oder sinnfreien Schnappschüssen befüllen konnten. Aber wie sieht denn der Kamera- und Smartphone-Markt heute aus?

KLASSISCHE KAMERAS, WIE WIR SIE KENNEN

Willkommen in der Gegenwart. Müsst ihr nicht googeln. Das ist das andere Wort für »im Hier und Jetzt«. Für »heute«. Überlegt euch doch einmal kurz, wo euch im Alltag überall Kameras entgegenspringen. Damit meinen wir nicht die Überwachungskamera an eurem Arbeitsplatz, sondern: Welche Kamerasysteme kennt ihr? Was für Kameras habt ihr bei euch schon zu Hause? Und vor allem: Wüsstet ihr aus dem Stegreif, was eure Smartphone-Kamera so kann? Schauen wir uns die verschiedenen Kamerasysteme von heute einmal etwas genauer an, um später besser verstehen zu können, woran sich Smartphone-Kameras orientieren und warum genau im Jahr 2019 Kameras in mobilen Kommunikationskeulen so sind, wie sie sind, und woher bestimmte Stile und aktuelle Kamera-App-Designs kommen.

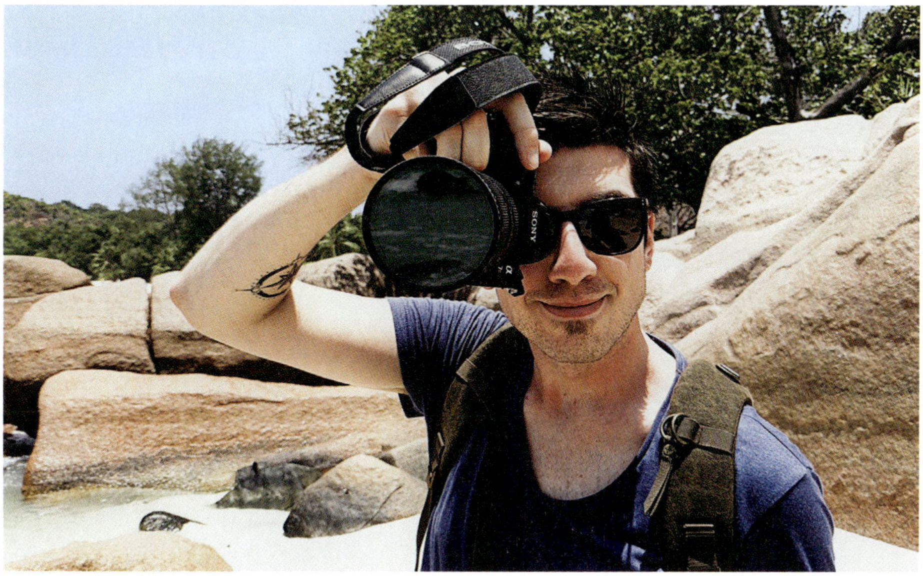

DSLRS ODER: SPIEGELREFLEXKAMERAS

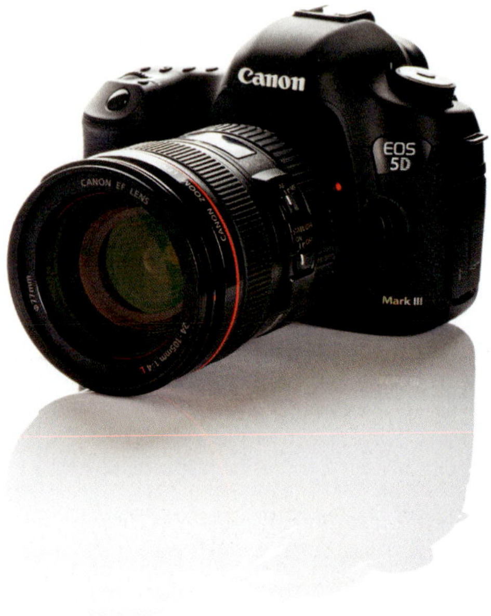

Der Klassiker unter den DSLRs: die Canon-5D-Reihe.

Fangen wir mit Spiegelreflexkameras an, auch DSLR genannt. Das ist der wohl bekannteste Kameratyp unter Ahnungslosen, aber auch Profis, und es sind die letzten Kameras, mit denen das Bild verzögerungsfrei und naturgetreu durch einen optischen Sucher beurteilt werden kann. *#100ProzentOrganic*. *#healthy*. Vom Funktionsumfang und qualitativ im Vergleich schon etwas eingestaubt, aber seit jeher DAS Werkzeug für Profis, weil auf idiotensichere automatische Funktionen verzichtet wird. Warum sich aber der Mythos der Nonplusultra-Kamera so stark in alle Gehirne dieser Welt gebrannt hat, ist heute nur schwer nachzuvollziehen. Dies hat was mit der analogen Vergangenheit und Status zu tun. Ein wenig auch mit Kult und cleverem Marketing. Wir erwähnen diese Kamerakategorie hier ganz bewusst, da sie eigentlich überhaupt nichts mit Smartphone-Kameras gemeinsam hat. Bis auf eine tatsächlich nicht zu unterschätzende Sache. Erklären wir euch später.

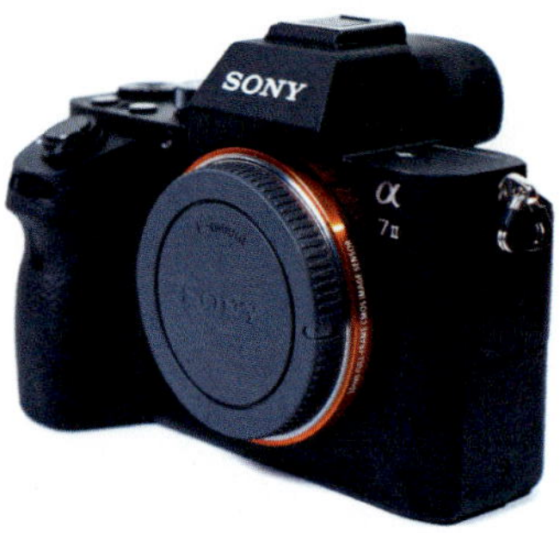

Der Klassiker unter den DSLMs: die A7-Reihe von Sony.

DSLMS ODER: SYSTEMKAMERAS

Systemkameras sind eigentlich wie Spiegelreflexkameras mit dem Unterschied, dass sie keinen Spiegel haben und somit deutlich kompakter sind. Qualitativ sind sie jedoch ebenbürtig bis besser. Sie haben im Gegensatz zu DSLRs einen elektronischen Sucher und mit ihnen lässt sich lautlos fotografieren. Auch lassen sich Objektive wechseln, alte Opjektive können adaptiert werden, es lässt sich haufenweise Zubehör anschließen usw. Sie sind perfekt für Video, denn die meisten Systemkameras können heute 4K, Top-Modelle sogar Kino-Qualität. Diese sogenannten DSLMs sind sozusagen die neuen DSLRs. Die Zukunft der klassischen Fotografie wird definitiv bei den Systemkameras liegen, da sie immer kompakter sowie vielseitiger werden und somit all die unterschiedlichen Kameraarten vereinen werden.

WAS BEDEUTET EIGENTLICH »MIT ODER OHNE SPIEGEL«?

Wir machen es ganz einfach. »Spiegelreflexkamera« bedeutet nichts anderes, als dass in einer entsprechenden Kamera ein Spiegel sitzt, der bei Aufnahme eines Fotos (oder Videos) hochklappt, den darunter liegenden Sensor (früher Film von der Filmrolle) belichtet und nach Ablauf der Verschlusszeit wieder zurückklappt. Ist der Spiegel »runtergeklappt«, seht ihr etwas, aber die Kamera nicht. Ist der Spiegel »hochgeklappt«, seht ihr nichts, aber die Kamera sieht etwas.

Bei DSLRs hat man einen optischen Sucher, bei dem der Fotograf das Motiv so sieht, als würde er es auch ohne Kamera sehen. Sie zeigen das Motiv also unverfälscht und ohne digitale Verfremdung. Weißabgleich-, ISO-, Verschlusszeit- oder Blendeneinstellungen können durch den optischen Sucher nur als Wert, aber nicht als »Vorschau« beurteilt werden.

Bei DSLMs hingegen sieht der Fotograf ein Live-Bild im elektronischen Sucher, mit allen Einstellungen, die er vorgenommen hat. Man sieht also direkt, wie das endgültige Bild aussieht, wenn man durch den Sucher (oder auf das Display) schaut. Das Bild lässt sich direkt aus dem Sensor auslesen. Das einfallende Licht fällt bei DSLMs nicht mehr über den Spiegel in die Sucherkammer, sondern belichtet den Sensor direkt. Da kein Spiegel vorhanden ist, sind DSLMs meist kleiner und leichter als DSLRs. Außerdem kann man mit ihnen deswegen lautlos fotografieren. Bei Hochzeiten oder auch in der Tierfotografie Gold wert. Darüber hinaus sind sie in der Regel robuster, da zwischen den Aufnahmen kein mechanischer Spiegel mehr hoch und runter klappen muss.

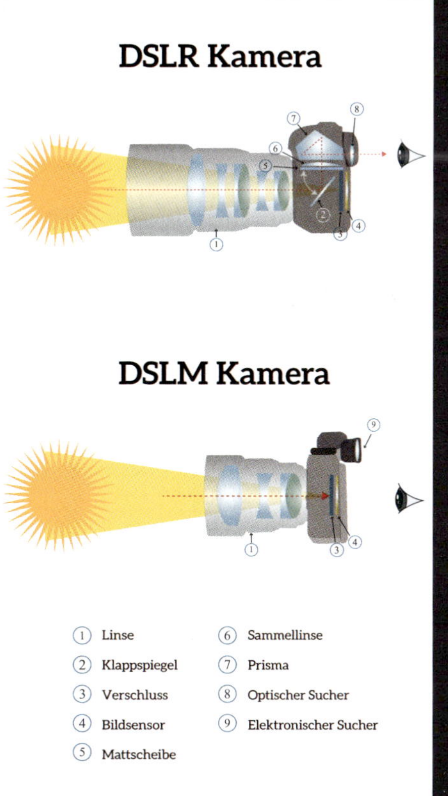

BRIDGEKAMERAS

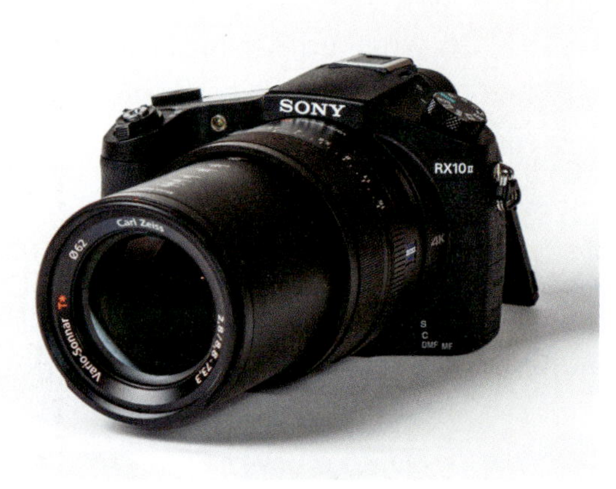

Weder Fisch noch Fleisch, dennoch lecker: Bridgekameras vereinen mindestens zwei Kamerawelten.

Wie der Name erahnen lässt, sind Bridgekameras eine Brücke. Eine – vorsichtig gesagt – »Zwischenlösung«, die die Möglichkeiten einer Spiegelreflex- und System- oder Kompaktkamera vereint. Bei ihnen ist die Optik fest verbaut, der Zoombereich kann hier jedoch enorm groß sein, teilweise arbeiten sie mit bis zu 200-facher Vergrößerung. Obwohl dieser Kameratyp vollgestopft ist mit Automatikfunktionen, findet ihr hier immer wieder eine Menge Knöpfe und Bedienelemente für manuelle Einstellungsmöglichkeiten, die an professionelle Kameras erinnern. Tatsächlich ist für den Großteil der Smartphone-Hersteller dieser Kameratyp das bisher unerreichte Lieblingsziel. Behaltet das schon einmal im Hinterkopf.

KOMPAKTKAMERAS

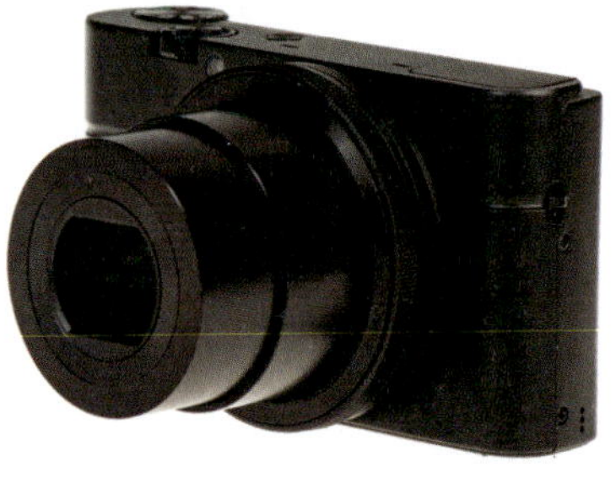

Der Klassiker unter den modernen Kompakten: die RX100-Reihe von Sony.

Last, but not least: Der insgesamt nicht mehr bekannteste, aber immer noch bei Otto Normalmenschen oft im Schrank herumliegende Kameratyp ist die Kompaktkamera. Solche Kompaktkameras begegnen uns meistens als Party- und Urlaubsknipsen. Das, obwohl selbst hier die Preisspanne enorm ist. Scheint wohl zu laufen.

Es gibt Modelle ab 100 Euro, aber auch bis zu 3000 Euro. Kompaktkameras haben insgesamt einen verhältnismäßig geringen Funktionsumfang. Dafür können sie aber qualitativ gut und gleichzeitig sehr preiswert sein. Sie haben im Vergleich zu allen anderen Kameratypen einen kleinen Bildsensor und eine fest verbaute Optik. Je nach Preis gibt es sie mit einfachster, aber auch professioneller Ausstattung. Smartphone-Kameras sind den Kompaktkameras aktuell tatsächlich am ähnlichsten – nicht nur aufgrund der Bauweise, sondern aufgrund der Software. Nebenbei bemerkt: Smartphones haben auf gewisse Weise Kompaktkameras schon ersetzt, denn die Verkaufszahlen sprechen für sich. 2010 wurden ca. 122 Millionen Kompaktkameras verkauft, 2017 nur noch 25 Millionen. Das ist enorm.

EXKURS: MITTELFORMAT

Jeder hat sicher mal den Namen »Hasselblad« gehört. Genau, die waren auch schon auf dem Mond und sind richtig teuer. Klar, es gibt auch Fuji, Pentax & Co. Diese Kameras sind generell im Vergleich zu allen anderen etwas sonderbarer aufgrund der riesengroßen Bildsensoren und speziellen Optiken. Aber auch solche Hersteller versuch(t)en nicht nur, auf eigene Faust, Fuß im Smartphone-Segment zu fassen, sondern dienen bis heute für viele Smartphones und Kamera-Apps als Vorbild.

SMARTPHONE-KAMERAS

Euch ist beim Quatschen über Smartphone-Kameras sicherlich schon aufgefallen, dass bis hierhin nur von »einer« Smartphone-Kamera die Rede war. Das ist natürlich nicht ganz richtig, denn »die eine« Kamera im Smartphone gibt es nicht. Es ist eine Hülle und Fülle aus unterschiedlichsten Bildsensoren, Optiken und anderen Techniken, die exakte Kategorisierungen fast unmöglich macht. Aber es gibt Grundsätze, die sich ganz gut aufzeigen lassen. Eine Info vorab: Bei den folgenden Abschnitten geht es um die Hauptkamera im Smartphone, also die rückwärtige Kamera. Frontkameras, also die Kameras auf der Seite des Smartphone-Displays, sind inzwischen überall verbaut und werden auch hier bei uns nur dann erwähnt, wenn sie etwas Wichtiges beigetragen haben oder einen ernsthaften Mehrwert bieten. Der Grund ist einfach: Frontkameras sind grundsätzlich technischer und qualitativer Durchschnitt, aber »nice to have«, und ihre Existenz ist eher dem Selfie- und YouTube-Video-Zeitgeist geschuldet.

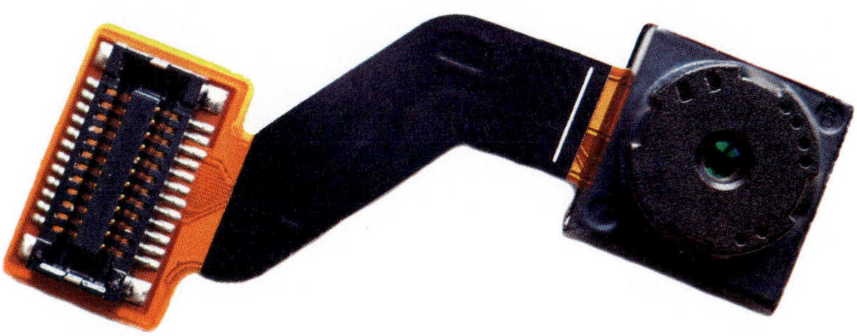

Eine Smartphone-Kamera besteht aus Einzelteilen. Das hier ist das »Kameramodul« mit Anschluss an die Hauptplatine.

SINGLE-LENS-KAMERAS

Oder auch: ein verbauter Kamerasensor. Solch ein einsam verbauter Kamerasensor bedeutet nicht, dass das Smartphone anderen Smartphones mit mehreren Kameras unterlegen ist. Single-Lens-Kameras geben aber eine klare Richtung vor, wie mit dem Smartphone umzugehen ist. Ein Kamerasensor bedeutet, dass ihr alles, was euch zum Thema Fotografieren oder Filmen in den Kopf kommt, nur mit diesem einen Sensor umsetzen müsst und könnt. Eventuelle optische Spielereien können aus optischen und physikalischen Gründen also nur digital hinzugefügt werden. Das scheint aber ganz gut zu funktionieren, denn unter den besten Smartphone-Kameras der Welt sind – neben Dual-, Triple- und Quad-Kamerakonstrukten – auch Single-Lens-Kameras.

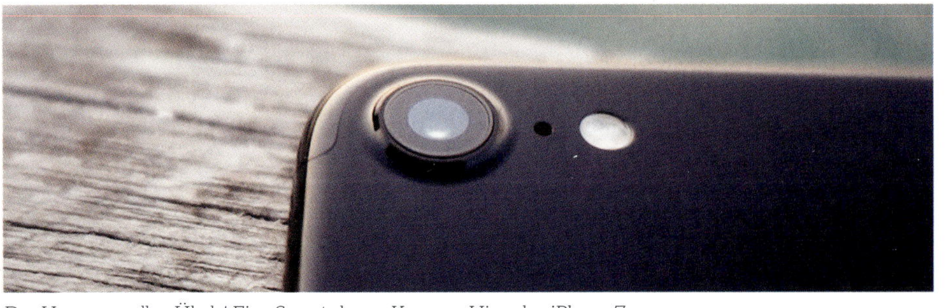

Der Ursprung allen Übels! Eine Smartphone-Kamera. Hier: das iPhone 7.

DUAL-LENS-KAMERAS

Oder auch: zwei verbaute Kamerasensoren. Dies ist die momentan gängigste Ausstattung bei der breiten Smartphone-Masse. Getreu dem Motto »Mehr ist besser«. Ist ja auch so, oder? Nicht immer, aber immer öfter! Zumindest bei Smartphones schaden zwei Kameras definitiv nicht. Die Einsätze einer zweiten Kamera sind interessanterweise von Hersteller zu Hersteller unterschiedlich. Huawei nutzt die zweite Kamera als Quasi-Nachtsichtgerät, da der Sensor speziell für dunkle Lichtsituationen entwickelt wurde, LG steckt spezielle Linsen vor den Sensor und macht daraus

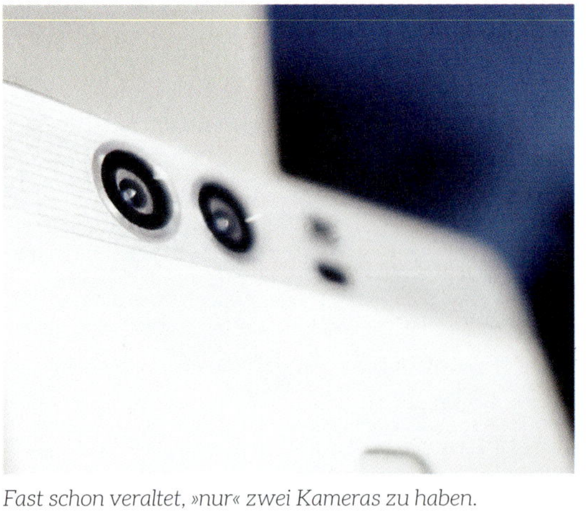

Fast schon veraltet, »nur« zwei Kameras zu haben. Hier: das Huawei P9.

einen beeindruckenden Weitwinkel. Apple macht es genau umgekehrt und macht daraus ein Teleobjektiv, um Dinge sozusagen »heranzoomen« zu können. Außerdem hilft eine zusätzliche Kamera auch bei der Ermittlung von Tiefeninformationen, um beispielsweise Effekte wie Tiefenunschärfe zwar einerseits digital, aber andererseits authentischer errechnen zu können. Übrigens: Zwei Kamerasensoren sind aktuell das Maximum beim Thema Frontkameras. Dadurch habt ihr dann die Wahl, entweder einen unscharfen Hintergrund bei Selfies darzustellen oder durch einen Weitwinkel »an der Front« ein waschechtes Gruppen-Selfie einzufangen.

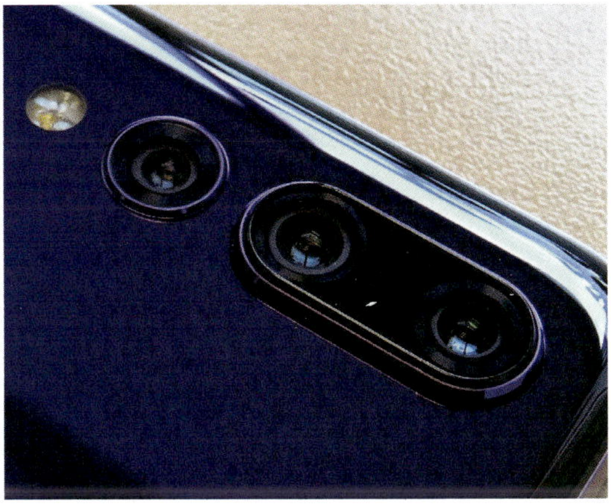

Das Huawei P20 Pro war das erste Smartphone seiner Art.

TRIPLE-LENS-KAMERAS

Oder auch: drei ... ach, ihr wisst schon. Eine etwas neuere Erscheinung in Smartphones, da sie erst jetzt aufgrund von immer weiter voranschreitender Miniaturisierung und immer cleverer arbeitender Software sinnvoll eingesetzt werden können. Hier haben die Hersteller jedoch ein sehr unterschiedliches Verständnis. LG setzt beispielsweise auf Dual-Lens-Kameras mit separater Weitwinkelkamera, Huawei dagegen baut auf eine Kombination aus drei gänzlich unterschiedlichen Sensoren. Der erste ist ein normaler Farbsensor, der zweite ist ein spezielles Zoom-Konstrukt und der dritte ist ein Schwarz-Weiß-Sensor. Der Clou: Für euch als Fotografen arbeitet dieses Konstrukt wie eine einzige Kamera.

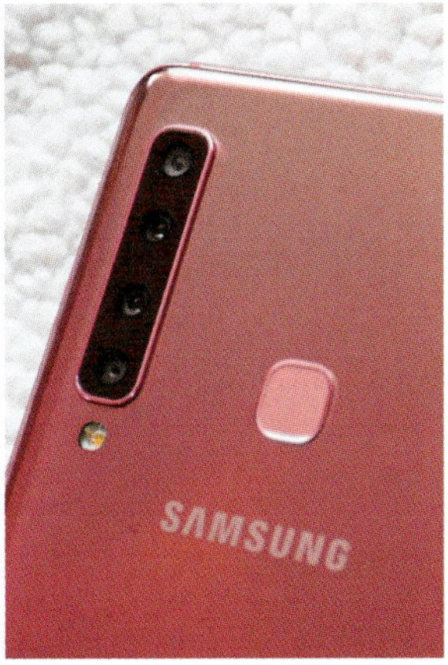

Unschwer zu erkennen: eine Quad-Lens-Kamera.

QUAD-LENS-KAMERAS

Eigentlich noch Zukunftsmusik, aber es gibt schon eine Messerspitze voll Hersteller, die sich diesem Wagnis stellen. »Quatsch!«, würde man erst mal meinen, aber solch ein Konstrukt kann auch Vorteile bringen, denn: All das, was die vorherigen Kamerakonstrukte kompromissbedingt durch Software lösen mussten, kann dieses Vierergespann durch echte Technik bewerkstelligen. Ein Sensor kümmert sich nur um das Einfangen von simplen Fotos, zwei andere stehen bereit, wenn gezoomt oder »geweitwinkelt« werden soll, und der vierte sieht nichts, sondern rechnet nur fleißig herum, um durch das Messen von Abständen und Verhältnismäßigkeiten die Bilder der anderen möglichst hochwertig zusammensetzen zu können. Das setzt aber sehr gut aufeinander abgestimmte Bauteile und eine astreine Software voraus, die man aktuell noch nicht geboten bekommt.

PENTA-LENS-KAMERAS

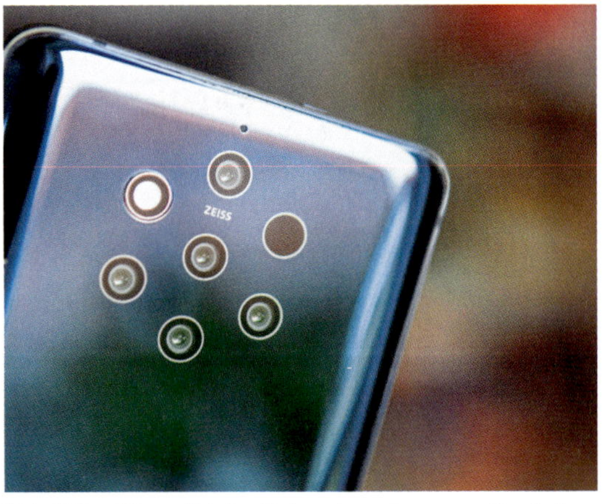

Kein Witz: Dieses Telefon löst nachgewiesenermaßen bei Menschen mit Trypophobie Angstzustände aus.

Dieses Kamerakonstrukt ist so neu, dass es eigentlich noch zu heiß ist, um es anfassen zu können. Wir stehen eben auf absurde Gedanken, denn in jeder Absurdität lässt sich ein Bezug erkennen. Fünf Kamerasensoren bilden hier das Kamerasystem. Bisher ist nur ein Smartphone bekannt, das diese Technik in sich vereint: das Nokia 9. Leider ist es bisher so, dass die superpotente Hardware mit nur sehr mäßiger Software so gar nicht harmoniert. Die Fotos und Videos sind teilweise deutlich schlechter als bei Ein- oder Zwei-Kamera-Konstrukten. Bisher heißt es also: Zu neu, um wahr zu sein!

FAZIT

Effektiv haben all diese Kameras ihre Daseinsberechtigung. Wenn nicht aufgrund ihrer verschiedenen Funktionen, dann wenigstens aufgrund unserer persönlichen Vorlieben. Auch Smartphone-Kameras haben inzwischen einen wichtigen Platz in der Geschichte der Fotografie eingenommen und sollten deswegen keinesfalls mehr belächelt werden. Es gibt vielerlei Anwendungsbereiche, in denen sie klar von Vorteil sind. Das Schöne dabei: Neue Technologien erzeugen in der Regel kleinere Technik. Habt ihr noch das Bild der ersten Kamera vor Augen? Wie unfassbar riesig und klobig sie war? So verhält es sich bei fast jeder Technik. Wir verkleinern uns. Warum also nicht auch bei Kameras? Technologie schrumpft – Smartphone-Kameras können ebenso professionelle

Ergebnisse erzielen wie die klassischen Kamerasysteme. Nur eben auf eine andere Art und Weise. Es kommt darauf an, was ihr haben möchtet. Was wollt ihr mit eurem Bild hervorheben? Was möchtet ihr aussagen? Was ist euch an eurer Bildkreation wichtig? Antworten darauf liefert das 2. Kapitel. Erst mal weiter im Text.

KAMERAS, WIE IHR SIE KENNENLERNEN WERDET

Bis hierhin war es eher technisch, nun wird es persönlich. Es gibt vier Dinge, die wir euch klarmachen möchten. Denn aus unserer Erfahrung sind diese vier Dinge für die Fotografie absolut essenziell.

ERSTENS: TECHNIK IST NUR MITTEL ZUM ZWECK

Es ist schon cool, mit dem Smartphone zu fotografieren und zu filmen, und das geht auch in Geil. Entscheidend ist aber: Egal welche Technik ihr in den Händen haltet, sie wird euch nicht bei Bildgestaltung und Motivwahl helfen. Das beste und teuerste Gerät wird euch nicht »einfach so« tolle Ergebnisse bei völliger Ahnungslosigkeit bescheren. Eigentlich erstaunlich, dass das immer noch so viele denken. »Ich hab 'ne teure Kamera, ich mache tolle Fotos.« Ihr könnt euch eine teure DSLR-Kamera mit dem tollsten Objektiv kaufen, was der Markt gerade so hergibt. Ihr könnt damit vor allem angeben. Ihr könnt damit auf Facebook eine Fotografie-Seite erstellen und unter jedes noch so schlechte Foto »Hasipupsi Photography« schreiben, doch eure Fotos werden damit nicht automatisch besser als die von Nachbar Klaus und seinem letzten Mallorca-Urlaub. Zwar machen Smartphones rasante Fortschritte und verringern dank »Machine Learning« und cleveren Hardware-Lösungen den Qualitätsunterschied zu professionellen Kameras, doch eine Regel gilt nach wie vor: Die Kamera kann euch nur unterstützen, mehr nicht. Der Rest passiert in euren Köpfen und mit euren Händen. Wir würden sogar so weit gehen und »mit eurem Körper« sagen. Aber ja. Ihr könnt und werdet bei euren Fotos oder Videos durch die Wahl der Kamera im Vorfeld schon den Stil in eine Richtung lenken – genau das tut ihr bereits mit der Kamera in eurem Smartphone.

ZWEITENS: IM »MÜLL« WÜHLEN

Achtet darauf, dass die Linse eurer Kamera nicht voll ist mit schmierigen Fingerabdrücken … äh, ja, das auch, aber vielmehr Folgendes: Schmeißt eure Fotos nicht sofort in den digitalen Mülleimer. Vor einiger Zeit war das Thema »Speicher« tatsächlich ein Grund zu überlegen, was man mit Fotos macht, die nicht »ganz so geil« geworden sind. Heutzutage wäre es jedoch nicht nur unverständlich, sondern auch unverantwortlich, »nicht gelungene« Fotos zu löschen. Denn so gewöhnt man sich viel zu schnell daran, sich (vermeintlich) zu perfektionieren. Das wollen wir nicht. Ihr sollt immer noch querdenken und Regeln brechen, um den Regelwerken mit kreativen Werken den Mittelfinger zeigen zu können.

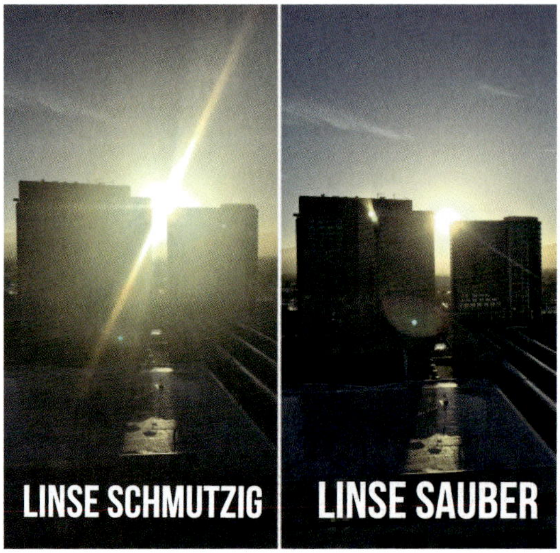

Schmutzig und sauber. Wie ein kleiner »Wischer« großes bewirken kann.

Außerdem ist es unglaublich inspirierend, den aktuellen Algorithmen von Google, Apple & Co. eine Chance zu geben, mit euren guten, aber auch »schlechten« Fotos herumzuspielen und etwas Neues zu kreieren. Diese Collagen und Animationen könnt ihr für euch als Inspirationsquelle nutzen. Ihr kennt die Dinger sicherlich: den »Assistenten« aus der Google-Fotos-App oder den »Für dich«-Reiter aus der Foto-App in iOS. Die sehen in etwa so aus:

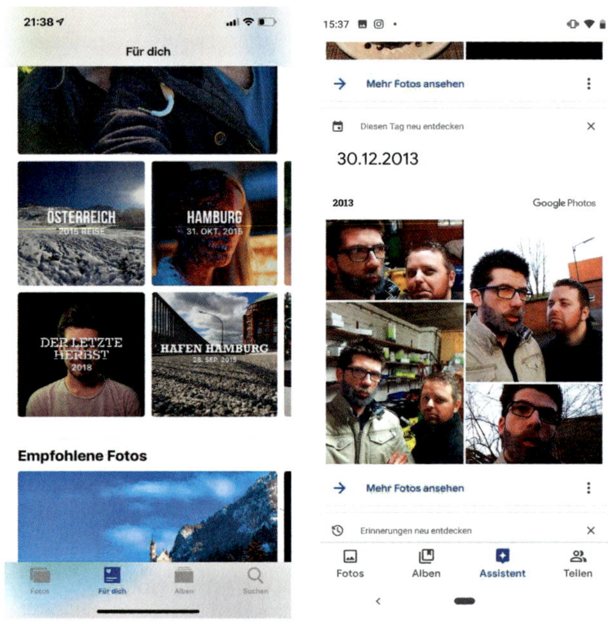

Die typische Anordnung von aktuellen Foto-Apps. So werden euch auch vermeintlich schlechte Fotos als wertvolle Erinnerungen präsentiert.

Schöne Fotos, verrückte Fotos oder einfach nur mal in Erinnerungen schwelgen. Es ist so wichtig im Zeitalter der Vergänglichkeit, der Kurzlebigkeit, der digitalen Daten(müll)friedhöfe. Euer Foto-Archiv darf nicht so geleckt wie Instagram-Profile von Influencern aussehen. Falls euch doch mal der Speicher ausgehen sollte, investiert entweder vorab in ein Smartphone mit mehr Platz oder nehmt die 99 Cent bis 2 Euro pro Monat für einen großen Onlinespeicher in die Hand, es lohnt sich definitiv.

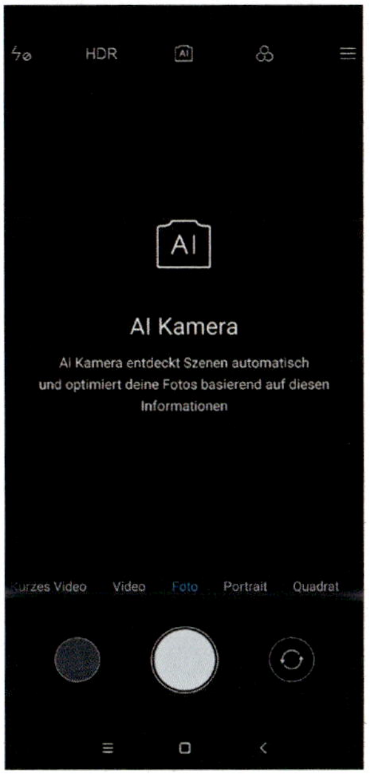

DRITTENS: VERTRAUT KEINER WERBUNG

Denn Werbeargumente sind nicht alles. Erinnert ihr euch noch an die alte Media-Markt-Werbung mit Oli Pocher? »La-la-la-lasst euch nicht verarschen!« Alter Hut, könnte man meinen. Falsch gedacht. Werbetrommel-Gerühre und hübschgerechnete und -geredete Werte (bis hin zu tatsächlicher Verarsche in sogenannten Benchmarks, also »Tests«) gibt es heute immer noch haufenweise. Nur sind sie etwas komplizierter aufzudecken. Deswegen: Vertraut darauf, was ihr wollt und was euch gefällt – und nicht auf das, was euch die Werbeindustrie oder Influencer meinen vorgeben zu müssen. Das ist das Problem bei moderner Smartphone-Werbung: Weil ein Smartphone »Deep True Mega Pixel«, »Night Day Shadow Feature« mit »Artificial Intelligence (AI) Support« hat, heißt es noch lange nicht, dass es das auch in eurer tatsächlichen täglichen Umgebung kann oder dass es mit eurem Können gut aussieht. Es klingt nur gut. Ob sich dann die 200 bis 1500 Euro für ein Smartphone gelohnt haben? Traurig, oder? Aber wahr. Werbeargumente sind nicht alles. Das führt uns zum nächsten Punkt.

VIERTENS: FÜHLT EUCH WOHL UND KENNT EURE LEIDENSCHAFTEN

Wenn ihr euch dies zu Herzen nehmt, macht es vieles im Vorfeld einfacher. Dabei ist aber wichtig zu wissen: Fotografieren oder Filmen ist (im Allgemeinen) noch längst keine Leidenschaft. Ihr müsst lernen, Dinge zu definieren. Das heißt: Tier- oder Haustier- oder gar Hundefotografie, Landschafts- oder

Pflanzen- oder gar Blütenfotografie oder auch Akt- oder Pärchen- oder gar Brustwarzenfotografie. DAS alles sind Leidenschaften. Selbst wenn ihr denkt, eure Leidenschaft wäre nur eine Nische, vergesst nie: Mainstream gibt es genug. Und jede Nische kann eines Tages zum Mainstream werden. Persönliches Ausprobieren ist somit immer mindestens Pflicht. Vertraut euren Gefühlen, seht Technik nur als Verlängerung der Augen und des Gehirns (und der Arme).

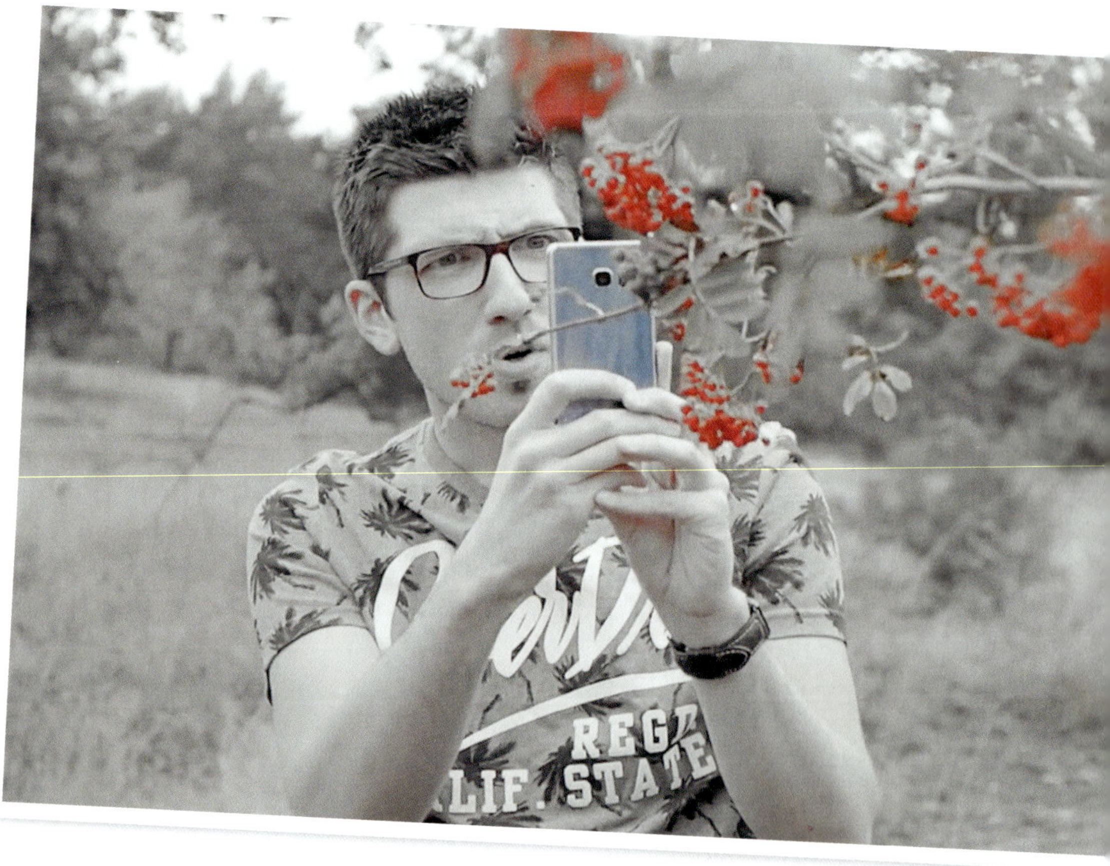

WAS LERNEN WIR DARAUS?

Wenn ihr bisher mit eurer teuren Kamera immer noch im Automatikmodus fotografiert, nehmt doch lieber euer Smartphone, das klappt ebenso gut. Oh ja! Das meinen wir ernst. Vor allem, wenn ihr euch mit eurem Smartphone wohlerfühlt und ihr euch davor scheut, die ganzen Funktionen eurer DSLR kennenlernen zu müssen. Ihr müsst nicht das komplizierteste System haben, nur weil es sich damit professionell anfühlt, weil es der Nachbar hat und ihr damit angeben könnt. Viel erstaunter werden die Leute sein, wenn ihr sagen könnt: »Tjaha, das Foto habe ich mit meinem Smartphone gemacht!« Wenn ihr sowieso schon mit eurem Smartphone, aber immer nur im Automatikmodus fotografiert, dann wird dieses Buch für euch wie eine bewusstseinserweiternde Substanz sein. Damit unsere Droge auf Papier aber auch so richtig kicken kann, braucht ihr eine gute Vorbereitung. Also, fangen wir an.

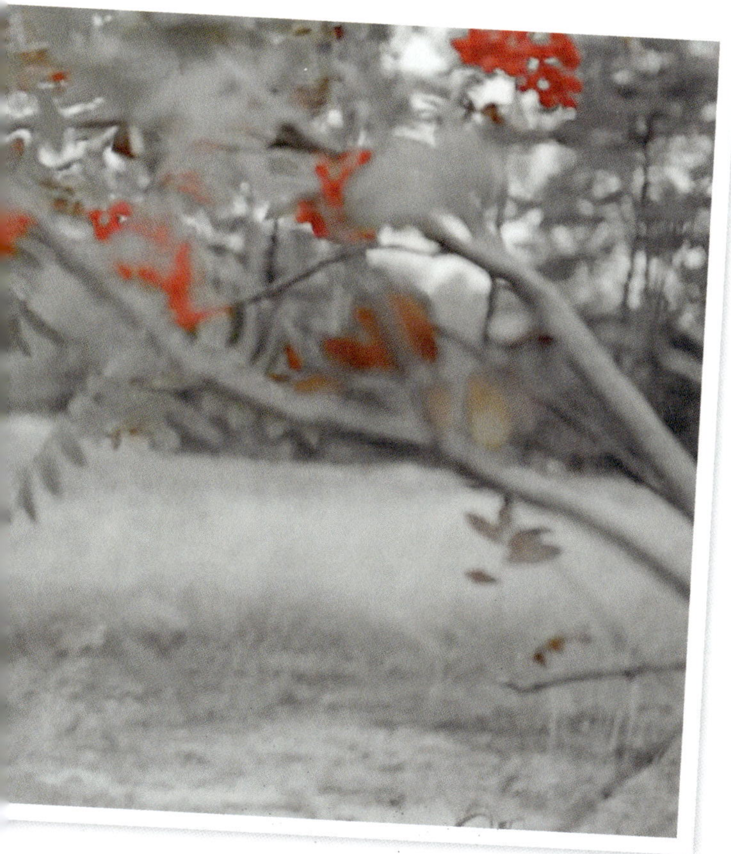

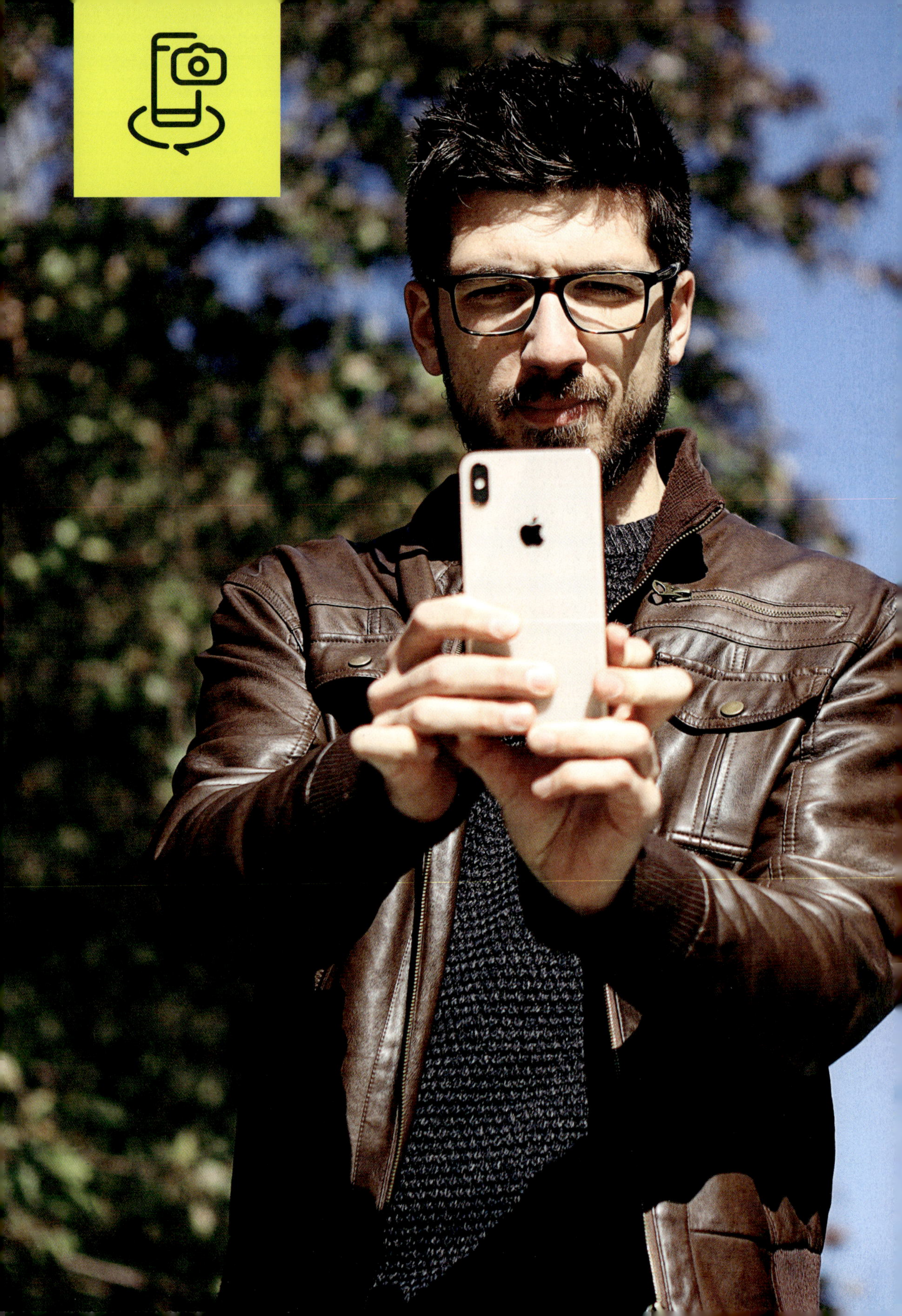

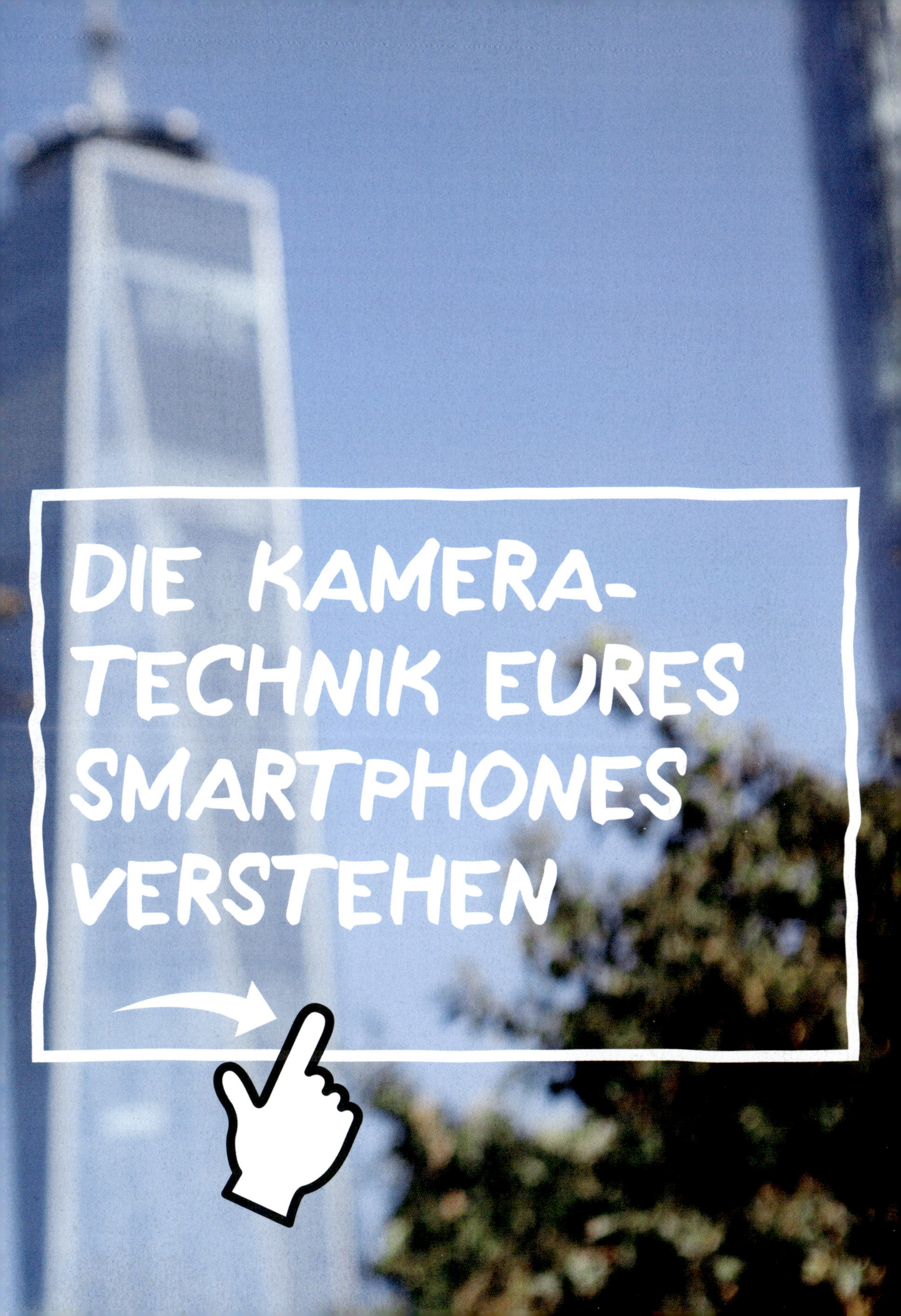

DIE KAMERA-TECHNIK EURES SMARTPHONES VERSTEHEN

Dieses Kapitel würdet ihr am liebsten überspringen, denn sich Technik, die man eigentlich anfassen sollte, auf Papier anzugucken, ist irgendwie albern, oder? Falsch! Wir zeigen euch, wie wichtig die technischen Grundlagen sind und vor allem warum. Keine Sorge, alles idiotensicher. Damit wollen wir nicht sagen, dass ihr Idioten seid, aber ... warte, wo waren wir?

Ach ja! Sobald ihr die technischen Grundlagen verinnerlicht habt, wird das Herumspielen viel mehr Spaß machen. Versprochen! Wenn ihr die Technik einer Kamera versteht und damit umgehen könnt, öffnen sich euch viele neue Türen und ihr werdet ganz neue und beeindruckende Ergebnisse erzielen.

Ihr kennt das. Ihr geht in einen roten oder blauen Elektrofachmarkt, guckt euch neue Telefone an und das erste, was ihr macht, ist: Telefon entsperren und die Kamera öffnen. Na? Erwischt? So läuft es fast immer ab, nicht nur gefühlt, sondern auch statistisch betrachtet. Der beinahe schon natürliche Drang nach dieser faszinierenden Technik im kleinsten Format zieht jeden in den Bann.

Problem nur: Die meisten machen dann ein Foto vom Preisschild oder swipen ziellos von links nach rechts. Zum einen, weil es manchen sicher peinlich ist, ein ordentliches Foto mitten in einem Geschäft zu schießen, und zum anderen, weil viele einfach keine Ahnung haben und nur bis zum Auslöser denken.

Aber: Jeder, der auch nur einen Hauch an Bock zu fotografieren und zu filmen hat, wird mit den richtigen Tipps und Tricks effektiv hammergeile Fotos und Videos machen können, die mindestens die nächste Familienfeier oder WhatsApp-Gruppe ohne Gelächter überstehen. Fotografieren und Filmen ist so viel mehr! Es geht um Momente, um Emotionen, Teile aus eurem Leben, die es verdient haben, nicht nur gedankenlos abgeknipst zu werden, um dann auf euren Smartphones zu vergammeln.

Fotografiert! Filmt! Und zwar bewusst! Das muss nicht zwingend derjenige wissen, der sich im Endeffekt das Foto anguckt. Das müsst nur ihr wissen. Dadurch schießt ihr die Fotos so, dass das Gegenüber gar nicht erst das Gefühl beschleicht, dass mit dem Foto etwas »nicht stimmt«. Es fühlt sich einfach »richtig« (und gut) an, weil ihr es richtig gemacht habt. Das ist ein bisschen so wie mit dem Out-of-Bed-Look: Natürlich wacht niemand mit dieser Frisur einfach auf, da steckt Arbeit drin – Arbeit, die am Ende aber nach gekonnter Lässigkeit aussieht.

Bedeutet: Drückt nicht nur einfach auf den Button. Bearbeitet eure Fotos und schneidet eure Videos selbst und am besten direkt auf dem Smartphone! Teilt eure Fotos mit Freunden und Menschen (oder anderen Lebewesen, Individuen, Spezies) auf der ganzen Welt, zum Beispiel mithilfe von Social Media (oder gedruckten Fotos, Postkarten, Fotoalben)!

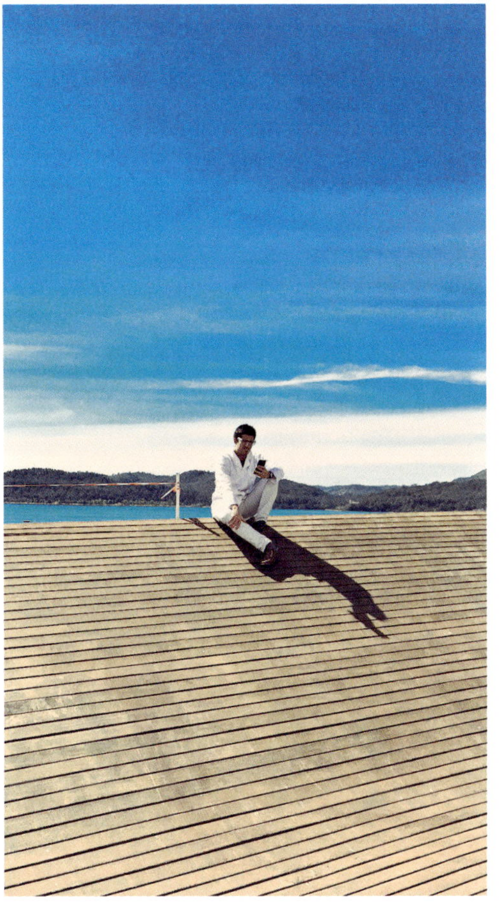

Setzt euch mit der Technik eures Smartphones auseinander. Am besten irgendwo ohne Ablenkung. Keine Sorge, das findet keiner merkwürdig.

Wir schweifen ab. Entschuldigt. Damit all das funktioniert, müssen Theorie und Praxis miteinander harmonieren. Keines von beiden darf vernachlässigt werden. Wir werden euch zwar die grundlegende Technik einer Kamera und die grundlegenden Techniken der Fotografie erläutern, allerdings nicht allzu ausschweifend. Denn Smartphone-Kameras sind weitaus weniger komplex in ihren Einstellungsmöglichkeiten als die »klassischen« Kameras.

Klar, dadurch sind Smartphone-Kameras rein auf dem Papier natürlich kein grundsätzlicher Ersatz für klassische Kameras, können jedoch sehr wohl ein ernst zu nehmender Ersatz für euch persönlich und für euer persönliches Schaffen sein.

Zu wissen, was in der Fotografie grundsätzlich möglich ist und wie ihr all das mit der Smartphone-Fotografie verknüpfen könnt, hilft dabei, euch selbst und der Technik zu vertrauen: Was gibt es alles »einzustellen« und was nicht, was gilt es bei der Bildgestaltung zu beachten und vor allem, welche von Haus aus installierten Apps taugen etwas und wann lohnt es sich, einen Schwung Drittanbieter-Apps for free herunterzuladen oder gar zu kaufen? Let's do this!

DIE SMARTPHONES

Aktuell gibt es 1050 Handys am Markt von insgesamt 45 Marken und Herstellern. Ja, richtig gelesen: eintausendundfünfzig. Wir reden hier nur von Deutschland und der EU. Gesonderte internationale Marken und Hersteller oder gar all die China-Phones sind nicht miteinberechnet. Die Dunkelziffer liegt hier aber bei aktuell etwa 25 000 »unterschiedlichen« Geräten. Davon sind 90 Prozent sowieso der immer gleiche Kram. ***#GutFürDieUmwelt***. Wir wissen, dass gerade bei den fast täglichen Updatezyklen der Smartphones ein Buch die unflexibelste Möglichkeit ist, aktuelle Features auszuführen. Aber hey! Genau darum geht es ja in diesem Buch: Habt ihr einmal verstanden, worum es grundsätzlich geht, dann kann euch auch das frischeste Smartphone nicht mehr überraschen. Oh, dieser Satz ist deeper, als ihr gerade denkt ... In diesem Ozean an Geräten wollen wir euch natürlich so gut wir können helfen, den brauchbaren Status quo zu ermitteln. Deswegen werden wir euch hier unsere vier Favoriten vorstellen, die all euren Gelüsten, möglichen Anwendungsgebieten oder mittlerweile schon überstrapazierten Portemonnaies entgegenkommen sollten, dafür aber trotzdem richtig was auf dem Kasten haben und mit all ihren Stärken und Schwächen – im Verhältnis zu anderen Geräten – am »zeitlosesten« sind. Keine Sorge, wir werden immer mal wieder nach links und rechts schauen, wenn es sich inhaltlich ergibt. Kein Smartphone hat im Endeffekt DIE »Überkamera«, die alles kann. Jede hat hier und da ihre Stärken und Schwächen und besonderen Features, die zu dem einen mehr, zu dem anderen weniger passen. Wie in einer Beziehung. Spielen wir doch einmal ein bisschen »Herzblatt«. ***#RudiCarrell***.

XIAOMI POCOPHONE F1

Kandidat Nummer 1 ist das Pocophone F1 von Xiaomi für etwa 250 Euro. Ein China-Phone, aber in Deutschland inzwischen in allen Regalen erhältlich. Eine bis zuletzt verachtete Gattung der Smartphones, die in den letzten Jahren so richtig aufgedreht hat und nicht nur preislich, sondern auch qualitativ all die Hersteller, die sich auf ihren Lorbeeren ausruhten, den Mittelfinger gezeigt hat. Es besitzt eigentlich nur ein Dual-Lens Kamerasystem (12 + 5 MP). Aber das Besondere: Was der Hersteller hier mithilfe von Software schafft, aus der Technik herauszupressen, ist enorm. Porträtaufnahmen, Rauschunterdrückung, elektronische Bildstabilisierung und seit Anfang 2019 auch 4K-Video mit flüssigen 60 Bildern pro Sekunde. Normalerweise zahlt ihr dafür viele Hundert Euro mehr. Randnotiz: Die Frontkamera schafft satte 20 Megapixel. Sieht nur in der Praxis nicht danach aus. Irgendwo muss der günstige Preis ja schließlich herkommen.

GOOGLE PIXEL 3 (XL)

Kandidat Nummer 2 ist das Pixel 3 von Google für um den dicken Daumen 550 Euro. Es gibt das Telefon klein und groß (XL), unterscheiden tun sie sich ansonsten aber nicht. Beide haben ein Single-Lens-Kamerasystem mit gerade einmal 12 Megapixel. Optisch mag es aufgrund der hässlichen Kerbe im Display nicht jedem gefallen, technisch hat es aber richtig was drauf, trotz nur einer Linse. Was macht es besonders? Neben einem hochwertigen Bildsensor und hochwertigen Linsen arbeitet hier – ähnlich wie beim Pocophone – vielseitige Software, um Ergebnisse zu erzielen, die sonst etwas mehr Technik benötigen würden. Unterstützt wird das Foto- und Filmografieren durch einen optischen Bildstabilisator und eine Besonderheit an der Frontkamera: ein Weitwinkel für Gruppen-Selfies ... oder mehr Narzissmus.

HUAWEI MATE20 PRO UND P20 PRO

Kandidat 3 in unserer Runde ist ... also sind das Mate20- und das P20-Pro-Modell von Huawei. Eigentlich müsste hier das neue P30 Pro stehen, da es mit seiner bisher nie dagewesenen Technologie jedes Smartphone in den Schatten stellt, wenn es um das Thema Kamera geht. Das Telefon kam jedoch erst recht knapp vor Druckschluss bei uns an und konnte nicht mehr ins Buch gepresst werden. Aber keine Sorge, Mate und P20 Pro sind weiterhin (fast) genauso potent. Preislich liegt ihr bei den »20er-Modellen« bei etwa 600 bis 800 Euro, je nach Laune der Händler. Tatsächlich ist hier die Erweiterung »Pro« wichtig, denn egal ob Mate20 oder P20: In beiden Pro-Varianten arbeitet das fast gleiche hochwertige Kamerakonstrukt, jedoch nicht in der »normalen« oder »Lite«-Variante, auch wenn sie sich optisch zum Verwechseln ähnlich sind. Warum wir beide in einem Rutsch erwähnen: Beide Triple-Lens-Kamerasysteme (jeweils 40, 20 & 8 MP) sind aktuell beim Thema Vielseitigkeit und Softwareausstattung ungeschlagen. Sie unterscheiden sich jedoch in einer großen Kleinigkeit: Das Mate20 Pro setzt bei einer Linse im Drei-Kamera-Konstrukt auf einen Weitwinkel, das P20 Pro hingegen auf einen Schwarz-weiß-Sensor. Somit könnt ihr mit dem Mate20 eher »mehr einfangen« und mit dem P20 eher »mehr Kunst« machen. Ihr werdet die Unterschiede aber noch sehen.

APPLE IPHONE XS (MAX)

Kandidat 4 ist das iPhone Xs (Max). Gibt es, wie das Pixel 3 (XL), klein und groß (Max). Unterscheiden tun sich beide aber sonst nicht voneinander. Über die Bezeichnungen kann man sich jetzt streiten und über den Preis (wie immer) ebenfalls. Lohnt aber nicht. Ab 1000 Euro geht's los. Punkt. Früher waren die

Detailunterschiede bei »normalen« und »Plus«-iPhones tierisch nervig, zum Glück herrscht inzwischen schönerweise gleiche Ausstattung. Hier findet ihr jeweils ein Dual-Lens-Kamerasystem mit jeweils 12 Megapixeln.

Im Vergleich zu allen anderen Kandidaten bietet die hauseigene Kamera-App die mit Abstand wenigsten Einstellungsmöglichkeiten. Hier läuft alles tatsächlich zu fast 100 Prozent automatisch. Getreu dem Motto »draufhalten und abdrücken«. Eigentlich genau das, was wir nicht wollen. Trotzdem ist diese Smartphone-Kamera eine der besten weltweit. Der faktisch größte Vorteil bei iPhones oder besser gesagt beim iOS-System ist das App-Ökosystem. Es ermöglicht Apps von Drittherstellern, die ein wahrhaftiges Feuerwerk an Kreativität und Funktionen darbieten. Hierzu später mehr.

»Aber Moment mal, keine Samsung Geräte? Das sind doch Topteile!!« Nun, das mag für einige von euch ganz individuell so sein, denn schließlich hat Samsung bei uns in Deutschland (noch) den größten Marktanteil. Das ist auch in Ordnung. Doch aus unserer Erfahrung der Vergangenheit sind Smartphones von Samsung viel zu schnell gealtert und für den Hersteller »irrelevant« geworden. Intransparente Preisgestaltungen, irreführende Werbeversprechen und nicht nachvollziehbare Updatepolitik machen es schwer, diese Telefone nicht nur in der Theorie, sondern auch in der Praxis sinnvoll einzuordnen und zu nutzen. Denn solche Handhabungen wirken sich auch auf die Funktionalität der Features und Software aus, wie zum Beispiel der Kamerafunktion.

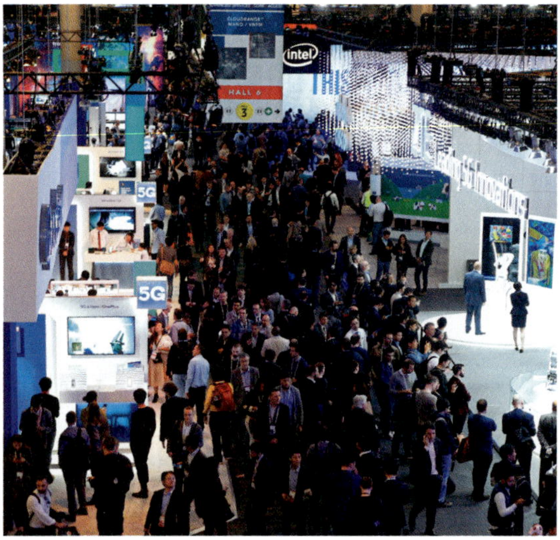

Der MWC in Barcelona 2019 – ein perfekter Ort, um sich die neueste Smartphone-Technik anzuschauen.

Der MWC (Mobile Word Congress) im Februar 2019 hat jedoch Samsung (und andere Hersteller) in ein neues Licht gerückt und scheint mit der neuen Flaggschiffgeneration S10 (Plus) sehr vieles richtig gemacht zu haben. Wir hätten sie gern im Buch (ausführlich) berücksichtigt, doch das hätte aus Zeitgründen nicht mehr funktioniert. Wir werden das mit kommenden aktualisierten Auflagen auf jeden Fall nachholen!

DIE GRUNDLEGENDEN EINSTELLUNGEN VON AKTUELLEN SMARTPHONES

So. Bis hierhin schön, oder? Bevor wir loslegen oder gar weitermachen können, schauen wir uns noch einmal eben eure Kamerasystem-Einstellungen an. Das sind zunächst nicht die generischen lustigen Symbole mit Zahlen oder abstrakten Mustern von Objekten.

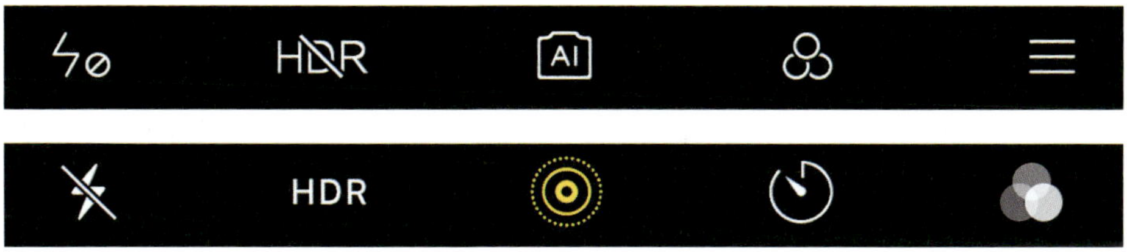

Nein, das sind im Smartphone oder in den hauseigenen Kamera-Apps die Einstellungen, die bestimmen, was technisch »vor« (oder teilweise auch »nach«) Drücken des Auslösers passiert. Ihr bestimmt damit die sogenannte technische Basis eurer Aufnahme. In etwa wie ein Haus. Der Grundriss steht, das Haus wurde gebaut, daran könnt ihr nichts mehr ändern. Aber ihr könnt es immerhin hübsch dekorieren. Falls ihr doch einen Raum mehr (oder weniger) benötigt, müsst ihr wieder an den Grundriss heran, da nützt all die hübsche Dekoration nichts. Diesen Abschnitt müsst ihr jedoch auch nicht im ersten Anlauf komplett verstehen, weil sich manche Funktionen erst im Laufe des Buches erklären. Dieser Teil muss aber trotzdem im Vorfeld erwähnt werden, damit ihr wisst, wonach sich Smartphones bei der Verarbeitung ihrer Foto- und Videodaten richten und warum manche Fotos ganz anders als bei euren Freunden aussehen können, obwohl ihr das exakt gleiche Telefon und ihr euch so unendlich viel Mühe bei der Aufnahme gemacht habt.

Je nach Preisklasse gibt es hier sehr deutliche Unterschiede.

XIAOMI POCOPHONE F1

Beim Pocophone ist es insgesamt relativ übersichtlich. Den Umfang an Einstellungen des Telefons kann man mit gutem Gewissen stellvertretend für alle Smartphones bis 350 Euro festzurren. Das, was ihr hier seht, bekommt ihr bei dem Rest weitestgehend ebenfalls zu sehen. Eure Möglichkeiten kurz zusammengefasst: Die Bildqualität kann in groben Schritten eingestellt werden (niedrig, mittel, hoch), es gibt ein Raster für Bildproportionen und es kann rudimentär an Dingen wie Farbe oder Schärfe geschraubt werden. Hier allerdings immer mit der Gefahr, das Bild zu verschlimmbessern, denn die dortigen Parameter gelten für alles und nicht für vereinzelte Aufnahmen.

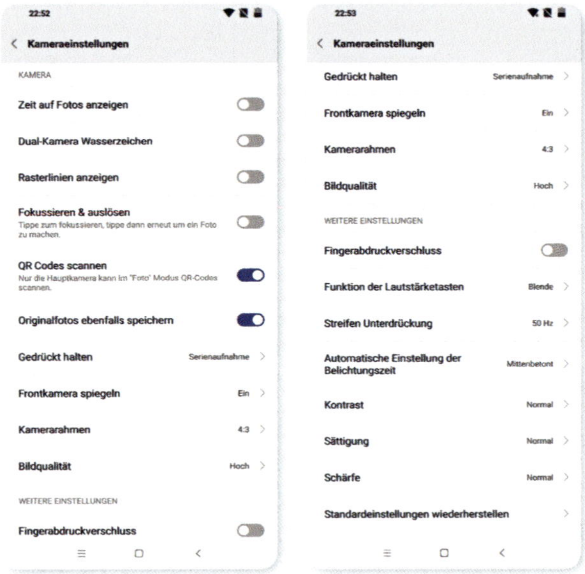

Die Einstellungsmöglichkeiten beim Pocophone F1 sind übersichtlich, aber hilfreich.

GOOGLE PIXEL 3 (XL)

Beim Pixel 3 ist es (eher untypisch für ein Single-Lens-System) schon viel umfangreicher. Solch einen Umfang an Kamerasystem-Einstellungen findet ihr bei einer Vielzahl an Android-Geräten in dieser Preisklasse (teilweise auch Mittelklasse), der Teufel im Detail ist aber definitiv abhängig von der verbauten Technik – wie beim Pixel 3. Neben der Möglichkeit, in detaillierten Schritten die Auflösung von Fotos und Videos der Rück- und Frontkamera einzustellen, findet ihr noch die Einstellung des Aufnahmeformates von Fotos und Videos. Also, ob die Daten in einem Format gespeichert werden sollen, das etwas älter und qualitativ überholt ist, aber überall verarbeitet werden kann (zum Beispiel JPEG oder H.264-Video), oder in einem Format, das modern, qualitativ hochwertig und effizient ist. Dies aber unter Berücksichtigung einer intensiveren Rechenleistung, weswegen es nur von ebenso modernen Geräten verarbeitet werden kann (zum Beispiel RAW-Fotos oder H.265-Videos).

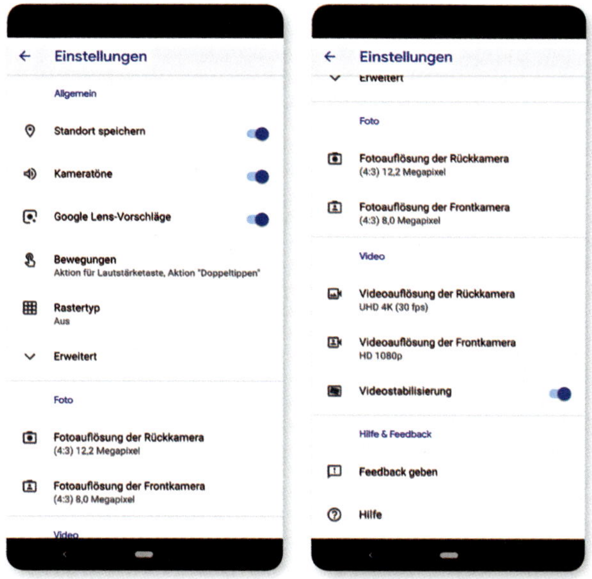

Die Einstellungsmöglichkeiten beim Pixel 3 (XL) sind umfassender und werden regelmäßig angepasst/erweitert.

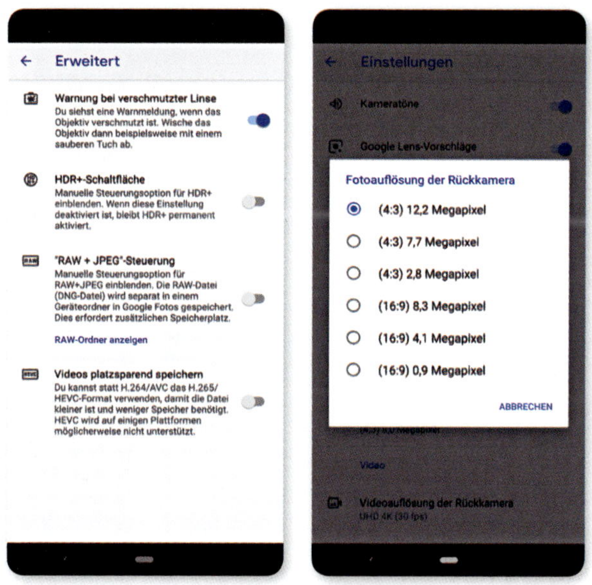

Mit solch einer soliden Auswahl an Einstellungen seid ihr für fast jede Herausforderung gerüstet.

HUAWEI MATE20 PRO UND P20 PRO

Beim Mate20 Pro und P20 Pro ist die Auswahl im Vorfeld am umfangreichsten. Zugegeben, teilweise wurden Funktionen untergejubelt, die (aufgrund der physikalischen Grenzen eines Telefons) keinen tatsächlichen Nutzen haben, aber für manche nice to have sind und so in optimalen Laborsituationen sicherlich funktionieren können. Eure Möglichkeiten hier: das Einstellen der Auflösung von Fotos und Videos der Rück- und Frontkameras in detaillierten Schritten, das Einstellen des Aufnahmeformates von Fotos und Videos (zum Beispiel JPEG/H.264 oder RAW/H.265) und – für manche sicherlich etwas abstrakte – Dinge wie »Master AI«. Wenn also das Bildformat geändert wird, können sich auch die Qualität und die Auflösung eures Bildes ändern. Was die unterschiedlichen Bildformate wiederum für eure Bildgestaltung letztendlich bedeuten, erzählen wir euch zu einem späteren Zeitpunkt. AI ist die Abkürzung für Artificial Intelligence, also künstliche Intelligenz. Das sind zwar ebenfalls »nur« Automatiken, die jedoch auf modernen Technologien (sogenannten Algorithmen, also Rechenvorgängen nach einem bestimmten Schema) basieren und mithilfe von Machine Learning die für euch am besten geeigneten Einstellungen ganz automatisch vornehmen. Machine Learning bedeutet einfach gesagt, dass ein Computer (in dem Falle das Smartphone mithilfe der Kamera) Muster und Gesetzmäßigkeiten erkennt und Lösungen zu entwickeln versucht. Dieses Wissen bekommt die AI aus »Erfahrung«. Diese Erfahrung sind Tausende, gar Millionen Eindrücke (Bilder), die dem Computer im Vorfeld zum Lernen gegeben wurden, die dieser wiederum in mathematische Abbildungen umgerechnet und gespeichert hat, um sie dann mit neuen Eindrücken (das, was ihr mit eurer Kamera fotografieren wollt) abgleichen und auswerten zu können. Dies funktioniert ein bisschen wie das menschliche Gehirn. Wir lernen aufgrund von unseren Eindrücken und Erfahrungen. Nur bestehen wir aus einem komplizierten Konstrukt aus biologischen sowie lebendigen Stoffen und noch nicht aus einem Chip. Übrigens: Auch die Pocophone-Kamera kann AI (dazu gleich ausführlich mehr beim Mate/P20), doch nur auf der Basis von Technik alter Kompaktkameras (also eher vorprogrammiertes Abgleichen als selbst interpretieren).

Der König der Smartphones. Keine andere Mobiltelefonreihe erlaubt euch aktuell solch umfassende Einstellungsmöglichkeiten.

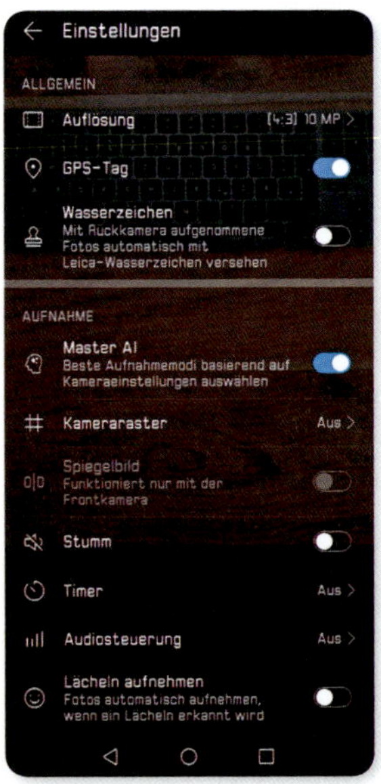

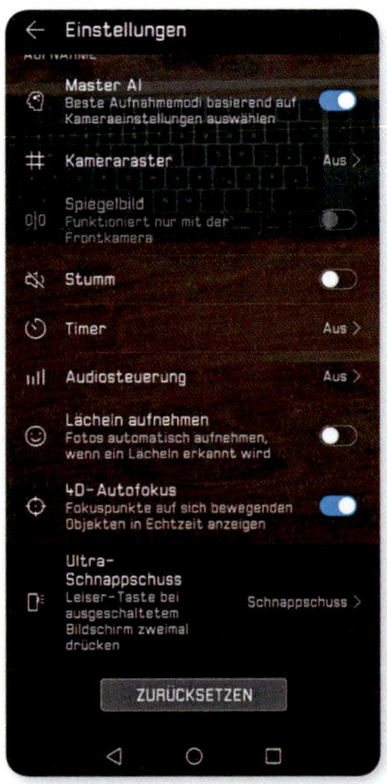

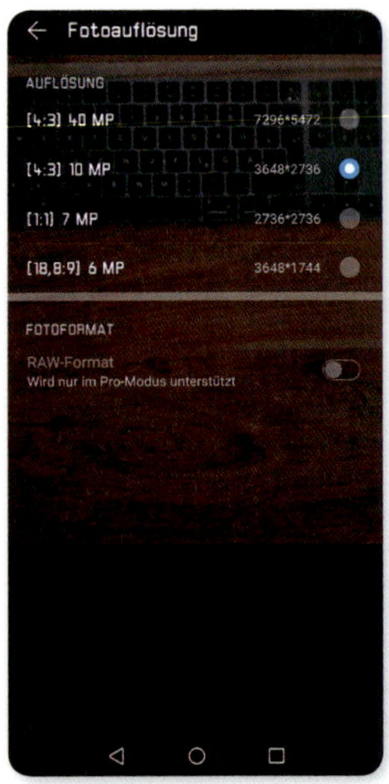

APPLE IPHONE XS (MAX)

Beim iPhone Xs ist es im Gegensatz zu allen anderen erschreckend übersichtlich. Man könnte fast denken, man wäre wieder in der Bretterklasse. Dies ist jedoch ganz bewusst seitens Apple gewollt. Es geht darum, sich absolut keine Gedanken um irgendwas machen zu müssen, aber auch nichts zu können. Eure Möglichkeiten hier sind auf ein Minimum beschränkt: Ihr könnt in detaillierten Schritten die Qualität eurer Videoaufnahmen einstellen und das Aufnahmeformat bestimmen. Außerdem könnt ihr – ähnlich wie beim Mate20 und P20 – mit »intelligentem HDR« – eine künstliche Intelligenz hinzuschalten. Etwas weniger Spielraum gibt euch Apple jedoch hinsichtlich des Formats bei Fotos. Die Fotos werden immer in 4:3 aufgenommen, daran könnt ihr auch nicht rütteln. Es gibt lediglich noch die Quadrat-Funktion, bei der ihr das Seitenverhältnis also auf 1:1 festlegen könnt. Auf der einen Seite garantiert diese grundsätzliche Herangehensweise immer das richtige Foto, auf der anderen Seite seid ihr aufgrund dessen oft dem Zufall ausgeliefert. Viele wünschen sich eine Option, um bei ernsthaftem Interesse wenigstens die Chance zu haben, etwas mehr eigenverantwortlich einstellen zu können. Aus diesem Grund sind Drittanbieter-Apps bei iOS so erfolgreich. Sie befriedigen eine Sehnsucht, die in iOS von Haus aus (bewusst) ignoriert wird, die jedoch die intelligente »Intransparenz« wieder unglaublich spannend macht. Wieso, weshalb und warum tut sie das, was sie macht?

Stille Wasser sind tief. Auch wenn das iPhone wenig einstellen lässt, sagt das noch lange nichts über die Qualität der Aufnahmen aus.

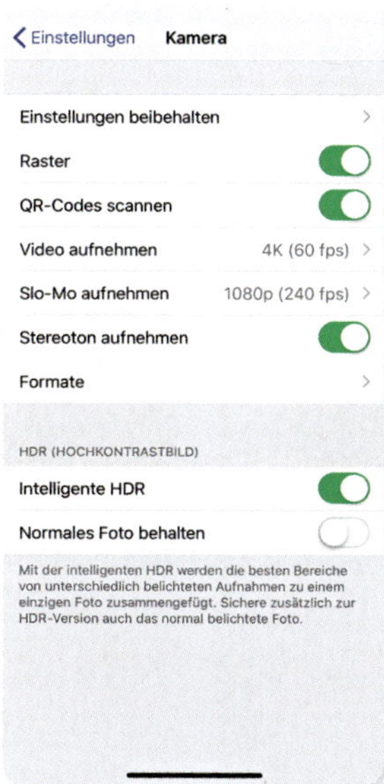

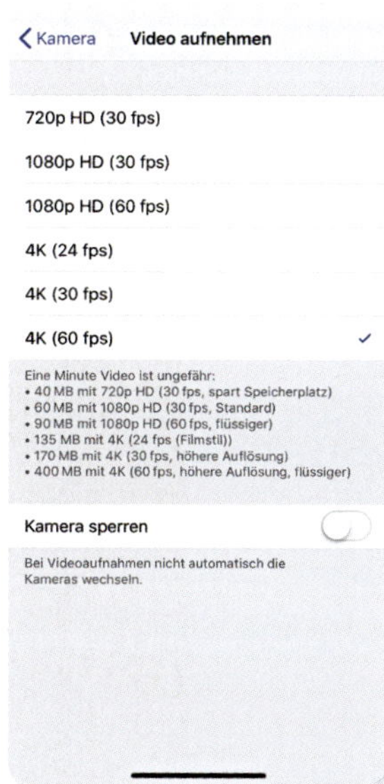

HDR

Puh. HDR. Oder auch »High Dynamic Range«. Was? »Hoher Dynamikbereich«? Was hat eine Dynamik mit einem Foto zu tun? Wir machen es für euch so unkompliziert wie möglich. (Falls ihr HDR schon kennt, keine Sorge: Wir kommen im Laufe des Buches auf noch viele weitere Software-Tricks zu sprechen.) Ein mystischer Begriff, in den Köpfen der meisten so abstrakt wie das Verständnis von fleischlosem Essen. Fernseher, Kameras und Smartphones beherrschen HDR, doch nicht überall ist damit das Gleiche gemeint. Ein HDR-Fernseher beispielsweise arbeitet mit spezieller Hardware, während HDR-Fotos am Smartphone in erster Linie eine Software-Funktion sind. Ja, auch HDR ist eine grundlegende Einstellung und kein »Effekt«.

Jede Kamera und somit auch jede entstehende Aufnahme hat einen sogenannten Dynamikumfang. Der Wortteil »Dynamik« spricht schon für sich: Etwas ist agil, beweglich, flexibel, weitreichend, dynamisch eben. Der Wortteil »Umfang« umschreibt, in welchem Bereich sich die »Dynamik« austoben kann und darf. Dieser (Dynamik-)Umfang ist bei jeder Kamera technisch vorgegeben, je nachdem, wie qualitativ gut, wie hochwertig und wie aufwendig der Kamerasensor gebaut wurde. Heißt: Ein Kamerasensor kann nicht alle oder beliebig viele Bildinformationen gleichzeitig verarbeiten, sondern ist auf einen bestimmten Bereich beschränkt. Dieser Bereich ist der Dynamikbereich oder auch Dynamikumfang und er steht in direktem Zusammenhang mit dem Helligkeitsumfang des Motivs, das ihr aufnehmen wollt. Schaut euch eben dieses vereinfachte Bild an:

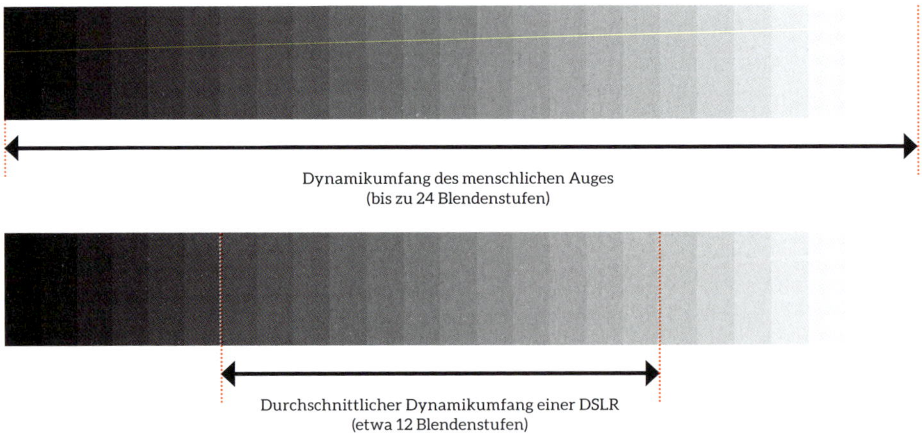

Ihr seht: Der Dynamikumfang des menschlichen Auges ist in etwa doppelt so groß wie der von modernen Kameras und wird noch eine ganze Weile ungeschlagen bleiben.

Dieses Bild zeigt in etwa den Dynamikumfang des menschlichen Auges. Am einfachsten Beispiel »Schwarz-Weiß« seht ihr, dass wir unglaublich viele feine Details zwischen hell und dunkel erkennen können. Zwischen reinem Weiß und purem Schwarz liegen sozusagen ***50 Shades of Grey***, also viele Zwischenschritte. Für unser Auge gibt es folglich nicht nur reine unbunte Farben, sondern viele Nuancen und Variationen dazwischen.

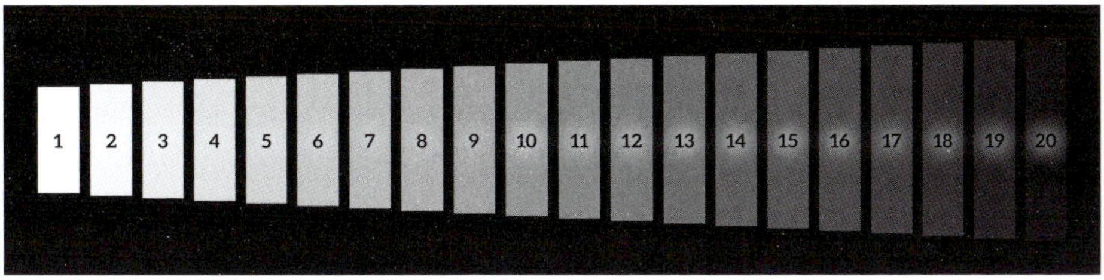

Ein möglicher Aufbau von Helligkeitsabstufungen.

Eine Kamera kann jedoch nicht so viel sehen. Ihr merkt schon richtig, dass die Skala hier gerade mal halb so lang ist. Hier gilt eher das Motto: »Je eher etwas weiß ist, desto eher ist es weiß.« Feine Nuancen werden durch die Kamera eher als reines Schwarz oder reines Weiß interpretiert und gespeichert, detaillierte Zwischenschritte gehen verloren. (Man spricht in der digitalen Fotografie bei diesem Thema zwar genau genommen nicht von hell und dunkel, sondern von einem starken oder schwachen Signal, falsch ist es jedoch nicht. Nur, ein solch detaillierter technischer Exkurs würde den Rahmen dieses Buches sprengen.)

Will man nun (vor allem als Hersteller) mehr aus solch einer technischen Limitierung herauskitzeln und den Dynamikumfang ins Helle oder Dunkle verschieben oder gar über das ganze Hell-dunkel-Spektrum vergrößern, bedient man sich Software-Tricks. Das hilft nicht nur dabei, das Marketing von Smartphones aufzudrehen, sondern es hilft auch euch dabei, bessere Ergebnisse zu erzielen. Dieses Bild macht es noch mal ganz gut deutlich.

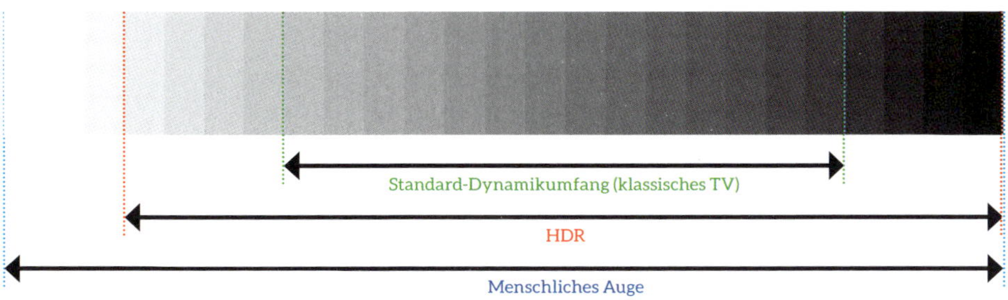

Durch den Softwaretrick HDR kommt der Dynamikumfang einer Kamera bzw. eines Bildes wenigstens ansatzweise an den des menschlichen Auges heran.

Doch es geht noch weiter. Da die Smartphone-Thematiken und -Technologien inzwischen von jedem Hersteller unterschiedlich angegangen werden, sind auch das Verständnis und die Umsetzung von HDR bei jedem Hersteller etwas anders. Mist. Wir müssen euch also doch noch etwas mehr erklären. Salopp gesagt finden wir am Markt aktuell zwei Variationen von HDR: klassisches HDR und intelligentes HDR. (Der ein oder andere Hersteller mag sie zwar anders nennen, aber das ändert nichts daran, dass es am Ende entweder aufs klassische oder aufs intelligente HDR hinausläuft.) Der gröbste Unterschied zwischen den beiden Varianten: Klassisches HDR baut auf unterschiedlichen Fotos auf, intelligentes HDR nutzt unterschiedliche Fotos und garniert das Ganze mit »künstlicher Intelligenz«.

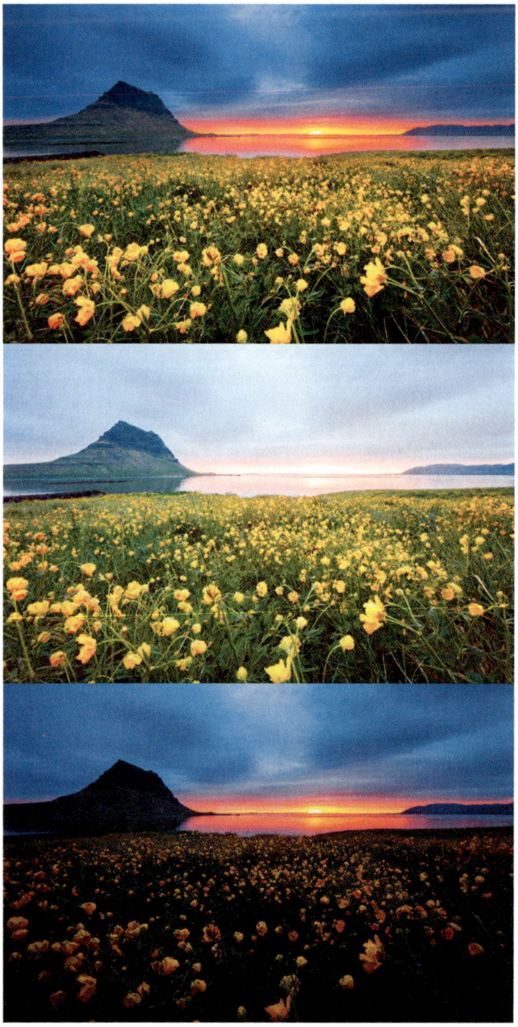

Wie aus Einzelteilen ein »Ganzes« wird. Die einzelnen HDR-Aufnahmen verschmelzen zu einem ausgewogenen Bild.

KLASSISCHES HDR

Stellt euch das einfachste Motiv der Welt vor: ein dunkler Wald vor einem hellen Himmel. Entweder werdet ihr die Wolken am Himmel gut erkennen können oder die Blätter der Bäume im Wald. Entweder habt ihr dann einen blendend weiß strahlenden Himmel oder ein tiefschwarzes Meer aus Bäumen. Damit dieser unschöne Effekt nicht mehr nervt, fotografiert man im klassischen HDR. Fotografiert ihr in diesem Modus, so erstellt die Kamera automatisch drei Bilder: eines mit normaler Belichtung, also so, wie es normal aussehen würde, sowie ein zu dunkles und ein zu helles Foto. Diese drei Fotos werden automatisch übereinandergelegt und als ein einziges Foto gespeichert. Aktuelle Smartphones von Xiaomi oder Huawei beispielsweise nutzen diese Technik.

INTELLIGENTES HDR ODER AUCH AI-FOTOGRAFIE

Stellt euch auch hier das einfachste Motiv der Welt vor. Welches? Mh. Ah! Was ganz Verrücktes: ein dunkler Wald vor einem hellen Himmel. Entweder werdet ihr die Wolken am Himmel gut erkennen können oder die Blätter der Bäume im Wald. Entweder habt ihr dann einen blendend weiß strahlenden Himmel oder ein tiefschwarzes Meer aus Bäumen. Aktiviert ihr nun »intelligentes HDR« und schießt in dem Modus ein Foto, dann passiert innerhalb von Bruchteilen von Sekunden noch ein bisschen mehr als beim klassischen HDR.

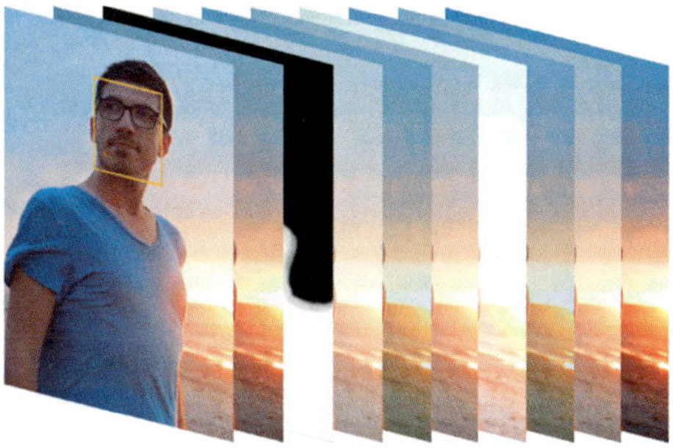

Ein Foto moderner Smartphone-Kameras ist vielschichtig. Das zeigt dieses Foto buchstäblich.

In dieser kurzen Zeit werden bis zu 20 Fotos oder auch Merkmale eines Motivs oder Fotos analysiert, ausgewertet und verarbeitet. Einfluss darauf habt ihr nicht, denn hier kommt Machine Learning zum Einsatz. Die aktuellen Telefone mit Google- oder Apple-Betriebssystem nutzen diese Technik. Sie heißt nur nicht immer gleich. Huawei beispielsweise nennt die Funktionsweise von intelligentem HDR auch AI-Fotografie. Was solch eine Intelligenz in der Praxis bedeutet, seht ihr an dieser Zusammenstellung ziemlich gut. Jedes Telefon interpretiert einen ganz eigenen Teil des Motivs als wichtig oder weniger wichtig. All unsere Testkandidaten haben dieses Foto an der gleichen Stelle unter gleichen Bedingungen aufgenommen. Die Ergebnisse sind wie Tag und Nacht.

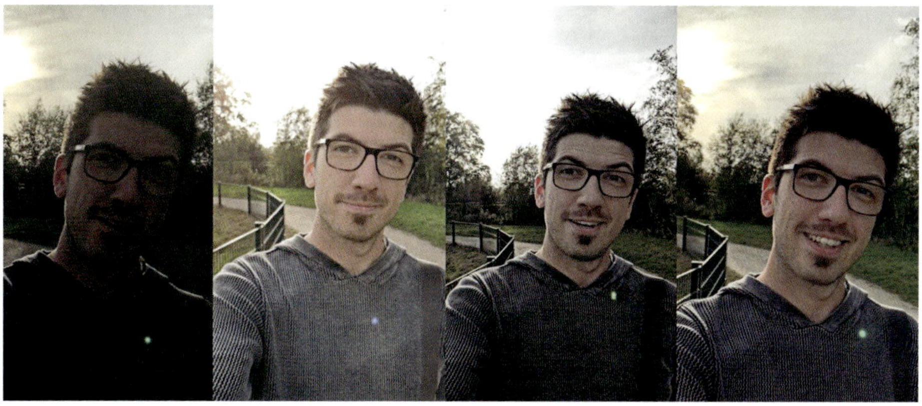

Wie unterschiedlich Kameras arbeiten und Aufnahmen definieren, zeigt dieses absolut einfache, aber deutliche Beispiel.

Diese Intelligenz hat aber nicht nur Auswirkungen auf eure Belichtung, sondern auch auf die Detailtreue eures Motivs. Nein, das bedeutet nicht, dass ihr anstelle von blauen plötzlich grüne Augen habt, aber es bedeutet, dass im Nachhinein bestimmte Feinheiten des abgelichteten Motivs nicht mehr sichtbar sein können, weil sich die Automatik ... entschuldigt, die intelligente Automatik entschieden hat, dass genau dieses oder jenes Detail nicht wichtig ist. In der Praxis sieht das dann in etwa so aus, ausgehend von diesem Parkhausmotiv.

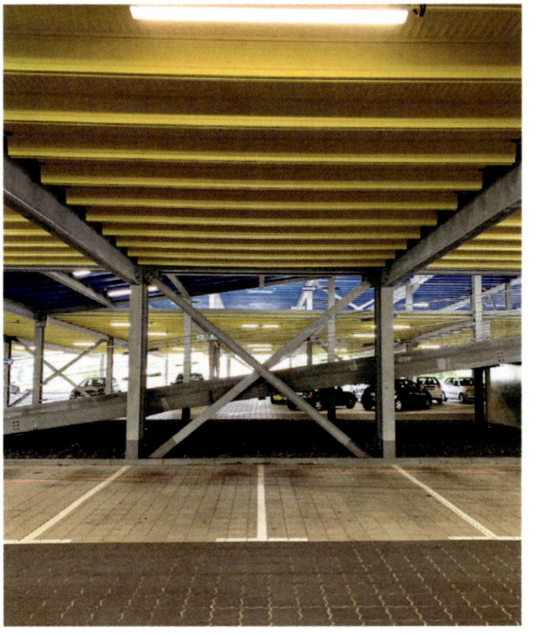

Eigentlich nichts Spannendes. Doch schaut euch mal die Details des Motivs an. Beispielsweise das Einbahnstraßenschild ganz oben. Nun könnte man meinen: »Ja, Einbahnstraße, ist doch klar!«, doch sieht das eine Automatik auch so? Schauen wir doch mal:

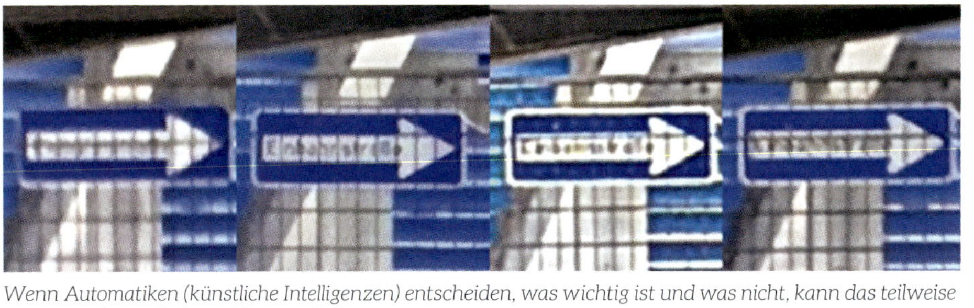

Wenn Automatiken (künstliche Intelligenzen) entscheiden, was wichtig ist und was nicht, kann das teilweise ernst zu nehmende Auswirkungen haben.

Na so was! Sobald wir »intelligent« fotografieren, existiert die Einbahnstraße teilweise nur noch in unseren Köpfen, aber nicht mehr auf dem Foto. Denn: Manche Automatiken entscheiden, dass der Schriftzug unwichtig ist, und haben den Zaun im Vordergrund und die Farbe des Schildes hinzuinterpretiert und daraus »ein Ganzes« gemacht. In diesem Fall hat nur das iPhone Xs (Max) den Einbahnstraßenschriftzug als ebenso wichtig wahrgenommen und dringelassen. Spannend, oder? Einfluss habt ihr auf solche Entscheidungen nicht. Eure einzige Entscheidung ist: künstliche Intelligenz an oder aus.

Aber abgesehen von der sogenannten Intelligenz: Wann lohnt sich HDR denn tatsächlich? Gar nicht so schwer, es gibt hier eine hilfreiche Faustregel: »HDR trendet, wenn's blendet!« Okay, das war ein bisschen zu sehr YouTube. Also: HDR solltet ihr grundsätzlich nutzen, wenn euer Motiv extrem hell ist oder starke Helligkeitsunterschiede (Kontraste) aufweist. Selbst dunkle Motive könnt ihr inzwischen aufgrund der vorangeschrittenen Technologie mit der Funktion »retten«. Cleverer wären jedoch moderne Nachtaufnahmen oder Nachtmodi. Dazu aber später mehr.

Verzichten solltet ihr jedoch auf HDR, wenn ihr einen hohen Kontrast als bewussten Effekt einsetzen wollt (beispielsweise schwarze Silhouette vor Sonnenlicht) oder sich euer Motiv bewegt. Vergesst nicht, es werden mehrere Fotos aufgenommen und verarbeitet. Wenn sich in dieser Zeit das Motiv bewegt, passen die Fotos nicht mehr genau aufeinander und es gibt unschöne Ränder (das sogenannte Ghosting).

RAW

Und warum auch noch RAW? Wir haben bei der Vorstellung der Telefone immer wieder diesen Begriff genutzt. Den wollen wir euch einmal erklären, da es sich hier ebenfalls um eine grundlegende Möglichkeit der Bildverarbeitung handelt und nicht um einen Effekt. Ist also eine wichtige Entscheidung, an der sich auch die kommenden Einstellungsmöglichkeiten wie Blende & Co. orientieren. Daher aufpassen!

Interessanterweise ist RAW eigentlich eine Funktion aus dem Profi-Segment und erst seit (im Verhältnis) kurzer Zeit in Smartphones verfügbar. Wie der Name vermuten lässt, hier geht es um etwas »Rohes«. Der Testosteronlevel schießt in die Höhe, wir fangen alle an zu grunzen und ... Moment, sind wir die einzigen »Hör mal, wer da hämmert«-Fans? Zumindest impliziert RAW ein Aufnahmeformat, das unbehandelt ist. Genauer gesagt: unkomprimiert. Wir kennen alle JPG-Dateien. Die sind komprimiert, also verkleinert, um sie schnell hin- und herschicken zu können. Für WhatsApp-Gruppen zum Beispiel extra stark komprimiert, damit jeder so richtig genervt von Kuscheltierbärchen-Bildchen ist. RAW hingegen ist die Information aus der Kamera genau so, wie der Sensor das Motiv gesehen hat, ohne irgendwelche digitalen Brandzeichen und mit der Möglichkeit, (fast) alles im Nachhinein noch einzustellen, wie zum Beispiel die Belichtung oder ISO-Werte. Wir reden hier von 3 Megabyte (etwa die Größe eines Songs im MP3-Format) bis hin zu 100 Megabyte (fast schon ein kurzes YouTube-Video). Aufgrund ihres umfangreichen Informationsgehalts sind solche Dateien um ein Vielfaches größer und geben Speicherkarten oder einfach nur viel Speicher auf dem Telefon einen Sinn. Jedoch ist noch nicht alles Gold, was glänzt. Manchmal werden die Aufnahmen qualitativ sogar schlechter. Misslungene oder grundsätzlich falsch eingestellte Aufnahmen lassen sich auch mit der RAW-Einstellung nicht mehr retten. RAW ist also keine Alternative, um faul zu sein, sondern um – im besten Falle – sein gelerntes Wissen mit einer Kirsche auf der Sahnehaube zu perfektionieren.

Okay, schon klar. Ihr braucht wieder ein paar Beispiele. Kein Problem, haben wir alles da. Also: RAW im Detail. Da RAW nun mal das »pure« Signal einer Kamera ist, werden zu fast 100 Prozent alle Bildver(schlimm)besserungen umgangen. Legt man solch ein RAW-Bild dann unter das Bild, das die Automatik oder der Pro-Modus interpretiert hat, wird euch etwas auffallen:

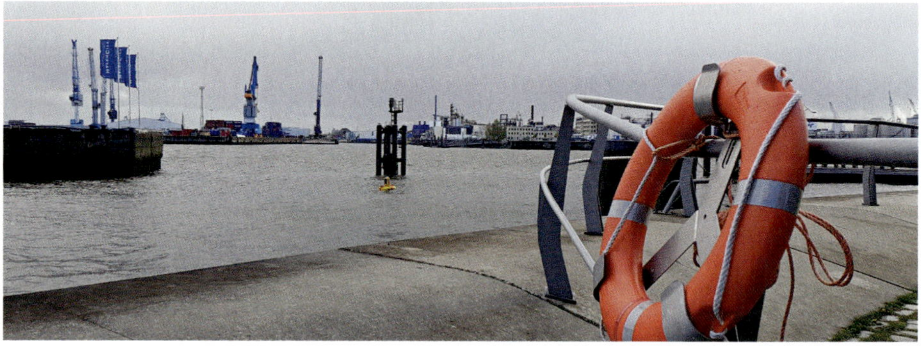

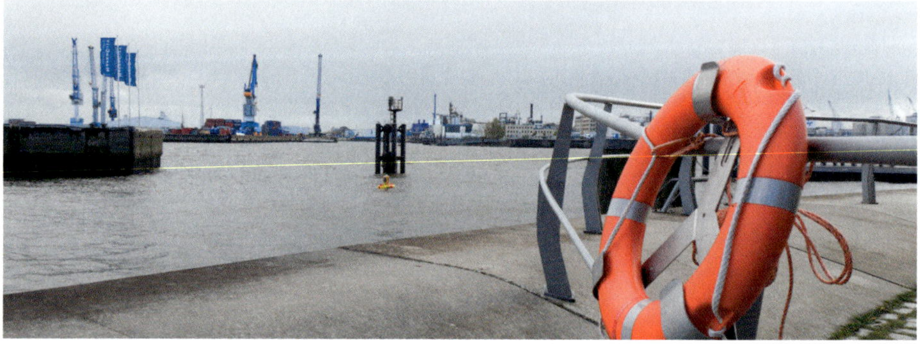

Oben scharf und satt, unten blass und matt. Wenn ihr also die Zeit und die Muße habt, das rohe Material des Sensors weiterzuverarbeiten, bis es euren Vorstellungen entspricht, dann go for it! Im besten Falle an einem Computer, da die tatsächlichen Feinheiten von (noch) keiner App aufgefangen werden können. Das echte Photoshop für Smartphones und Tablets beispielsweise lässt weiter auf sich warten. Bedenkt dabei nur: RAW-Material sollte auf keinen Fall »einfach so« irgendwo weitergegeben oder hochgeladen werden.

So. Wow. Bis hierhin habt ihr wieder eine Menge gelernt. Es sei denn, ihr seid genau so nerdig wie wir, dann wusstet ihr das ein oder andere Geheimnis schon. Es ist uns wichtig, euch durch diesen modernen Irrgarten an Komplexität zu führen, damit das Grundverständnis nicht aus »Knopf drücken«, »passt schon« und »irgendwo hochladen« besteht, sondern aus wasserdichtem Wissen, das euch Sicherheit und Selbstvertrauen im Umgang mit Smartphones und Smartphone-Fotografie gibt. Lasst uns doch mal anfangen, dieses Grundwissen langsam, aber sicher in die Praxis zu schieben.

GRUNDLEGENDE FOTOGRAFIE

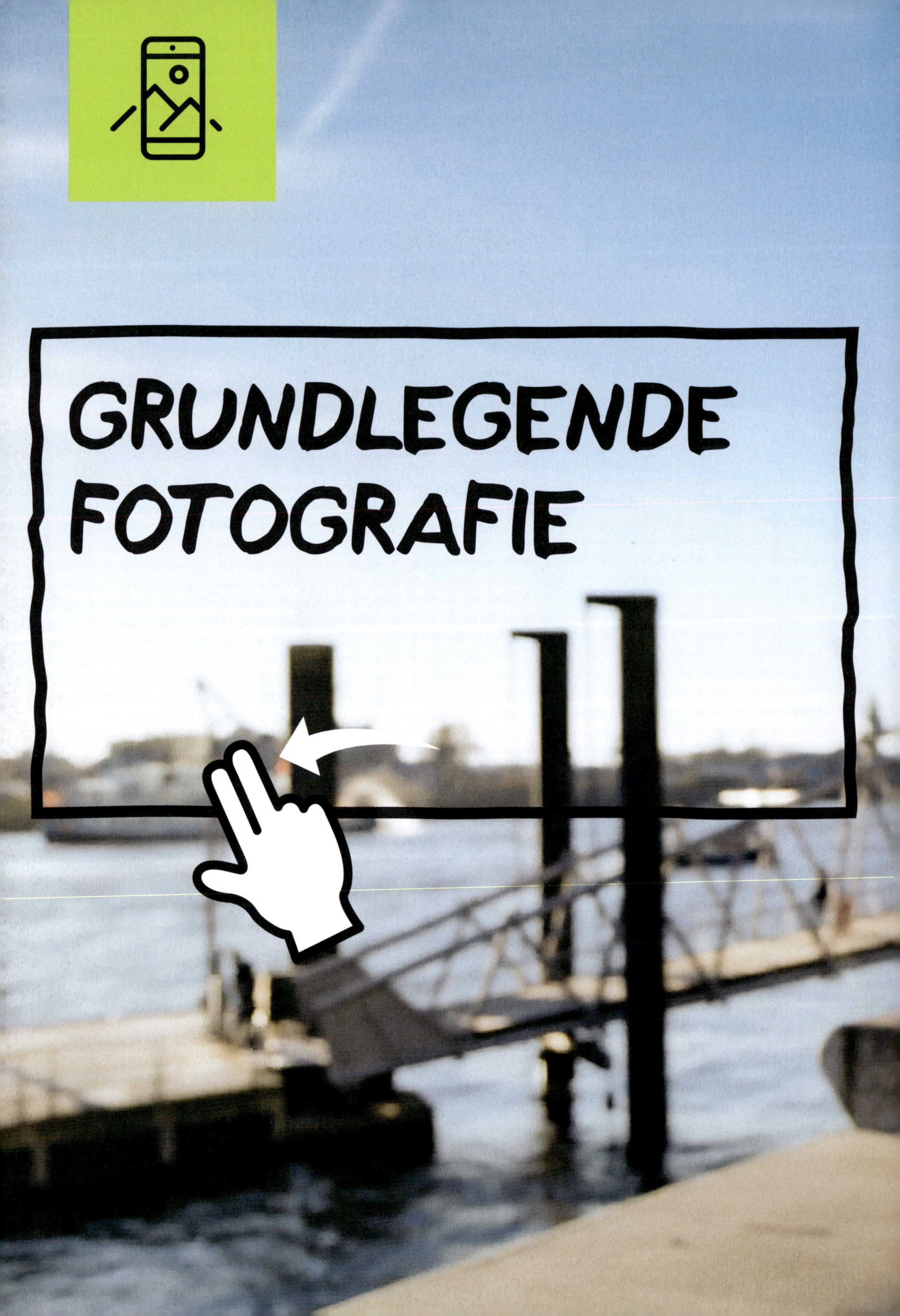

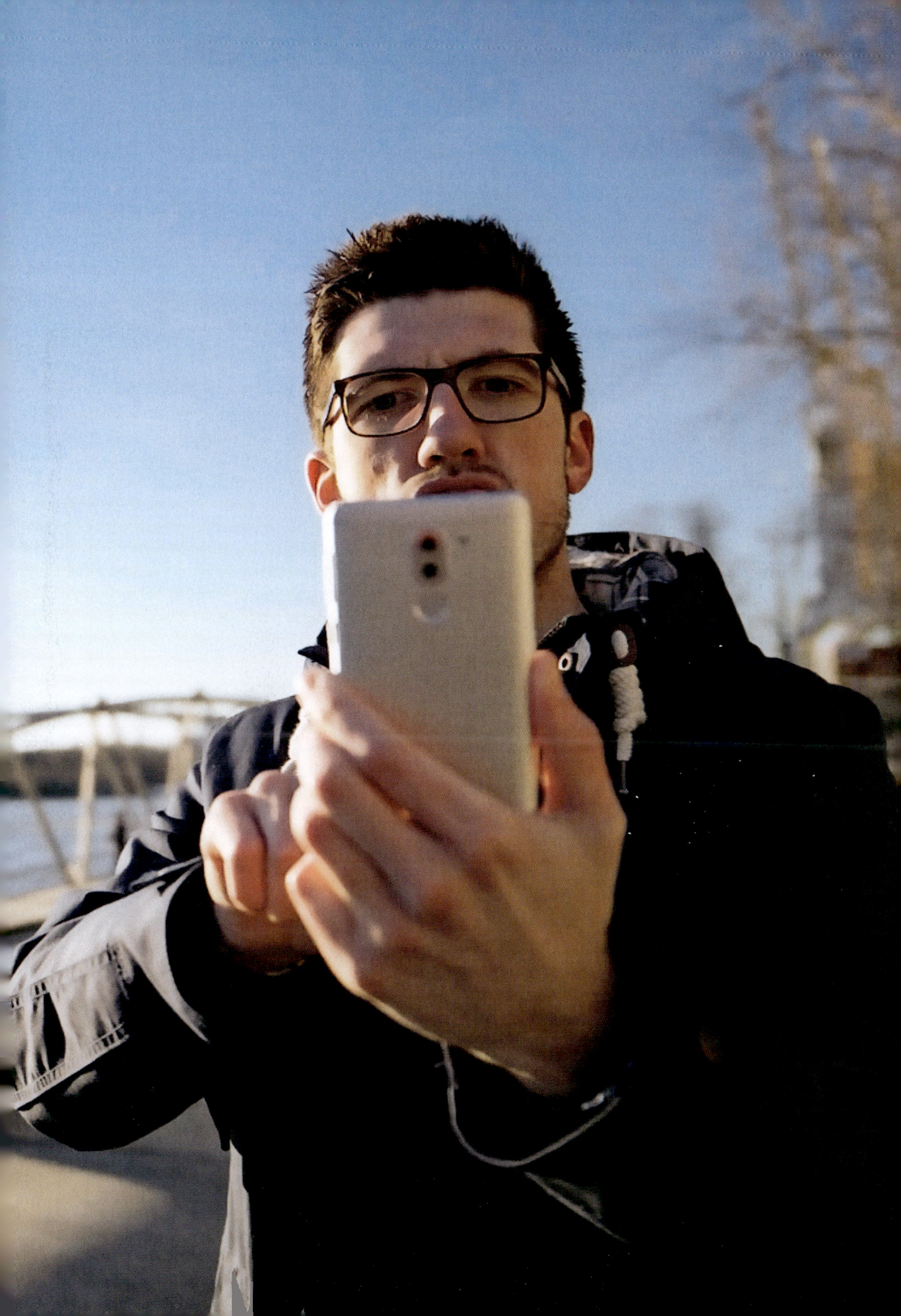

Die vier Zauberworte eines jeden Fotografen heißen: Blende, ISO, Verschlusszeit und Weißabgleich. Diese vier grundlegenden Dinge findet ihr immer, immer, immer. Immer dann, wenn es um Kameras geht. Immer! Ihr könnt nur nicht immer alles davon selbst einstellen oder »sehen«.

Warum wir das so betonen? Weil das die optischen, physikalischen und technischen Grundelemente einer jeden Kamera sind. Wie ein Müsli auch immer aus Flocken und Milch besteht. Oder Mineralwasser aus Wasser und Sprudel.

Doch keine Angst. Ihr werdet sehen, sobald ihr diese Dinge verinnerlicht (oder wenigstens auswendig gelernt) habt, wird der Rest von ganz allein in euren Köpfen passieren. Es gilt wie immer: ausprobieren, ausprobieren und noch einmal ausprobieren. Bevor ihr jetzt aber sofort mit euren Smartphones vom Sofa aufspringt, losrennt und drauflos knipst, wartet noch und lest dieses Kapitel zu Ende.

DIE BLENDE

Die Blende (auch Iris genannt) funktioniert im Grunde wie die menschliche Pupille. Sie bestimmt, wie viel Licht in die Kamera hineingelassen wird und auf den Bildsensor fällt. Licht ist für den Bildsensor alles, was ihn umgibt, also mehr als nur »eine Lampe«.

Damit bestimmt werden kann, wie viel Licht auf den Bildsensor trifft, muss man wissen, wie offen oder geschlossen eine Blende ist. Hierfür gibt es die sogenannte Blendenzahl, denn eine Blende besteht aus Lamellen, die sich zu- oder aufdrehen lassen. Je kleiner die Zahl ist, desto größer ist die Öffnung des Objektivs und umso mehr Licht kann auf den Bildsensor fallen.

Das könnt ihr mit eurem Zeigefinger und Daumen ganz einfach nachstellen. Schaut von oben auf eure linke oder rechte Hand und haltet Zeigefinger und Daumen zusammen, getreu dem Motto »reingeguckt«. Nun rollt ihr den Zeigefinger langsam Richtung Hand ein. Ihr merkt: Je mehr Finger sich Richtung Hand einrollt, desto kleiner ist das »Reingeguckt«-Loch. Bedeutet also, wenn sich die Blende öffnet, wird ein Bild heller (und der Hintergrund gleichzeitig unschärfer).

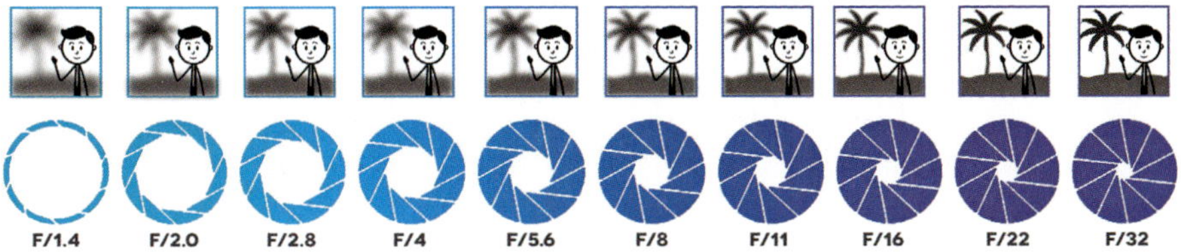

Das Ganze funktioniert auch umgekehrt. Je weiter die Blende geschlossen wird, desto kleiner ist die Öffnung deines Objektivs und umso weniger Licht kann auf den Sensor fallen. In diesem Fall ist dein Bild dunkler und der Hintergrund schärfer. Bei schlechtem Licht und im Dunkeln ist die Blende das Erste, was ihr zum Gegensteuern nutzen solltet, da sie nicht digital ist.

Dass durch die Blende auch ein Hintergrund schärfer oder unschärfer wird, hat etwas mit optischen Gegebenheiten zu tun. Ohne es kompliziert zu machen: Es ist eine Abhängigkeit von Blende, Brennweite (mehr dazu unter »Zoom« auf Seite 89) und Abstand des Motivs zur Kamera. Im Endeffekt ist der Grund jedoch immer der gleiche: der Brennpunkt oder die Schärfeebene.

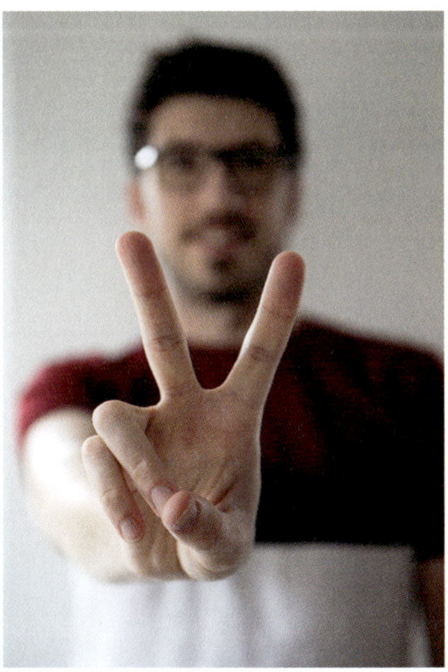

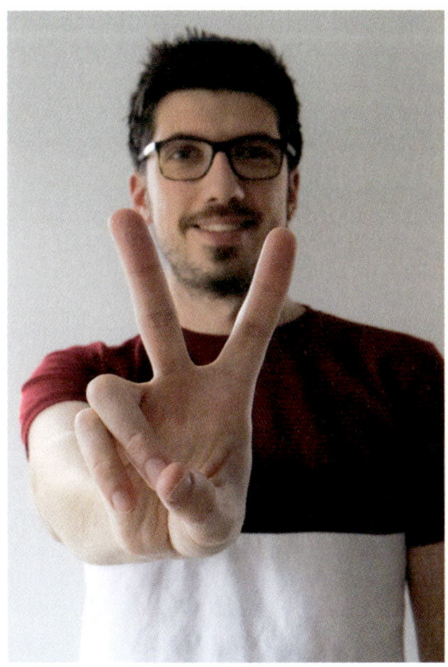

Die Blende ist wichtig und komplex in ihrer Art, hat aber »einfache« (Aus)Wirkungen, wie den Fokus auf etwas zu legen oder Dinge ganz einfach in der Unschärfe »verschwinden« zu lassen.

Es ist wie beim menschlichen Auge. Treffen die Lichtstrahlen nicht auf den Brennpunkt unserer Netzhaut, sehen wir unscharf (und brauchen zur Korrektur beispielsweise eine Brille). Treffen die Lichtstrahlen nicht auf den Brennpunkt eines Kamerasensors, ist das Bild auch unscharf. Die Optik (also die Brille sozusagen) korrigiert das, nur können nicht alle Lichtstrahlen korrigiert werden. Manche treffen aufgrund der Linse auch weiter »falsch« auf den Sensor. Wir sehen das als Unschärfe oder auch »Tiefenschärfe«.

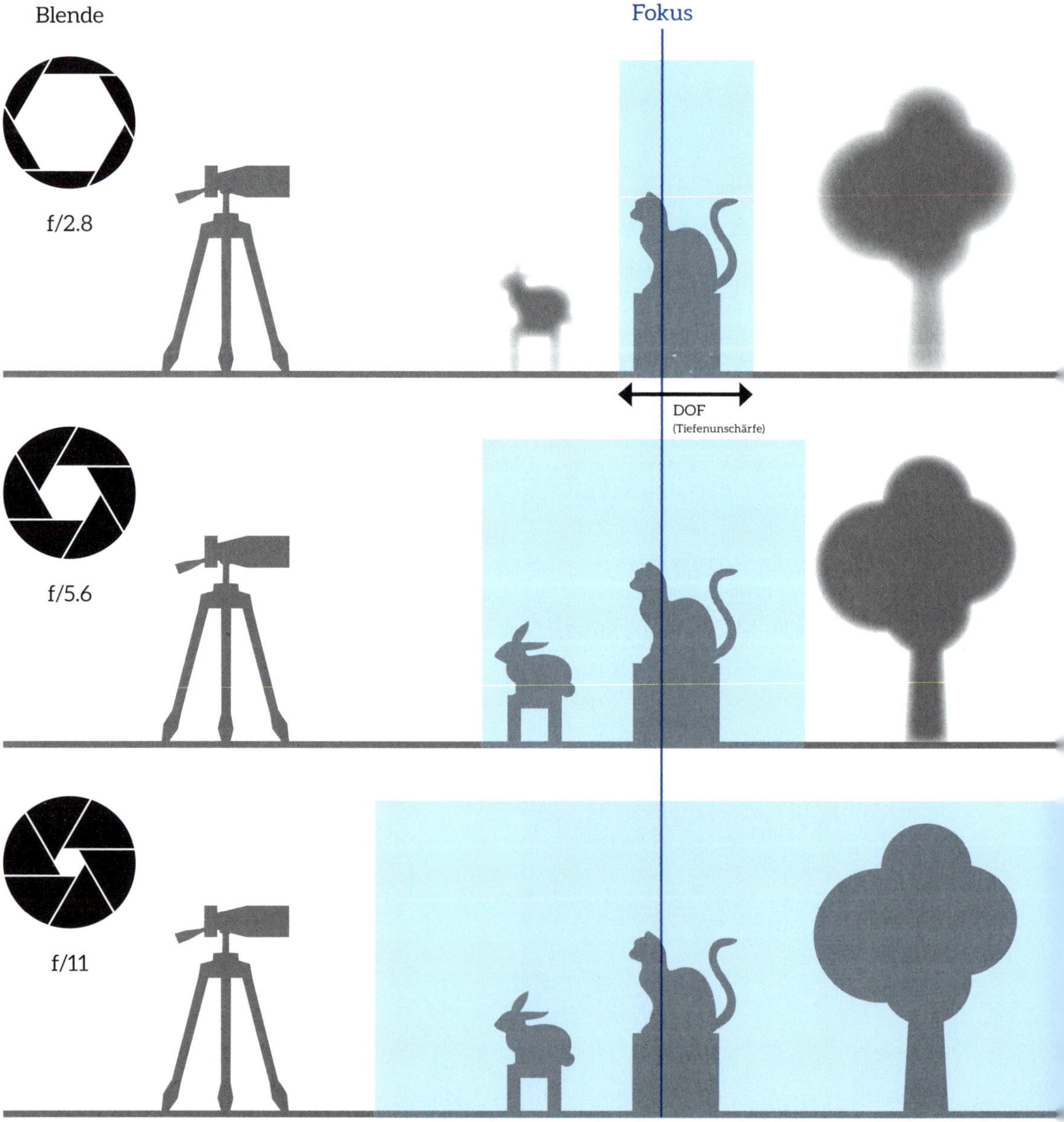

Das Problem bei dieser Thematik ist bei Smartphones die Größe. Nicht nur die Technik, sondern auch die optischen Elemente sind miniaturisiert und stoßen an ihre physikalischen und optischen Grenzen. Die Wirkung einer Blende ist bei Smartphone-Kameras praktisch kaum wahrnehmbar. Es sei denn, ihr habt ein Multi-Kamera-System (also mehr als eine Linse oder Kamera), das das optische Verhältnis durch den zusätzlichen räumlichen Bezug errechnet, oder ihr geht so nah wie möglich an etwas heran, um eine Unschärfe aus optischen Gründen zu erzwingen. Das sieht aber nie wirklich fein aus. Ist in etwa wie mit mobilen Lautsprechern. Je kleiner, desto weniger Bass, weil es keinen Resonanzkörper, also kein Volumen und schon gar keine große Lautsprechermembran zum »Wumms, wumms«-Machen gibt.

Ist euch bei Smartphones schon einmal die Einstellung für eine »echte Blende« entgegengesprungen? Höchstwahrscheinlich nicht. Die Blende bei Smartphones muss man eher noch in die Marketingschublade stecken. Trotzdem ist dieses Thema für jeden Fotografen wichtig, auch für Smartphone-Fotografen. Deswegen haben die Hersteller von Smartphones die »Blende« etwas umgestaltet und daraus bewusst ein kreatives Spielzeug gemacht. Sie bestimmt weiterhin, wie scharf oder wie unscharf der Hintergrund eines Motivs ist, jedoch nicht optisch oder analog, sondern digital.

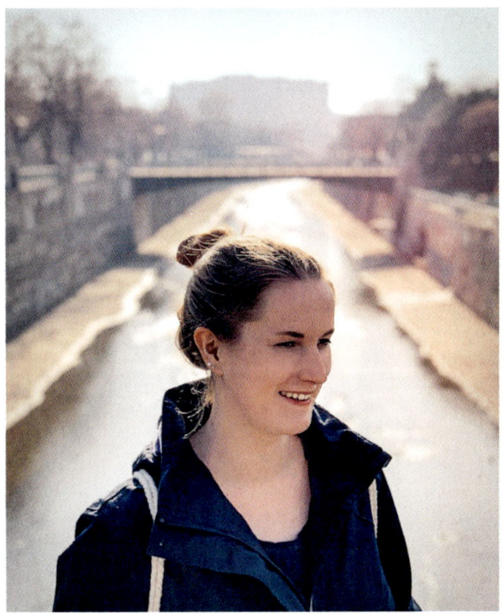

Selbst mit kleinen Smartphone-Kameras lässt sich der Hintergrund ausblenden. Das sieht dann in etwa so aus.

Hoffentlich wird es nicht mehr allzu lange dauern, bis die Möglichkeit der Blendeneinstellung auch bei Smartphones zum Standard wird. Einem Hersteller ist dies – zumindest ansatzweise – schon gelungen: Samsung mit dem Galaxy S9. Doch leider muss man hier sagen, dass es sich wohl eher vorrangig um eine Spielerei handelt, die man noch nicht wirklich ernst nehmen kann. Man kann hier lediglich mit einem Klick von einer F1.5- zu einer F2.4-Blende wechseln, was aufgrund der Größe in der Praxis viele Fragezeichen aufwirft.

DIE KÜNSTLICHE BLENDE DURCH SINGLE- ODER MULTI-KAMERA-SYSTEM

Wir halten also fest: Es gibt bisher kein Smartphone, das mit einer praxistauglichen einstellbaren Blende ausgestattet ist. Das ähnlichste Feature, mit dem Smartphones in dieser Hinsicht punkten können, ist der Porträt-Modus, bei dem ein Unschärfeeffekt (in Fachkreisen auch Bokeh-Effekt genannt) künstlich erzeugt wird. Je nach Smartphone, dem verbauten Kamerasystem und genutzter App variieren die Möglichkeiten und Ergebnisse deutlich. Schauen wir uns doch mal ein paar Fotos unserer Smartphone-Kandidaten an.

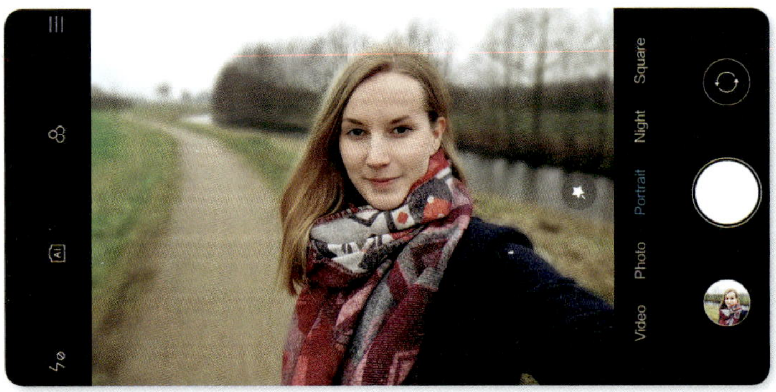

Der Porträt-Modus des Pocophones. Einfach und »straight forward«. Vorteil: Ihr könnt schon während des Aufnehmens den Unschärfeeffekt in etwa beurteilen.

Beim Pocophone nennt sich die Unschärfefunktion »Porträt«. Hier habt ihr sonst keine weiteren Anpassungsmöglichkeiten im Vorfeld oder im Nachhinein. Immerhin seht ihr live, was euch in etwa wo an Unschärfe erwartet. Ihr drückt drauf und bekommt den Hintergrund, der euch das Dual-Linsen-Kamerasystem errechnet. Die Ergebnisse können sich sehen lassen!

Wie ihr wisst, besitzt das Pixel 3 nur eine einzige Kamera. Finden wir hier auch eine Porträt-Funktion? Oh ja! Die hat sogar einiges drauf. Zwar seht ihr

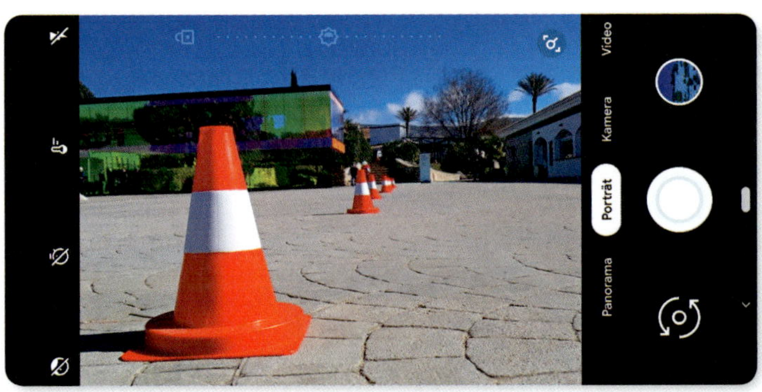

Der Porträt-Modus des Pixel 3 (XL). Ebenso einfach, nur leider ohne ungefähre Vorschau des Endergebnisses.

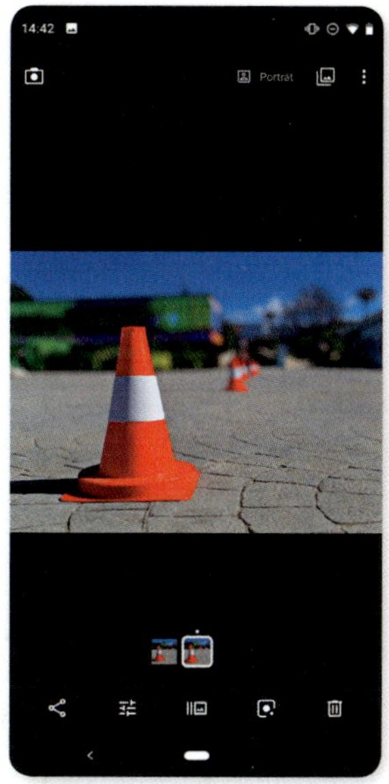

nicht »live«, wie die Unschärfe eures Bildes aussehen könnte, doch ist die Software seitens Google so clever entwickelt, dass selbst komplizierte Details in den Haaren fast naturgetreu verarbeitet werden können. Außerdem könnt ihr im Nachhinein innerhalb der mitgelieferten Foto-App die Schärfe und Unschärfe für den Hinter- und sogar den Vordergrund verändern. Entweder per Tipp auf die entsprechende Stelle oder per Schieberegler.

Qualitativ enorm, wenn ihr bedenkt, dass es sich hier um eine Kamera im Fingernagelformat handelt. Nicht umsonst ist sie unter den zehn besten Smartphone-Kameras weltweit zu finden. Übrigens: Diese Funktion gilt auch eins zu eins für die Frontkamera des Pixel 3 und funktioniert im Weitwinkel-Modus genauso gut.

Das Huawei Mate20 Pro und das P20 Pro stellen von allen Kandidaten die üppigste Umsetzung des Porträt-Modus dar. Neben der Möglichkeit, überhaupt Porträts zu schießen, könnt ihr innerhalb der hauseigenen Kamera-App noch eine Alternative wählen, den Blenden-Modus. Hier kann an den Parametern gespielt werden, zum Beispiel, den Elementen der Unschärfe oder der Beleuchtung. Wow, da müsst ihr erst mal den Kopf herumwickeln, nicht wahr?

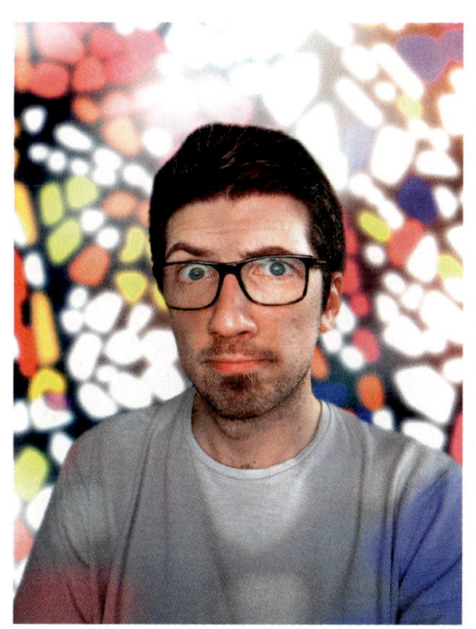

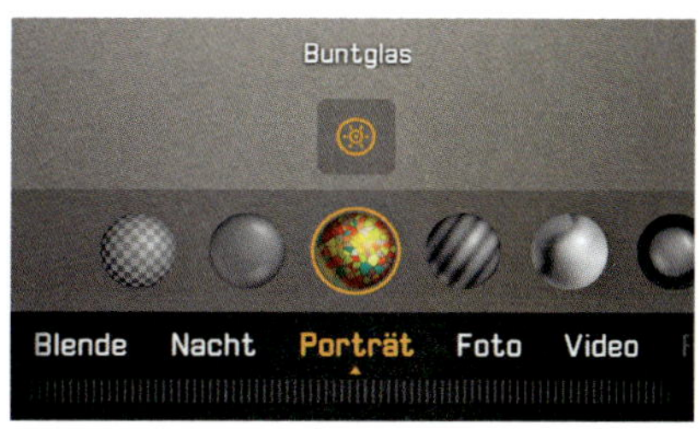

Bei Huawei ist selbst der Porträt-Modus eine Spielwiese für Kreative.

Neben einem klassisch unscharfen Hintergrund könnt ihr beim Mate/P20 Pro auch zwischen unterschiedlichen Formen und Farben wählen.

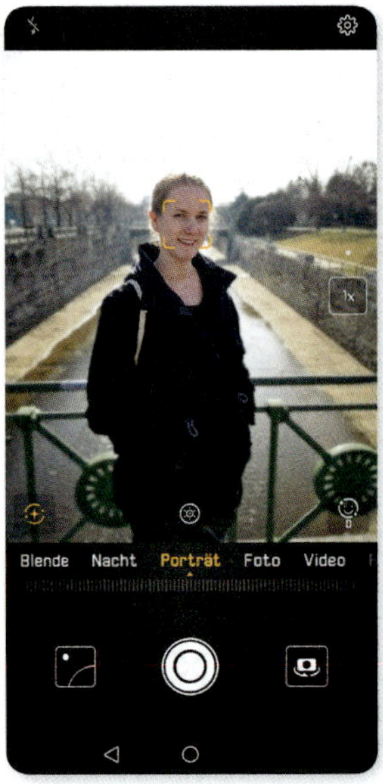

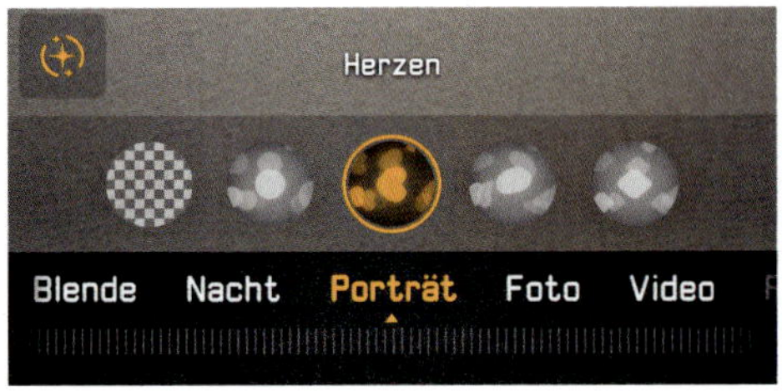

Elemente bedeutet in dem Fall, welche Form herausstechende Inhalte in der Unschärfe haben sollen. Lichtpunkte beispielsweise, wie Kerzen oder kleine LED-Lämpchen, sind dann nicht mehr typisch rund, sondern haben eine Herzform. Mit der Beleuchtung ist hier eine Art Filter gemeint, der euch auf kreative Art und Weise vom realen Hintergrund auszuschneiden und in eine neue, virtuelle Umgebung zu transportieren versucht. Das kann mal ganz gut funktionieren, ist aber technisch noch in den Kinderschuhen und besonders bei schummrigem Licht keine zuverlässige Lösung. Die Art oder Menge der Unschärfe könnt ihr im Nachhinein (oder im Vorfeld) nicht anpassen. Funktioniert ebenso mit der Frontkamera.

Wer es dennoch klassisch mag: Der Blenden-Modus ist für euch zur Stelle!

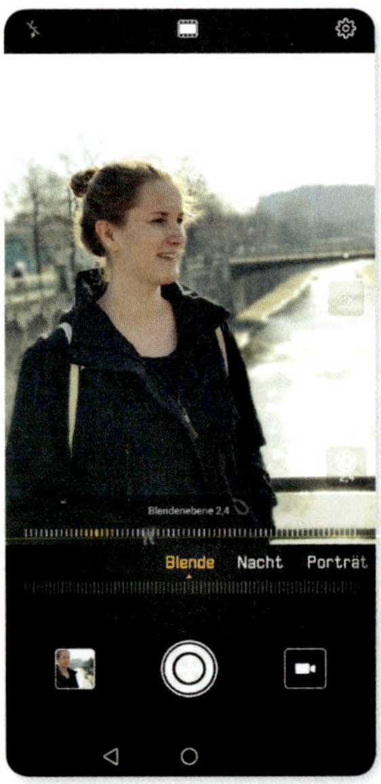

Der Blenden-Modus ist der Porträt-Modus – nur ohne Spielereien. Ihr wählt hier im Vorfeld eine virtuelle Blendenzahl aus, macht das Foto und könnt dann noch im Nachhinein bestimmen, wie viel Unschärfe ihr haben möchtet. Gegenüber dem Porträt-Modus erhaltet ihr hier die deutlich besseren Ergebnisse bei egal welchen Lichtverhältnissen. Mit der Frontkamera funktioniert dies hingegen leider nicht.

Last, but not least, die Porträt-Funktion oder der Bokeh-Effekt beim iPhone Xs. Auf den ersten Blick recht gut gelungen. Was müsst ihr dafür machen? Nur draufhalten und drücken. Eure Einstellungsmöglichkeiten im Vorfeld beschränken sich auf: Auslöser drücken. Im Nachhinein könnt ihr jedoch mit

Apple war mit der Porträt-Beleuchtungsfunktion als Erstes auf dem Markt, und das merkt man. Liefert die bisher zuverlässigsten Ergebnisse.

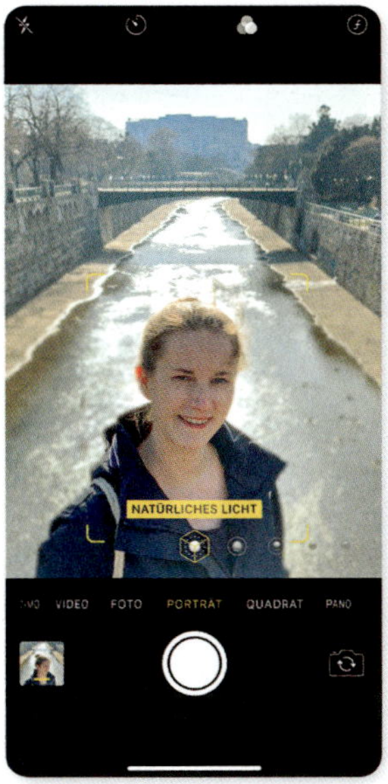

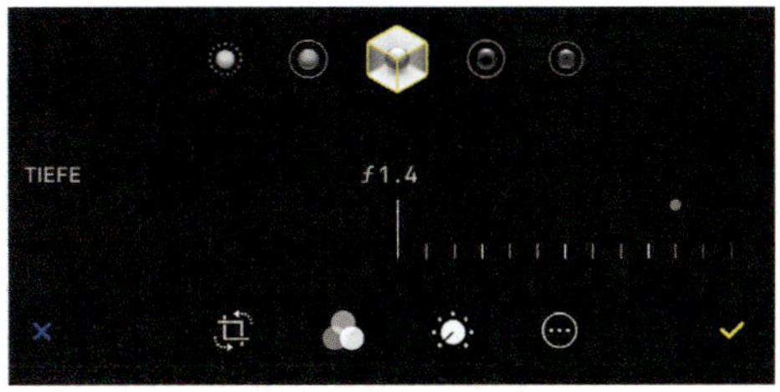

Typisch iOS: So minimalistisch alles sein mag: Intuitiv hat es Apple einfach drauf, auch wenn es um Kameras geht.

der hauseigenen Foto-App an der Menge der Unschärfe und der Beleuchtung herumspielen. Die digitalen Beleuchtungseffekte gelingen hier besser als beispielsweise beim Mate20/P20 Pro.

Aber wozu braucht man denn solch eine künstliche Beleuchtung und Unschärfe? Bevor wir ausschweifend erklären, lassen wir Bilder sprechen. Genießt – richtig eingesetzt – die Schönheit der künstlichen Blende. Manchmal passt der Spruch »Bilder sagen mehr als 1000 Worte« doch wie Arsch auf Eimer.

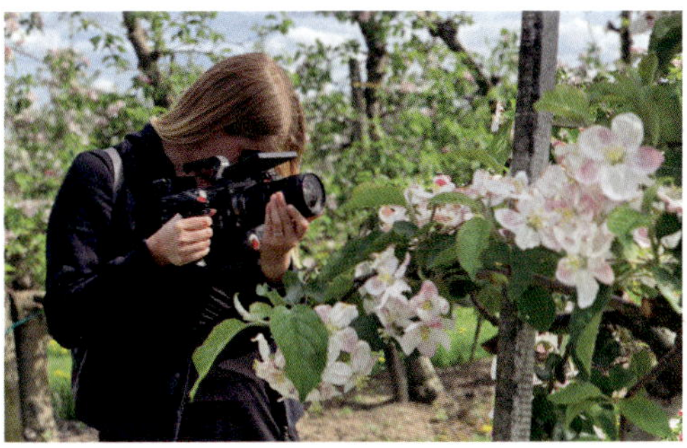

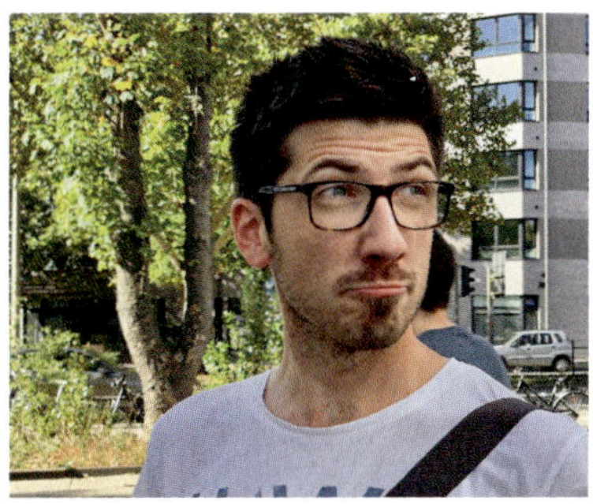

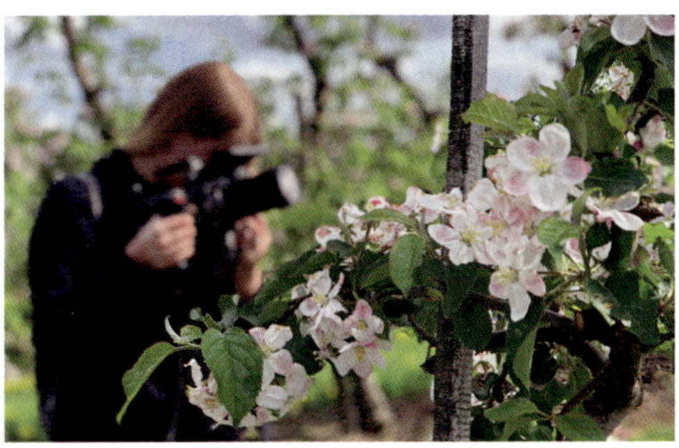

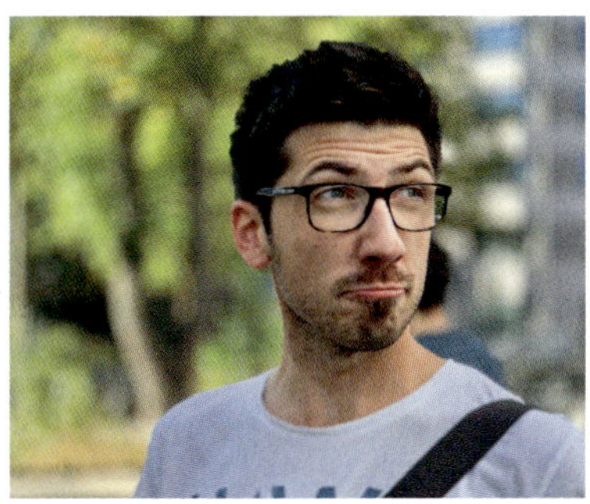

NETFLIX
NETFLIX

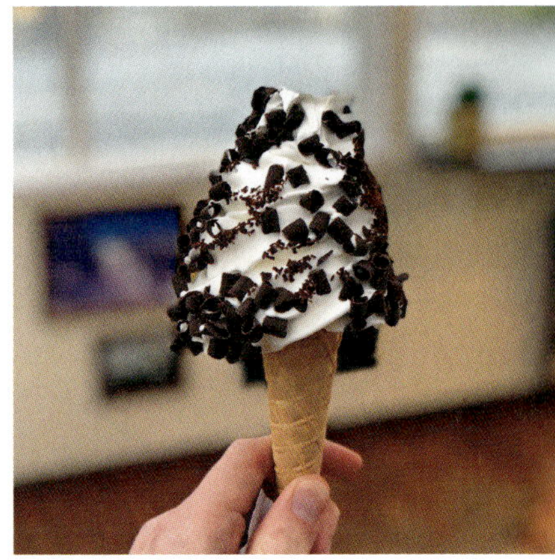

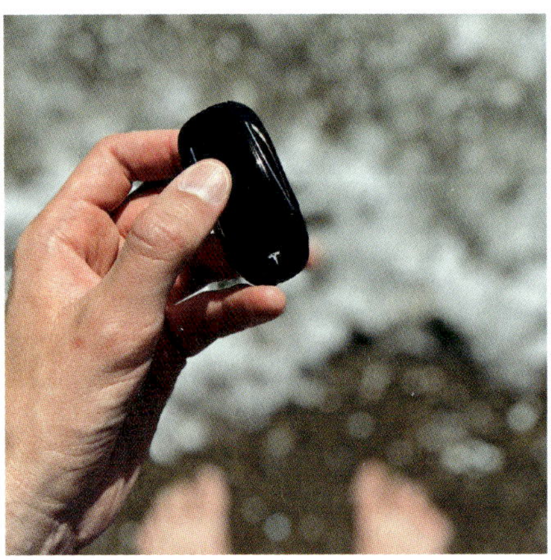

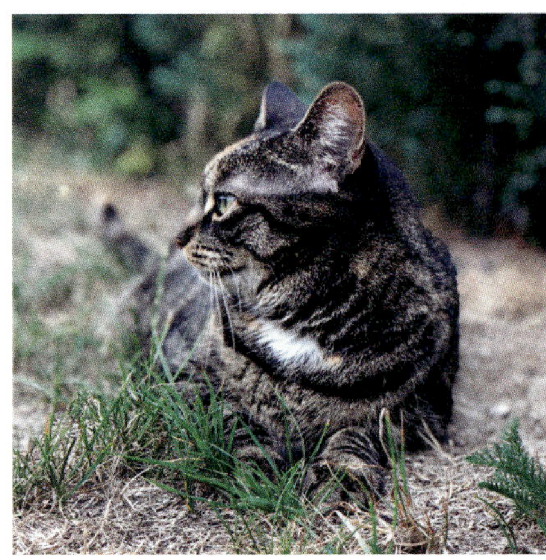

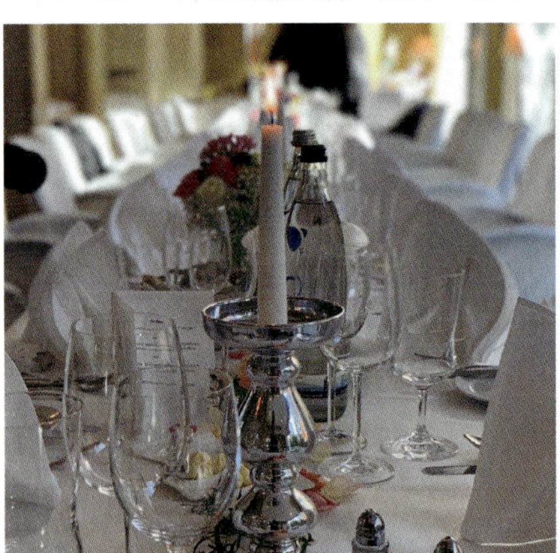

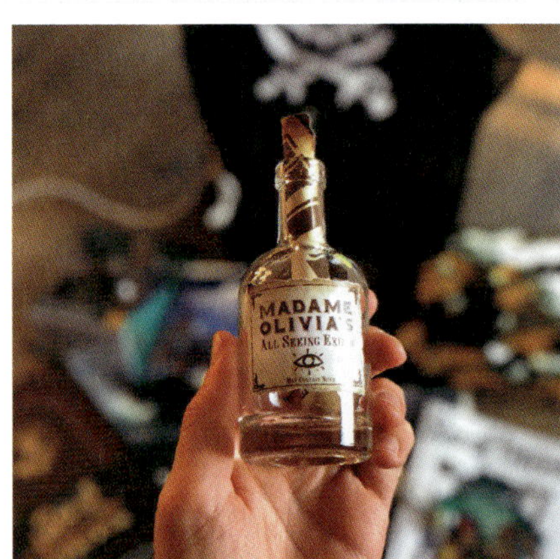
MADAME
OLIVIA'S

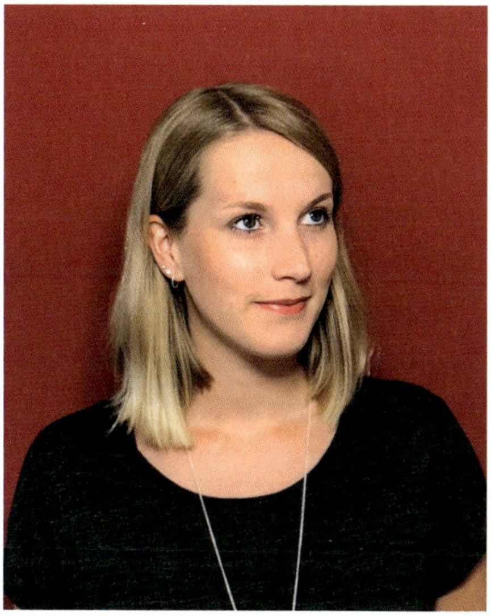

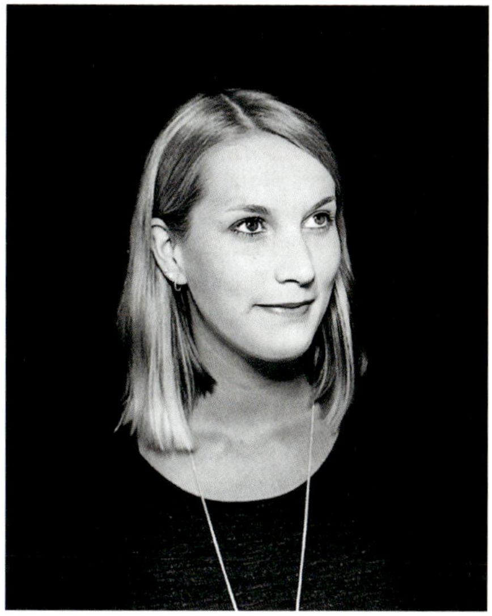

Schön, nicht wahr? Eine kleine Überraschung für euch: Alle Fotos wurden im Automatik-Modus geschossen. Erstaunlich, was passieren kann, wenn man weiß, wie eine Automatik funktioniert, oder?

DIE QUAL DER WAHL BEI DER TIEFENSCHÄRFE

Was ist denn nun cooler, gar besser? Eine geringe, eine hohe oder gar keine Tiefen(un)schärfe? Ganz ehrlich: Lässt sich nicht pauschal beantworten, denn jeder hat einen anderen Geschmack oder eine andere Absicht. Was wir euch aber mit auf den Weg geben wollen, ist, dass ihr eine kleine Blendenzahl immer dann verwenden solltet, wenn ihr die Aufmerksamkeit auf etwas ganz Bestimmtes lenken wollt. Das nennt man auch »den Fokus auf das Hauptmotiv legen«, zum Beispiel bei Porträts von Mensch und Tier.
Wenn ihr mehrere Menschen fotografieren möchtet, die nicht nur nebeneinander, sondern auch hintereinander stehen, dann sollte eure (künstliche) Blende dagegen etwas weiter (bis ganz) geschlossen sein. Denn es sollen ja nicht nur die Menschen in der vorderen Reihe scharf sein, oder?
Bei der Landschaftsfotografie ist es dasselbe, auch hier möchte man die ganze Landschaft erkennen und nicht nur den Vordergrund. Aber auch hier gilt es, die Regeln zu brechen. Nicht einfach nur, weil ihr es wollt, sondern, weil ihr es könnt. Weil ihr es bewusst tut und weil eure Aussage dann einen ganz eigenen Charakter bekommt.

Da mit den hauseigenen Apps eure Möglichkeiten jedoch begrenzt sind, zeigen wir euch später im Kapitel »Apps« (s. Seite 148) noch eine Reihe besonderer und qualitativ hochwertiger Apps, mit denen ihr beim Thema Blende noch ganz abgedrehte Sachen machen und euch richtig austoben und herumspielen könnt.

ISO

Die ISO kennt man auch unter »Filmempfindlichkeit«. ISO bedeutet »International Organization for Standardization«. Diese hat einen weltweiten einheitlichen Standard für die Lichtempfindlichkeit eingeführt. Da aber im Jahr 2019 unser analoger Film zu einem technischen Sensor mutiert ist, spricht man heute mittlerweile von einer »Sensorenempfindlichkeit«. Mit dieser Möglichkeit könnt ihr ebenfalls die Belichtung eures Fotos beeinflussen. Funktioniert aber anders als die Blende. Eine Skala gibt es – wie bei der Blende – natürlich auch.

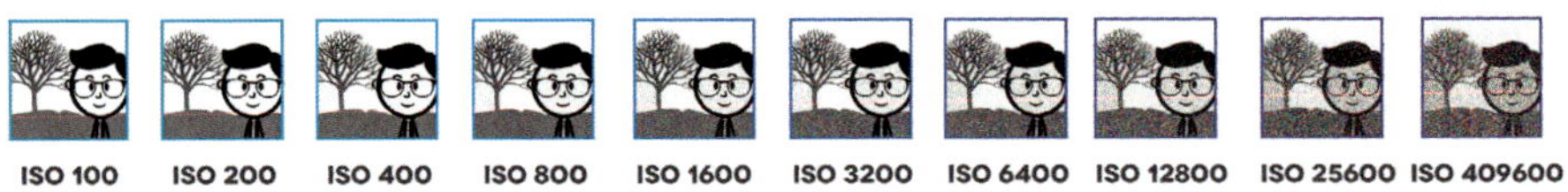

Je kleiner der ISO-Wert, desto dunkler, aber schärfer ist das Bild. Je größer der Wert, desto heller, aber rauschiger wird das Bild. Warum ist das so? Ihr müsst die ISO eher als »technische Hilfe« verstehen, denn: Es fällt hier nicht mehr Licht auf den Sensor, sondern der Sensor reagiert empfindlicher auf das einfallende Licht, indem – salopp gesagt – mehr Strom durchgeschleust wird. Der Sensor produziert bei einem hohen ISO-Wert jedoch unschöne Bildinformationen, weil auf einer zu kleinen Fläche zu viel Strom durchfließt und die Informationen von einem Pixel zum nächsten »überlaufen«, was man dann als Bildrauschen bezeichnet.

Wenn man aber mal nicht den perfekten und sonnendurchfluteten Sommertag erwischt hat, sondern eher einen bewölkten und verregneten Himmel oder in Landschaften am Arsch der Welt herumrennt, dann kann euch der ISO-Wert enorm helfen – im Notfall auch sehr hohe ISO-Werte, falls der aufzunehmende Moment unwiederbringlich oder ausnahmslos besonders ist.

Aber: Mit dem ISO-Wert kann man wiederum auch ganz bewusst seiner Kreativität freien Lauf lassen und das Bildrauschen als eine Art Stilmittel verwenden. Oft eine wunderschöne Verbindung mit der Schwarz-Weiß-Fotografie, um den alten Look herbeizuzaubern, denn ein Bildrauschen kann auch einer nostalgischen Körnung nahe kommen. Ihr könnt mit dem ISO-Wert aber auch einer zu großen Blendenzahl oder zu kurzen Verschlusszeit entgegensteuern, denn für sich bewegende Motive braucht ihr definitiv eine kürzere Verschlusszeit! Hierzu jedoch gleich mehr.

Welche Werte ihr nutzen könnt, hängt von den Möglichkeiten des Smartphones ab. Es gibt jedoch relativ gute Faustregeln für ISO-Werte:

* ISO 100–200: tagsüber bei gutem Wetter (Sonnenschein, leichte Bewölkung); viel Licht vorhanden
* ISO 400–800: bedeckter Himmel, Nebel, im Schatten, im Wald, gut ausgeleuchtete Innenräume; ausreichend Licht vorhanden
* ISO 800–3200: Dämmerung, nachts, schlecht ausgeleuchtete Innenräume, Nachtleben in der Stadt; wenig bis sehr wenig Licht vorhanden

Lasst uns doch einmal schauen, was unsere Kandidaten in Sachen ISO so draufhaben. Gleich zu Beginn: Das iPhone und das Pixel 3 unterstützen das manuelle Einstellen des ISO-Werts von Haus aus nicht. Beschränken wir uns in diesem Abschnitt also auf die zwei restlichen Kandidaten.

Das Pocophone ist definitiv geradeaus. Mit einem Wisch in den manuellen Modus findet ihr die ISO-Einstellung. Ihr seht deutlich: Mit einem niedrigen ISO-Wert ist das Bild zwar dunkler, aber detaillierter. Mit einem hohen ISO-Wert ist das Bild deutlich heller, aber verrauscht. Bei ebenen Flächen oder Details wie Mustern in Textilien fällt das besonders auf.

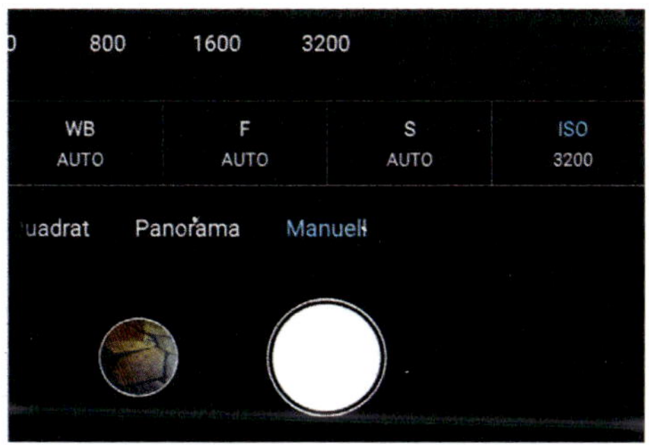

Das Mate20/P20 Pro lässt sich auch hier wieder mit einer üppigen Ausstattung nicht lumpen. Ihr habt die Möglichkeit, den ISO-Wert zu bestimmen. Der dafür vorgesehene Modus nennt sich Pro-Modus. Das Absurde dabei: Mit diesem Telefon könnt ihr Werte von bis zu ISO 102400 einstellen. Eine intelligente Software hilft hier beim Herausfiltern des eigentlich sehr starken Rauschens. Das schmälert natürlich in diversen Situationen enorm die Bildqualität.

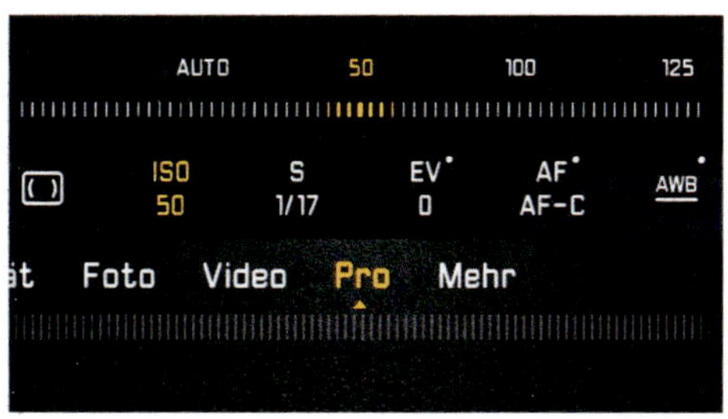

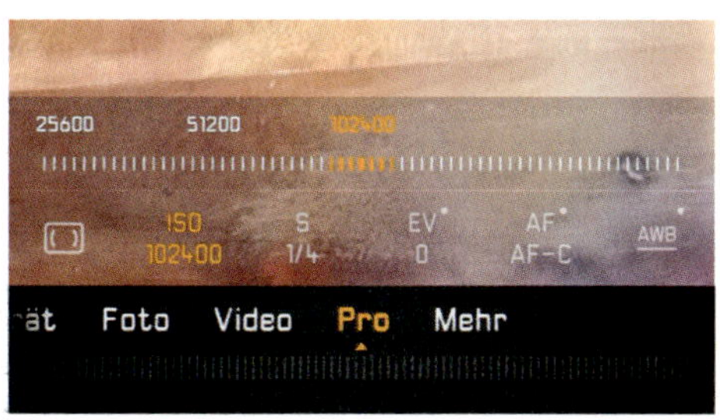

DIE VERSCHLUSSZEIT

Ihr wisst bereits, dass ihr mit der Blende und der ISO die Belichtung einer Aufnahme auf unterschiedliche Weise beeinflussen könnt. Mit der dritten Funktion ist das aber ebenfalls noch möglich: mit der Verschlusszeit. Die Verschlusszeit kennt man auch unter dem englischen Begriff »Shutter«. Wir können alle Englisch, toll, oder? Wenn ihr dieses Wort jedoch noch nie in eurem Leben gehört habt, solltet ihr dieses Kapitel förmlich in euch aufsaugen. Für die Fotografie ist die Verschlusszeit obligatorisch. Schaut euch das Wort noch einmal an, was könnt ihr daraus schließen? Verschluss & Zeit. Es geht um die Zeit, in der die Kamera eine Aufnahme tätigt. Deswegen kann man die Verschlusszeit auch Belichtungszeit nennen, weil sie eben bestimmt, wie lange der Verschluss der Kamera offen bleibt. Oder um es modern zu sagen: In dieser bestimmten Zeit trifft Licht auf den Sensor.

Wenn du auf den Auslöser deiner Kamera klickst, passieren dort zwei Dinge. Nummer 1: Verschlussvorhang öffnet sich. Und Nummer 2: Der Vorhang schließt sich. Die Zeit zwischen auf und zu ist die Verschlusszeit. Da es sich heutzutage in Smartphones in der Regel um keinen echten Verschluss mehr handelt, sondern um einen elektronischen oder digitalen Shutter, ist der Verschluss die Zeit, in der der Sensor Bildinformationen sammelt. Manchen von euch springen jetzt sicherlich Stichworte wie »Global Shutter« oder »Rolling Shutter« ins Gedächtnis. Löblich, definitiv. Wird bei uns aber nur erwähnt, wenn es relevant wird. Bei der Verschlusszeit gibt es wieder typische Skalen zum Angeben.

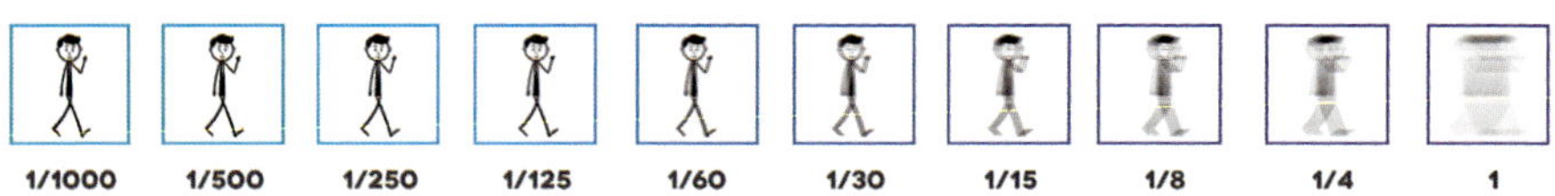

In der Regel findet ihr den Shutter auf einer Insel … äh … in Tausendstel angegeben. Merken solltet ihr euch dabei Folgendes: Je schneller (oder kürzer) die Verschlusszeit ist, desto weniger Licht fällt auf den Sensor, und euer Bild wird dunkler (und schärfer). Je langsamer (und länger) die Verschlusszeit ist, desto mehr Licht fällt auf den Sensor, und euer Bild wird heller (und weicher). Klingt logisch, oder? Aber was passiert bei der Verschlusszeit denn eigentlich noch? Bei der Blende und ISO gab es ja auch »Nebenwirkungen«, und die gibt es bei der Verschlusszeit ebenso. Alles hat seine Vor- und Nachteile wie so vieles im Leben. Wobei man bei der Verschlusszeit eigentlich nicht von Nachteilen sprechen kann. Hier könnt ihr vielmehr richtig kreativ werden. Dazu hier eine kleine Idee:

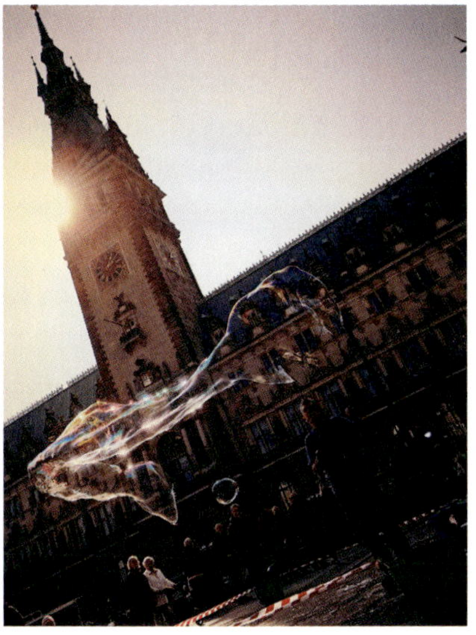

Mit der passenden Verschlusszeit könnt ihr nicht nur filigrane Konturen betonen. Es gelingt euch auch, ganz ungewöhnliche Seheindrücke einzufangen.

Mit der Verschlusszeit könnt ihr Bewegungen einfrieren, sie aber auch fließen lassen. Wie das funktioniert? Mit einer kurzen Verschlusszeit, beispielsweise 1/1000 – also eine Tausendstelsekunde oder eine Millisekunde lang Licht auf dem Sensor –, könnt ihr Bewegungen zum Stillstand bringen. Der Sensor reagiert demnach schnell. Ein Hund beim Laufen, ein Regentropfen. Beides wirkt wie erstarrt. Kennt ihr noch das tolle Spiel von Kindergeburtstagen früher? Stopp-Tanz – Relikt der 90er-Jahre-Kinder. Aber so könnt ihr euch das auch vorstellen. Die Musik wird angehalten, alle erstarren und in der Zeit wird das Foto gemacht. Weiter geht's. Oder für alle Millennials unter euch: wie das Strobolicht im Club. Immer, wenn es blitzt, seht ihr die tanzende Menge einen kurzen Moment lang stillstehen. Andererseits könnt ihr mit der Verschlusszeit auch gegensätzliche Effekte bekommen. Ein reißender Fluss, Autoverkehr – ihr könnt bei einer Verschlusszeit von beispielsweise einer Sekunde – also eine Sekunde lang Licht auf dem Sensor – den Verkehr förmlich fließen sehen. Fördert die Dynamik und sieht oft aus wie gemalt. ***#BobRossIncoming***.

Genau das ist das Stichwort: Wenn ihr den Verschluss auf mehrere Sekunden einstellt, könnt ihr sogar mit Licht malen, weil der Sensor noch so kleinste Lichtreserven einfangen kann. Das wird jetzt aber zu detailliert. Gucken wir doch erst mal, was unsere Telefone von dieser Funktion halten. Hier wieder direkt zu Beginn: Das iPhone und das Pixel 3 unterstützen das manuelle Einstellen der Verschlusszeit nicht. Beschränken wir uns in diesem Abschnitt auf die zwei verbleibenden Kandidaten.

Beim Pocophone findet ihr die Verschlusszeit mit einem gekonnten Swipe in den manuellen Modus. Längste Belichtungszeit sind stolze 32 Sekunden, die kürzeste 1/1000.

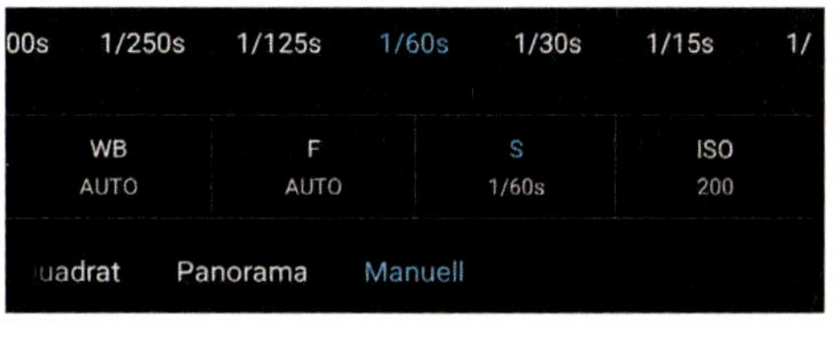

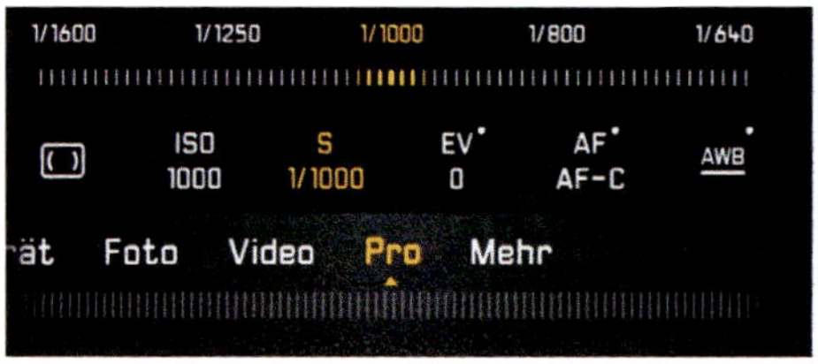

Das Mate20/P20 Pro versteckt die Verschlusszeit im Pro-Modus. Hier kann die Kamera zwar nicht ganz so lang (maximal 30 Sekunden), dafür umso schneller.

Die kürzeste Verschlusszeit beträgt sage und schreibe 1/4000. Damit gelingt es euch nicht nur in der Theorie, fast jede (normalsterbliche) Bewegung einzufrieren.

Der gesunde Menschenverstand hat euch schon richtig ins Ohr geflüstert: Je länger die Belichtungszeit wird, desto eher sollte das Smartphone nicht in der Hand gehalten, sondern an oder auf etwas befestigt werden. Es sei denn natürlich, ein entsprechender Look ist gewollt. Wie ihr euer Smartphone also clever irgendwo festmachen könnt, verraten wir euch anhand von spannenden und vor allem sinnvollen Zubehörbeispielen ab Seite 184. Außerdem findet ihr im Kapitel »Nachtaufnahmen« (s. Seite 129) noch ein paar Ideen für mögliche Umsetzungen im Dunkeln.

DIE KLEINE SCHWESTER: BELICHTUNGSKORREKTUR

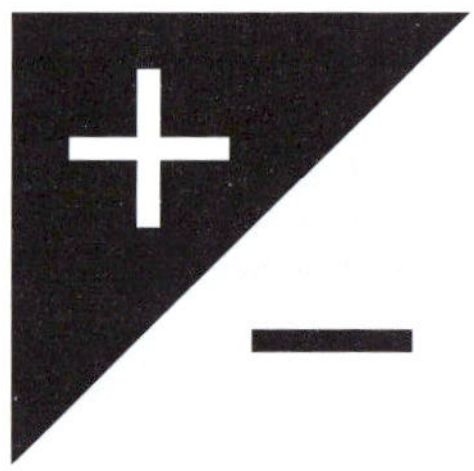

Ein für viele unbekanntes Ding, dabei sehen die Plus/Minus-Symbole und -Skalen immer und überall gleich aus. In der klassischen Fotografie ist es ein häufig genutztes Feature und eine schnell anwendbare Feature-Alternative. Auch bei Smartphones? Eher nicht, denn die Belichtungskorrektur ist ein Exot unter den Smartphone-Kameraeinstellungen, obwohl sie sinnvoll sein kann. Warum?

Die Belichtungskorrektur ist die einfache Version der filigran einstellbaren Verschlusszeit. Sie verkürzt oder verlängert in groben Schritten die Belichtungszeit. Stellt ihr die Belichtungskorrektur in Richtung »Plus«, dann wird das Bild heller. Schiebt ihr das Ganze in Richtung »Minus«, dann wird alles … Moment … ah! Dunkler! Auch hierfür gibt es eine schöne Skala für euch:

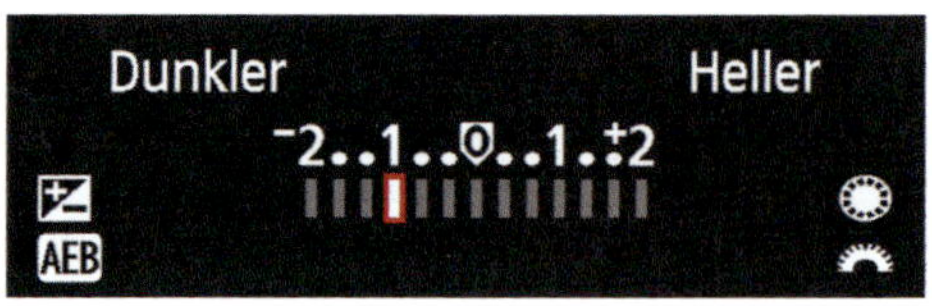

Die Belichtungskorrektur sieht nicht immer genau SO aus, aber orientiert sich an solch einem Skala-Aufbau.

Die Null bedeutet »keine Korrektur«. Doch was soll der Rest? Ist schnell erklärt.

Die negativen Werte bedeuten:

* – 1 = 50 % weniger Licht, das Bild wird nur halb so hell wie bei 0.
* – 2 = 75 % weniger Licht, das Bild wird nur noch 1/4 so hell wie bei 0.
* – 3 = 87,5 % weniger Licht, das Bild wird nur noch 1/8 so hell wie bei 0.
* – 4 = 93,6 % weniger Licht, das Bild wird nur noch 1/16 so hell wie bei 0.
* – 5 = 96,9 % weniger Licht, das Bild wird nur noch 1/32 so hell wie bei 0.

Die positiven Werte bedeuten:

* + 1 = 100 % mehr Licht, das Bild wird doppelt so hell wie bei 0.
* + 2 = 200 % mehr Licht, das Bild wird 4-mal so hell wie bei 0.
* + 3 = 400 % mehr Licht, das Bild wird 8-mal so hell wie bei 0.
* + 4 = 800 % mehr Licht, das Bild wird 16-mal so hell wie bei 0.
* + 5 = 1600 % mehr Licht, das Bild wird 32-mal so hell wie bei 0.

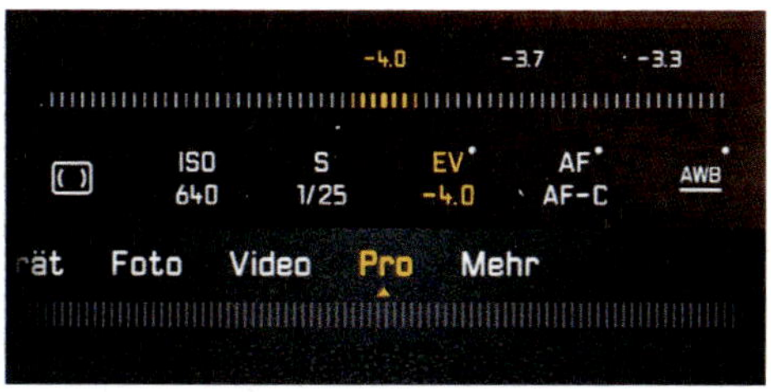

Von unseren vier Smartphone-Kandidaten beherrscht diese Funktion nur das Mate20/P20 Pro. Die Skala geht hier von –4 bis +4.

DER KLEINE BRUDER: SERIENBILD

Ja, in der Tat. Hier landet die Serienbildfunktion (auch als Burst-Mode bekannt). Das ist die faule Alternative zur akribisch eingestellten Verschlusszeit. Das soll euch nicht dazu animieren, euch keine Gedanken mehr über die Funktion zu machen, sondern einen Ausweg in Notfällen aufzeigen. Manchmal gibt es einfach keine Zeit, um noch groß etwas einzustellen oder herumzuprobieren. Da hilft dann nur noch die Serienbildfunktion.

Aber warum? Wenn ihr viele Bilder ganz schnell hintereinander aufnehmt, ist die Chance groß, dass das Motiv in einem Moment genau das Richtige zum Rhythmus des Kameraverschlusses gemacht hat. Hat der Kollege vor der Linse die Augen auf? Guckt das Haustier in dem Moment in die Kamera? Habt ihr zu sehr gewackelt? All das sind sonst Gedanken, die einem durch den Kopf schießen, wenn man Foto für Foto nachdenkt, prüft und es noch einmal versucht.

Bei einer Serienaufnahme wird all das dem gelenkten Zufall zuteil. Ihr bestimmt zwar, was passieren soll, wisst aber nicht genau, wie das Ergebnis sein wird, und haltet buchstäblich einfach drauf. Im Nachhinein ist das Auswerten der Aufnahmen natürlich etwas langwieriger … manchmal auch nerviger, weil dadurch viel Datenmüll produziert wird. Kann aber auch Spaß machen und zu neuen Ideen inspirieren. Die Serienbildfunktion findet ihr inzwischen in (fast) allen Smartphones dieser Welt. Bei unseren Smartphone-Kandidaten ist sie auch einfach zu nutzen und funktioniert genau genommen überall gleich.

Schiefe Motive, aber gerade Anzeige. Die Serienbildfunktion sieht überall gleich aus, richtet sich aber nicht bei allen nach der Orientierung des Displays aus.

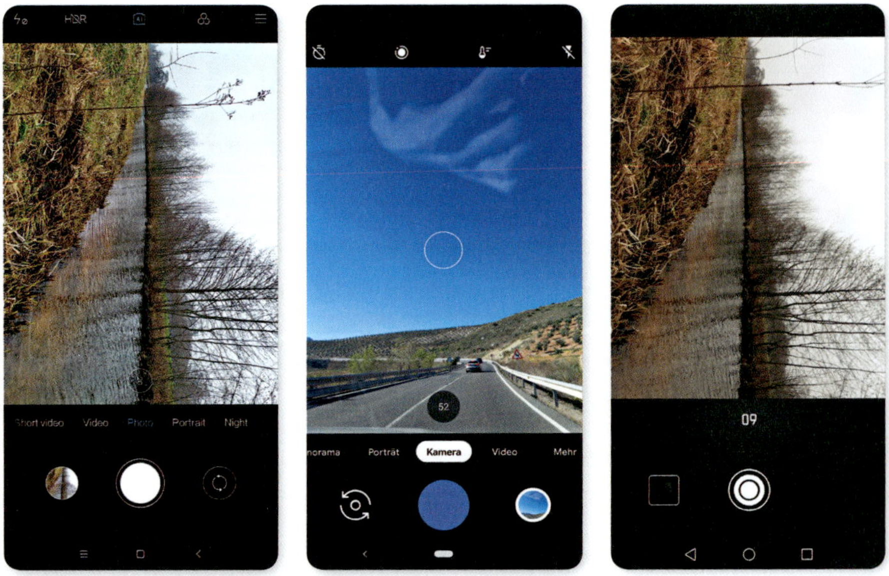

Das Blättern durch die einzelnen Bilder kann auch Spaß machen und erinnert ein wenig an Stop-Motion- oder Trickfilmtechniken.

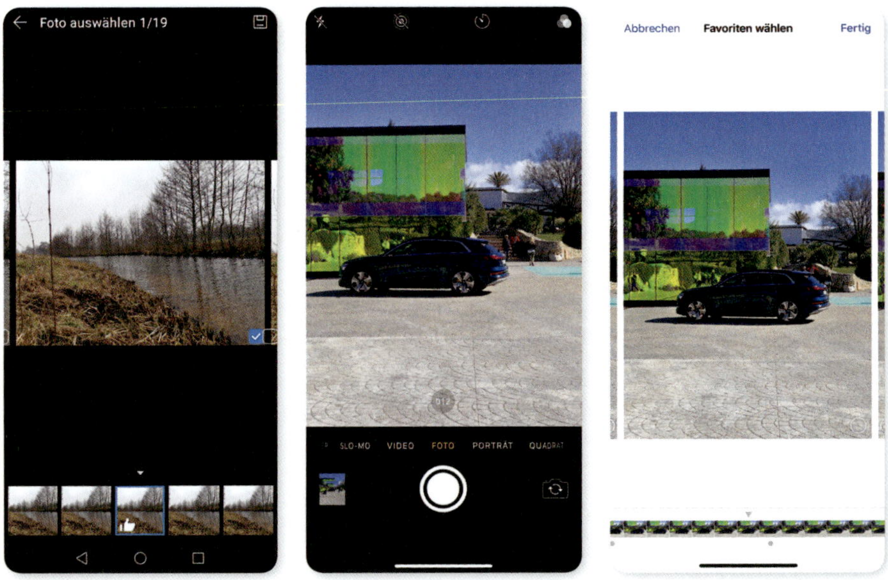

Beim Pocophone haltet ihr den Auslöser einfach nur gedrückt. Etwa eine Sekunde später nimmt das Handy fleißig Fotos auf, bis der Speicher überläuft. Ein Zähler zeigt euch währenddessen die Anzahl der aufgenommenen Fotos. Im Nachhinein könnt ihr das beste Foto aussuchen und speichern, löschen oder weiterverarbeiten.

Genau so läuft es auch beim Pixel 3, beim Mate20/P20 Pro und iPhone Xs ab. Einfach, oder?

DER WEISSABGLEICH

Der Weißabgleich wird leider viel zu häufig vernachlässigt, da sich hier viele oft einfach auf die Automatik verlassen. Das produziert in den meisten Fällen ungewollte Farbstiche, denn der Weißabgleich bestimmt, wie weiß ein Weiß ist. Klingt bescheuert, ist aber genau das. Die Kamera sucht nach dem nächsten Weiß und versucht auf Basis dieser Informationen, ein reines Weiß zu erzeugen. Da diese Einstellung aber auch Einfluss auf das komplette Bild hat, spricht man ebenso von der Farbtemperatur, da sich subjektiv die Bildfarben von kalt zu warm ändern (oder umgekehrt). Überall herrschen Temperaturen wie bei einem echten Thermometer. Hier wird in Kelvin gemessen, je höher der Wert ist, desto kälter ist die Farbe. Wenn ihr die Möglichkeit habt, den Weißabgleich einzustellen, macht es auf jeden Fall.

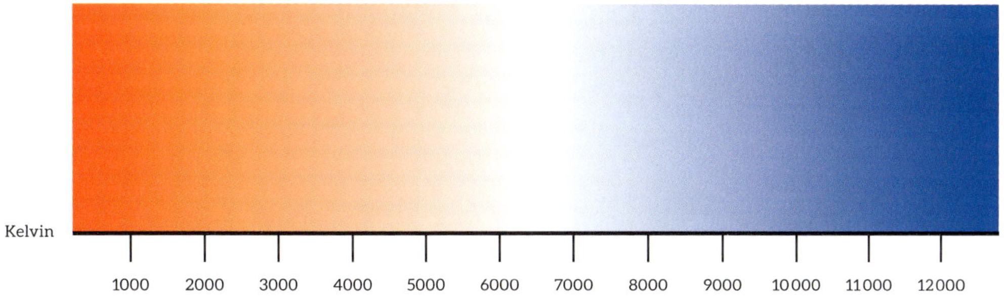

Das ist der Weißabgleich auf das Grundsätzlichste heruntergebrochen. Ist doch gar nicht mehr so kompliziert, oder? Je kleiner der Kelvinwert, desto wärmer. Je größer, desto kälter.

Hier grüßt täglich das Murmeltier: Das iPhone unterstützt das manuelle Einstellen des Weißabgleichs von Haus aus nicht. Beschränken wir uns in diesem Abschnitt auf die drei verbleibenden Kandidaten.

Am übersichtlichsten ist es beim Pixel 3. Hier ist die Möglichkeit, den Weißabgleich einzustellen, rudimentär, aber ziemlich geradeaus. Ihr findet die Einstellung im Kamera-Modus nach einem Touch auf das stilisierte Thermometer-Icon. Für den normalen Alltag reichen die voreingestellten Situationen in der Regel völlig aus. Ihr müsst jedoch manchmal etwas um die Ecke denken oder besser gesagt mitdenken, denn oft definieren Hersteller und Softwareentwickler die Lampen (oder Farbstiche von Lampen) etwas anders. Da gibt es keine ernsthafte Norm. ***Eine*** Leuchtröhre muss nicht zwingend ***unsere*** Leuchtröhre repräsentieren. Ihr dürft dann auch nicht stur auf dieser Einstellung beharren. Manchmal kann der Farbstich einer vermeintlichen Leuchtröhre auch dem der Bewölkt-Funktion entsprechen und wesentlich stimmiger oder gar natürlicher aussehen. Probiert also immer mal herum und sammelt Erfahrung für euer Bauchgefühl.

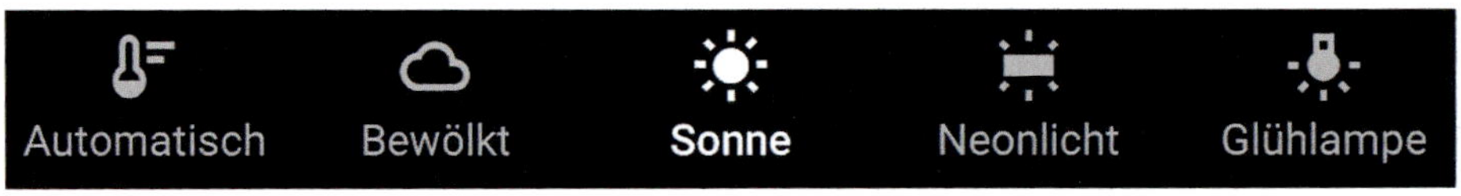

Auch wenn ihr nicht den automatischen Modus auswählt, nutzt das Smartphone Modi-Automatiken.

Theoretisch gibt es kein »falsch«. Ihr seht, dass das Spielen mit dem Weißabgleich ganz neue Möglichkeiten eröffnet und Aussagen erzielen kann.

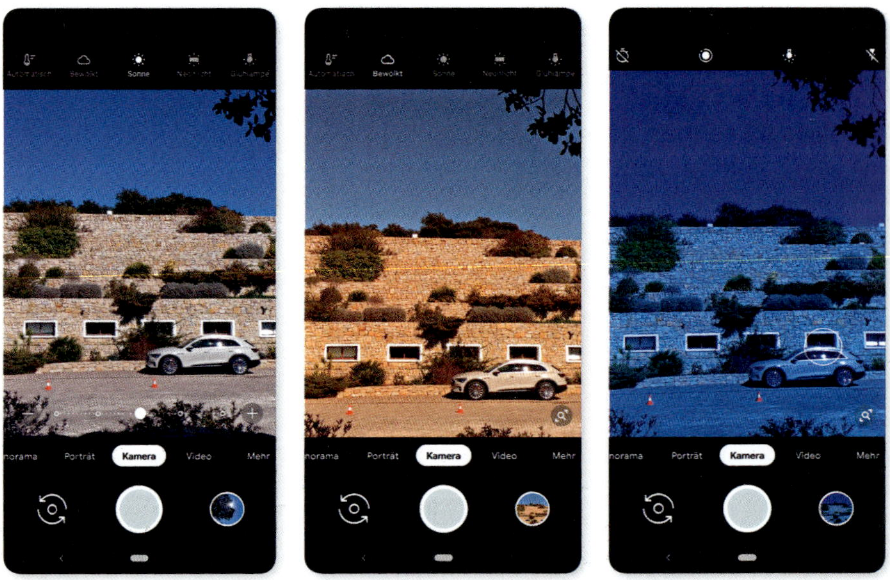

Beim Pocophone findet ihr den Weißabgleich im manuellen Modus. Die Möglichkeit, den Weißabgleich einzustellen, ist einfach bis detailliert. Für einen etwas professionelleren Einsatz könnt ihr den Kelvin-Wert auch in

Hunderterschritten anpassen, um eure Aufnahme noch exakter oder noch konträrer umzusetzen.

Noch extremer wird es beim Mate20/P20 Pro. Im Pro-Modus findet ihr den Weißabgleich rechts als »AWB« (Auto White Balance), zumindest sofern ihr nichts eingestellt habt, sonst ist das Symbol entsprechend der letzten Einstellung. Mit einem Touch auf das Kürzel bekommt ihr nicht nur die Standardsituationen geboten, sondern auch eine Möglichkeit, den Weißabgleich von Hand einzustellen. Aber nicht nur in Tausender- oder Hunderterschritten, sondern Schritt für Schritt, Zahl für Zahl. Detaillierter geht's nicht. Zugegeben, ihr braucht dafür eine schon äußerst gut, gar filigran funktionierende Fingermuskulatur, aber es bringt euch maximale Kontrolle.

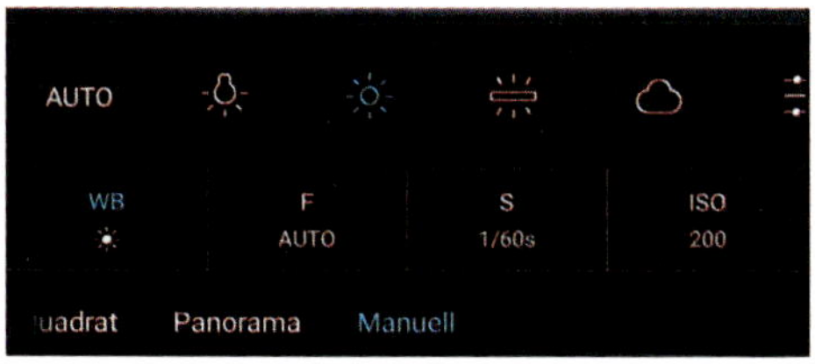

Selbst der günstigste Kandidat in der Runde hat's drauf! Das Pocophone lässt euch freie Wahl.

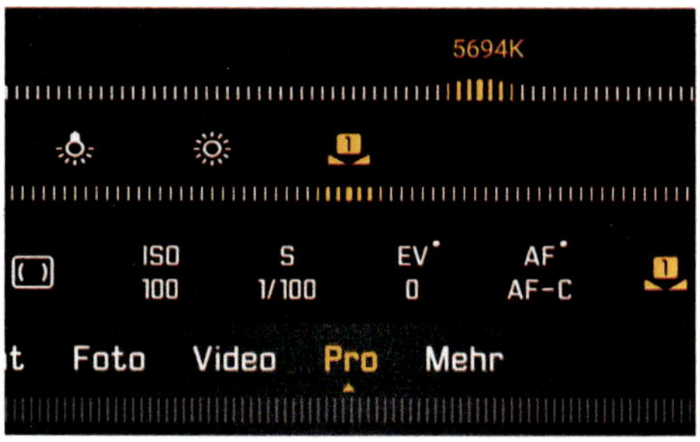

Ebene über Ebene über Ebene. Umfangreich kann manchmal auch fummelig werden.

Natürlich ermöglicht euch das Einstellen des Weißabgleichs ein unglaubliches Maß an Kreativität. Soll das Motiv »wärmer«, also rötlicher, erscheinen oder sich »kühler«, also blauer, anfühlen? Der Weißabgleich ist als offensichtlichste Einstellung eine spannende Möglichkeit, um eure Aussage des Fotos zu verstärken oder komplett umzudrehen.

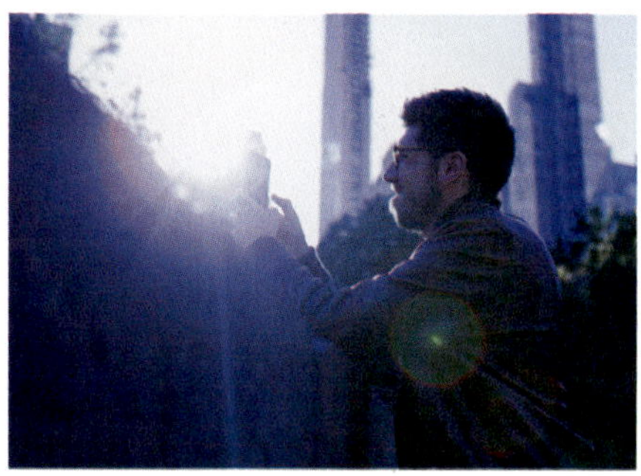

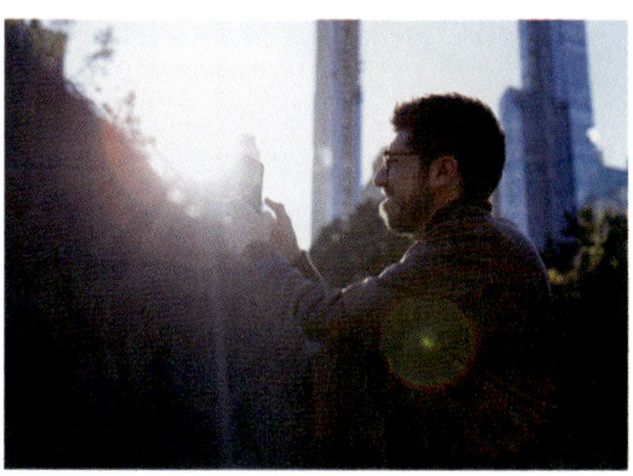

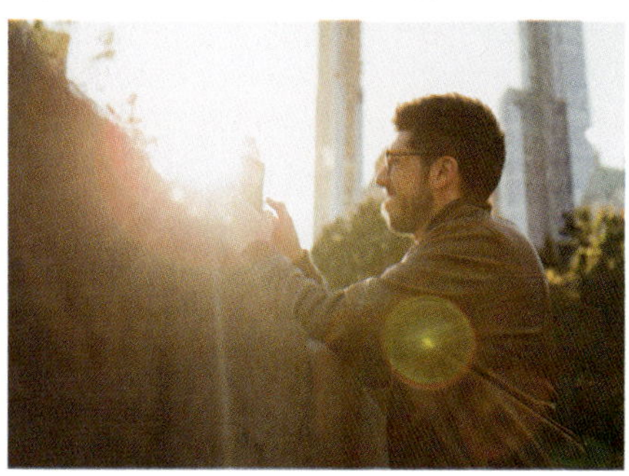

SONDERFALL IPHONE

Bis hierhin ist euch sicherlich aufgefallen, dass das iPhone recht kurz gekommen ist. Das liegt nicht daran, dass wir Android-Fanboys sind oder Ähnliches, sondern weil es mit den hauseigenen Mitteln einfach nicht möglich ist, mehr zu machen. Das iPhone ist aktuell eines der letzten Flaggschiff-Telefone und das einzige, das (fast komplett) auf manuelle Einstellmöglichkeiten verzichtet, dafür aber alles auf eine Art »Kombi-Schieberegler« setzt und (fast) alle bis hierhin beschriebenen Funktionen jeweils in der Haupt- und Frontkamera vereint. Ihr werdet sicherlich schon das gelbe Kästchen mit dem gelben Streifen und der kleinen Sonne gesehen haben. Genau. Dieses Ding hier.

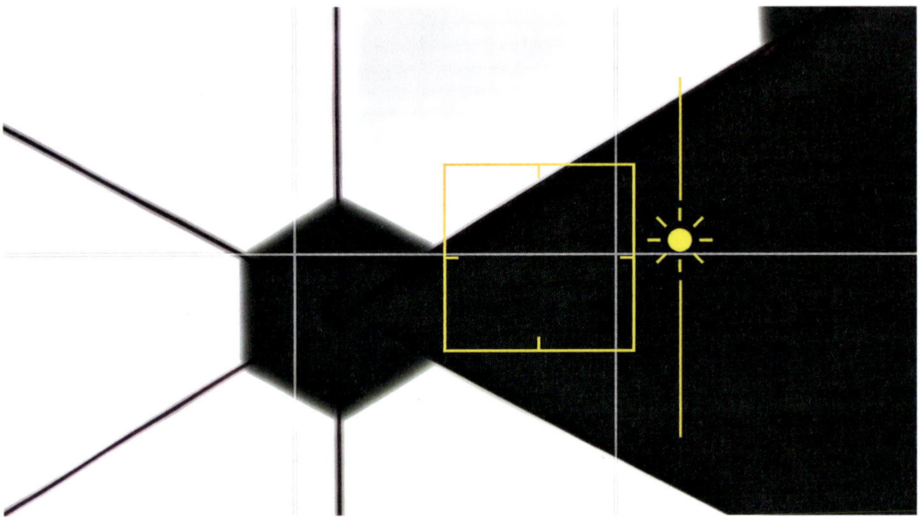

iPhone-Nutzer sehen dieses Quadrat jeden Tag.
Doch habt ihr euch schon mal Gedanken darüber gemacht?

Der Kasten markiert den von euch ausgewählten Bildbereich, auf den das iPhone die Schärfe, aber auch die Belichtung legen soll. Bereits durch die Auswahl des Bildbereichs bestimmt ihr eine Grundeinstellung der Automatik. Wählt ihr einen dunklen Bereich aus, konzentriert sich das Telefon darauf, das Motiv möglichst hell erscheinen zu lassen. Wählt ihr einen hellen Bereich aus, konzentriert sich das Telefon darauf, das Motiv dunkler erscheinen zu lassen. Wählt ihr jedoch etwas zwischen den Extremen hell und dunkel aus oder erkennt die Automatik ein Ungleichgewicht aus hellen und dunklen Bereichen, versucht das Telefon, beide Aspekte zu berücksichtigen, und wendet ein Verfahren an, das sich »intelligentes HDR« nennt. Das habt ihr ja bereits kennengelernt. Ähnlich wie »HDR+/Enhanced« beim Pixel 3 beispielsweise – nur anders und von Apple eigenentwickelt. Ihr könnt es auch ausschalten, klar.

Durch das Hoch- und Runterschieben des Reglers könnt ihr die automatisch vorgeschlagene Belichtung des aufzunehmenden Fotos (oder auch Videos) verstärken oder verringern. Nur habt ihr bei dieser Methode keinen Einfluss darauf, was genau die Belichtung der Aufnahme beeinflusst. Ist es der ISO-Wert? Der Shutter? Oder irgendwas anderes? Hier könnt ihr nur auf die Automatiken vertrauen und je nach eingeschalteter Funktion (intelligentes HDR, normales HDR oder nichts davon) und ausgewähltem Bildbereich ändert sich auch die Zuständigkeit und Ausführung des Schiebereglers. Natürlich seid ihr dadurch wesentlich schneller und in fast allen Situationen gerüstet, keinen Moment zu verpassen, doch hat die iPhone-Kamera viel zu viel Potenzial, als dass sie sich mit ihrem Dasein als Automatik-Schlampe zufriedengeben sollte. Drittanbieter-Apps werden hier in den kommenden Kapiteln wahre Wunder bewirken.

Wahnsinn. Wieder einen Schritt weiter, wieder eine Menge gelernt. Wenn ihr euch diese Dinge merken könnt, dann könnt ihr alles, was sich (Smartphone) Kamera schimpft, im Schlaf beherrschen. Wie hell, dunkel oder farbtreu euer Bild am Ende wird, hängt nicht nur von einer dieser Funktionen ab, sondern es ist ein Zusammenspiel oder eine Kombination aus all diesen Dingen. Wie in einer Wohnung oder in einem Haus. Man denkt nicht nur Zimmer für Zimmer. Am Ende ist es eine Harmonie aus allen Zimmern und Einrichtungsgegenständen, die zusammenpassen müssen. So entsteht nicht nur irgendeine Aufnahme, sondern ihr habt euer Foto wirklich gestaltet und erhaltet ein Gesamtbild.

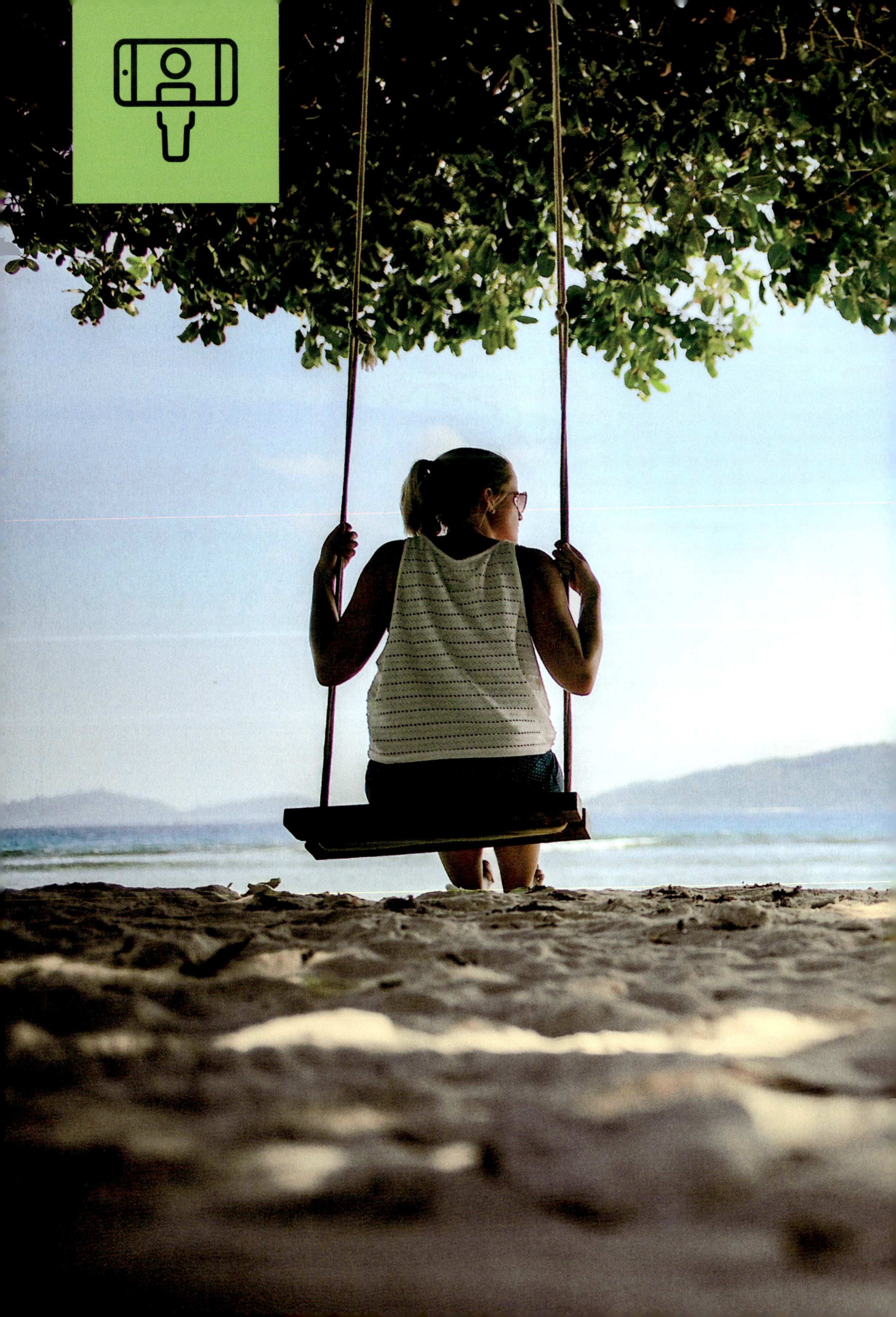

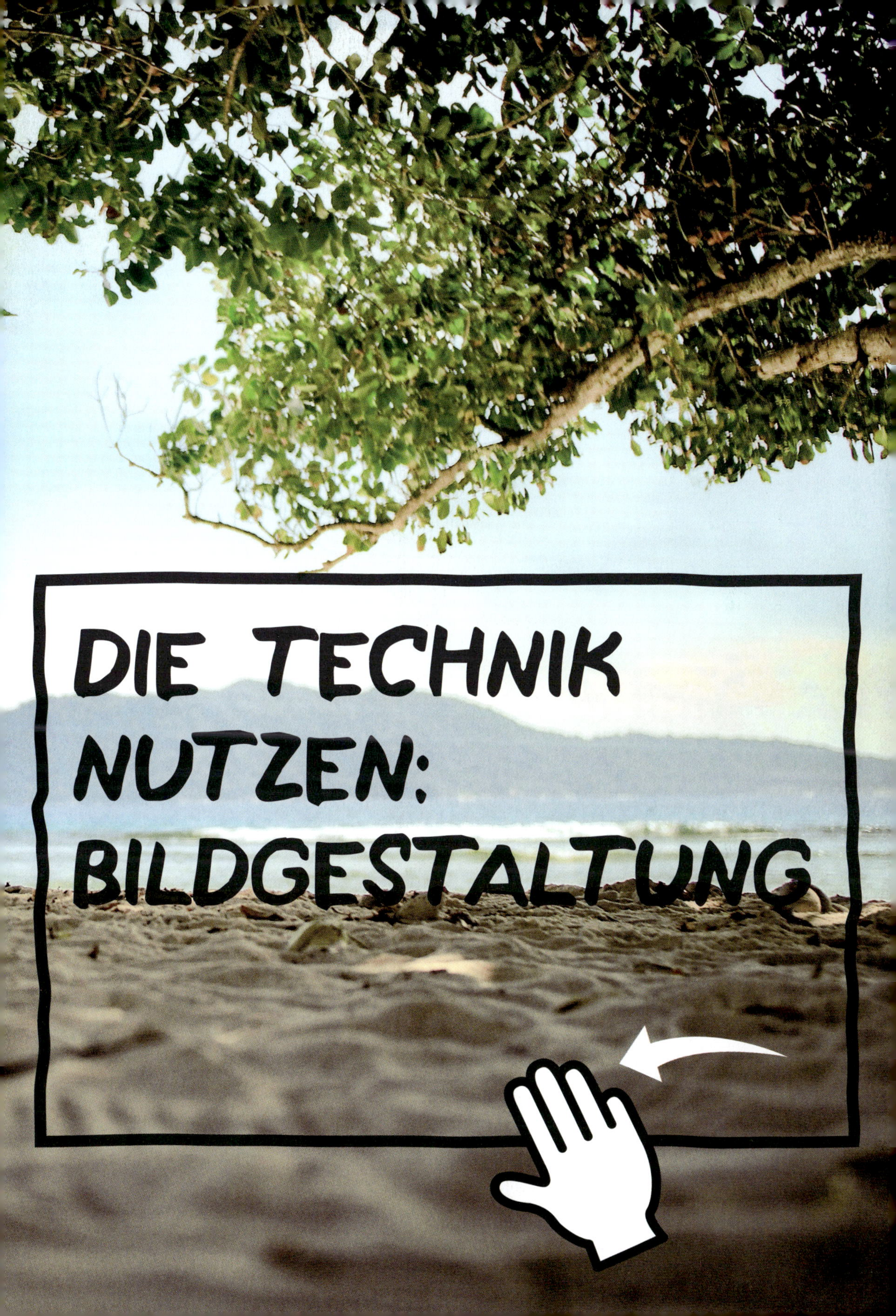

DIE TECHNIK NUTZEN: BILDGESTALTUNG

Der Punkt der Bildgestaltung sollte auf keinen Fall vernachlässigt werden, denn dieser wird euer Fotografendasein, ob nun Profi oder Hobby, wirklich erleichtern. Bevor ihr nun also in die weite Welt nach draußen zieht, um zu fotografieren (denn mit den technischen Grundlagen habt ihr euch jetzt ja schon vertraut gemacht), solltet ihr erst einmal Folgendes überlegen:

Was möchtet ihr fotografieren?

Was möchtet ihr nicht fotografieren?

Klingt simpel, doch genau hier entscheidet sich, wie euer Bild am Ende aussieht. Natürlich möchtet ihr nur das auf euren Bildern haben, was eure Aussage mit ebendiesen unterstützt. Alles, was für eure Bildaussage unwichtig ist, kann weg.

Dieses Thema ist für jeden Fotografen unerlässlich, egal ob nun mit dem Smartphone oder der DSLR fotografiert wird. Das ist wirklich egal und hier gibt es auch keine Einschränkungen oder Besonderheiten, die bei der Smartphone-Fotografie nicht funktionieren. Hier seid ihr dran, denn weder euer Smartphone noch eure DSLR nehmen euch die Handhabung des Gerätes ab, wenn ihr versteht, was wir meinen. Eins könnt ihr verinnerlichen: Auch Schnappschüsse haben immer eine Aussage und einen Sinn. Jedes Bild, das ihr macht, hat das.

Um euch die Relevanz dieses Kapitels direkt vor Augen zu führen, möchten wir euch diese Beispielbilder zeigen. Hier können wir nur sagen: probiert, probiert, probiert. Verändert eure Position, die Einstellungen und, und, und … Bis das, was ihr fotografieren wolltet, richtig platziert ist.

DIE BILDFORMATE

So, wo fangen wir nun also bei der Bildgestaltung an? Ah, ja! Wir sollten uns zunächst einmal die möglichen Bildformate bei Smartphones anschauen. Bei den grundlegenden Einstellungen zu Beginn habt ihr die möglichen Bildformate schon mal grob kennengelernt. Jetzt setzen wir diese Einstellung ins kreative Verhältnis.

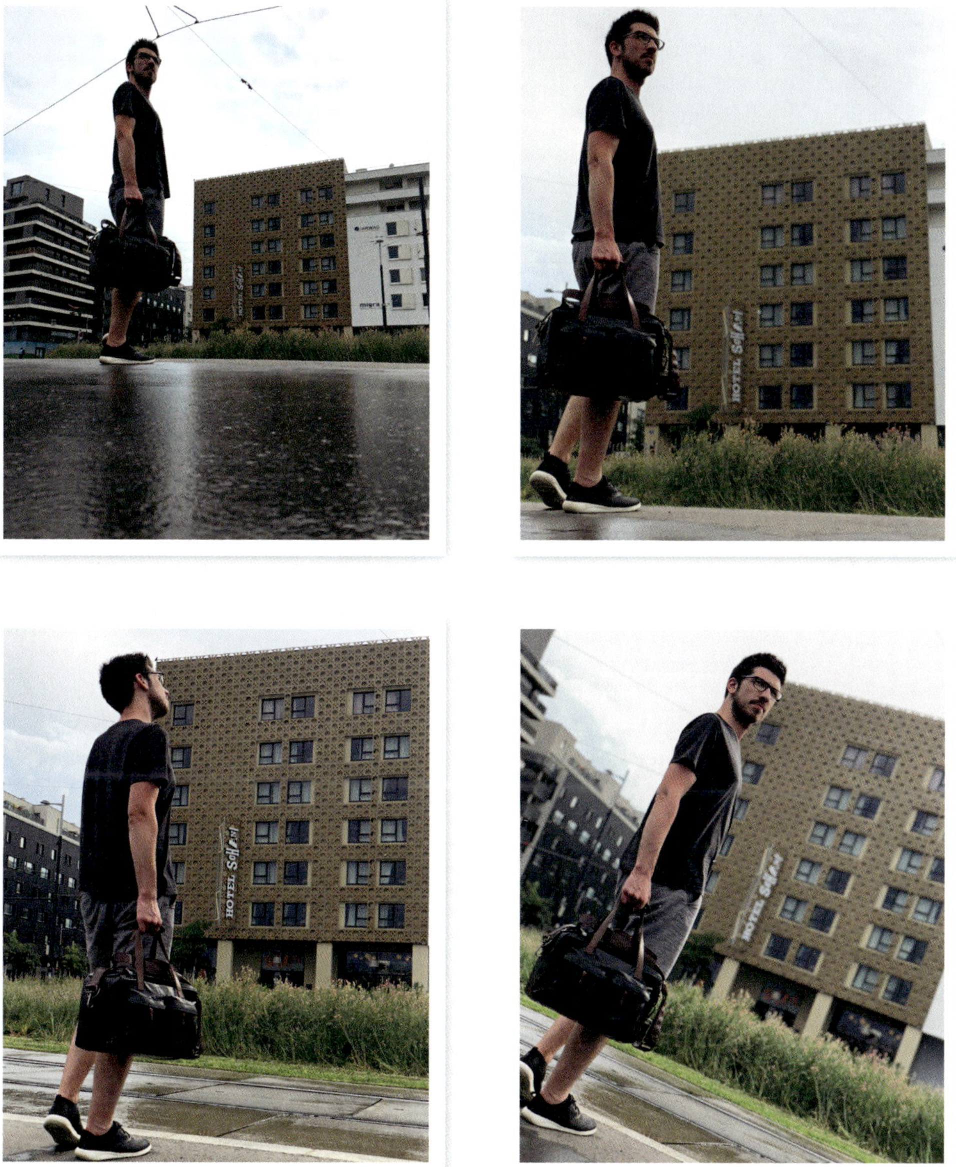

Es bedurfte einiger Aufnahmen und einiges an Ausprobieren, bis Caro am Ende die richtige Komposition gefunden hat. Ihr seht, wie sie sich bewegt hat, und auch, wie sie das Smartphone mal tiefer, mal höher, mal gerader, mal schiefer gehalten hat.

Ihr müsst bei Aufnahme eines Bildes immer bedenken, was ihr danach damit anfangen wollt und welches Seitenverhältnis für euer Vorhaben sinnvoll ist. Wenn wir hier vom Bildformat sprechen, meinen wir das Aufnahmeformat, um den Begriff Bildformat nicht mit dem ebenfalls damit gemeinten Dateiformat zu verwechseln.

Die nachfolgenden Formate stehen für das Verhältnis der langen zur kurzen Seite des Bildes. Selbstverständlich kann man in der Nachbearbeitung Bildformate noch ändern, hier müsst ihr dann aber immer mit Informationsverlusten rechnen, je nach gewähltem Format, da ihr schließlich Teile einer Aufnahme abschneidet oder entfernt.

Rufen wir uns die Einstellungsmöglichkeiten noch einmal kurz ins Gedächtnis: Bei den mitgelieferten Kamera-Apps haben wir oft standardmäßig ein Seitenverhältnis von 4:3. Stellt euch vor, ihr habt ein Bild, das ist 4 Zentimeter breit und 3 Zentimeter lang. Das ist ein Seitenverhältnis von 4:3 Zentimetern (oder Pixeln oder, oder, oder). Wenn ihr aber beispielsweise euer Foto für Instagram machen wollt, könnt ihr euch ganz einfach der Einstellung »Quadrat« bedienen, also des Verhältnisses 1:1.

Manche Telefone unterstützen noch das Verhältnis 16:9 – in der Regel auch nur, damit das Display beim Fotografieren hübsch ausgefüllt aussieht. Das war es eigentlich schon. Keine Sorge! Es gibt bei iOS (und teilweise auch Android) so viele wunderbare Apps von Drittanbietern, um etwas dagegen zu unternehmen. Hierzu jedoch in einem späteren Kapitel ausführlich mehr.

HOCH- ODER QUERFORMAT?

Sollte man mit all den Telefonen nur hochkant fotografieren? Oder darf man überhaupt hochkant fotografieren? Na klar! Aber auch nur, wenn ihr Fotos schießt. Wir erzählen euch später noch im Video-Kapitel, warum das bei Bewegtbild aus ganz objektiven Gründen nicht so geil ist. Gleich zu Beginn: Die korrekte Bezeichnung für »hochkant« wäre »vertikal« und die korrekte Bezeichnung für »Querformat« wäre »horizontal«. Ihr sagt doch sonst auch »brutto«, »netto« und nicht »mit« und »ohne« Steuern ... oder? ODER? Oder sagt ihr auch LOL und lacht dabei gar nicht mehr? Oh man, oh man ...

Wir können als offensichtlichsten Punkt festhalten: Vertikales Fotografieren hat mit dem natürlichen Seheindruck nichts gemeinsam, dient aber beispielsweise im simpelsten Falle dazu, mehr von einem Motiv zu zeigen oder ein bestimmtes Endformat auszufüllen, beispielsweise Magazin-Cover oder bestimmte Social-Media-Plattformen. Ein vertikal aufgenommenes oder vertikal beschnittenes Bild kann Proportionen eines Motivs besser einfangen. es kann aber auch Aussagen oder Stimmungen unterstreichend wiedergeben, indem ihr buchstäblich den Seheindruck in die (vertikale) Länge zieht und vertikale Elemente nutzt wie hinabfließende Wasserfälle, massive Bäume mit alten, dicken Wurzeln, verlassene tiefe Waldwege oder lange Bauten mit snobbig geschmückten Dächern. Porträtfotos werden nicht ohne Grund immer noch vertikal geschossen, weil wir Menschen in die Länge wachsen, nicht in die Breite … zumindest nicht in der Regel (horizontal geht natürlich auch, ist dann aber ein anderer Eindruck und eine andere Aussage).

Macht ohne schlechtes Gewissen Fotos im Hoch- oder Querformat. Gern auch beides gleichzeitig. Ihr habt schließlich genug Speicher und entscheidet euch – für den Anfang – im Nachhinein, welches Format das Motiv passender unterstützt oder ausfüllt. Übt und trainiert euer Auge für Bildformate im Verhältnis zum Motiv.

Und zugegeben: Ist obendrauf auch neben all den Quadratbildern bei Instagram, Facebook & Co. ein wenig ungewöhnlich und irgendwie merkwürdig, aber bleibt in den Köpfen hängen, oder? Solche Sachen erregen – ganz nebenbei – unbewusste Aufmerksamkeit, die ihr in eurem Tun und Schaffen (als Foto- und Videograf) nicht unterschätzen solltet.

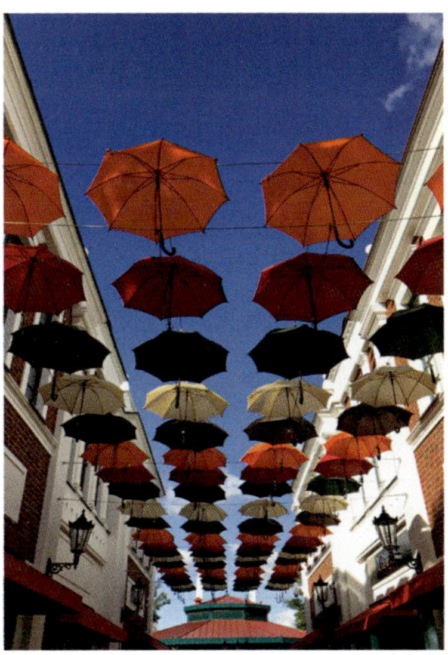

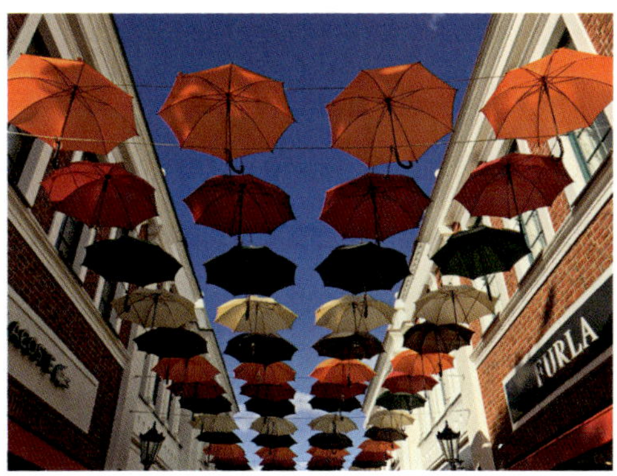

Beide Formate haben bei diesem Motiv etwas für sich. Was gefällt euch besser? Das linke Bild hat eine schöne Flucht und die Ganzheit des Motives konnte vertikal erfasst werden. Beim horizontalen Bild konnte hingegen nur ein Teil abgebildet werden.

SONDERFALL PANORAMA

Bei jedem Smartphone ist mittlerweile die Einstellungsoption des besonderen Bildformats Panorama zu finden. Hiermit wird die Bildgestaltung natürlich schon sehr stark beeinflusst. Insbesondere für die Landschaftsfotografie ist diese Funktion der Hammer, denn all das, was unser Auge sieht, kann erfasst werden. Die Panorama-Funktion macht es uns hierbei sehr leicht, wir müssen nicht mehr superweit weg stehen, um ebendiese Weite einer Landschaft zu fotografieren.

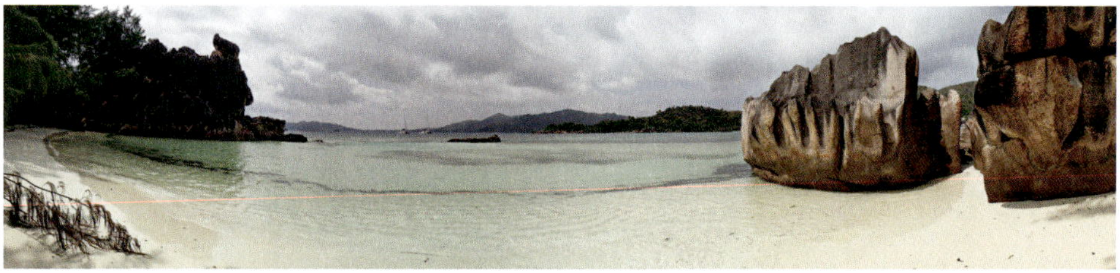

Ein typisches Panorama. Die »Beule« entsteht dadurch, dass ihr die Fotos von einem Fleck aus macht und das Foto eine »aufgeklappte Kugel« ist. Theoretisch müsstet ihr euch bewegen. Das verstehen die Smartphones aber nicht.

Hierbei kann das Panorama entweder horizontal oder vertikal aufgenommen werden. Für sehr hohe Gebäude, aber auch für große Pflanzen bzw. Bäume kann die vertikale Ausrichtung des Smartphones sinnvoll sein.

Panorama geht auch hochkant. Selbst mit den Hausmitteln der Smartphones.

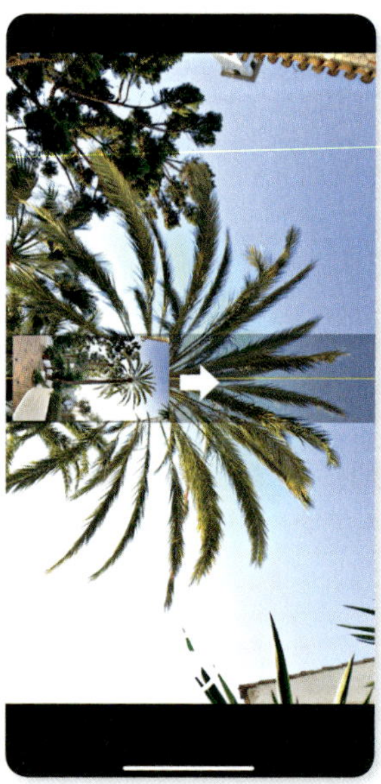

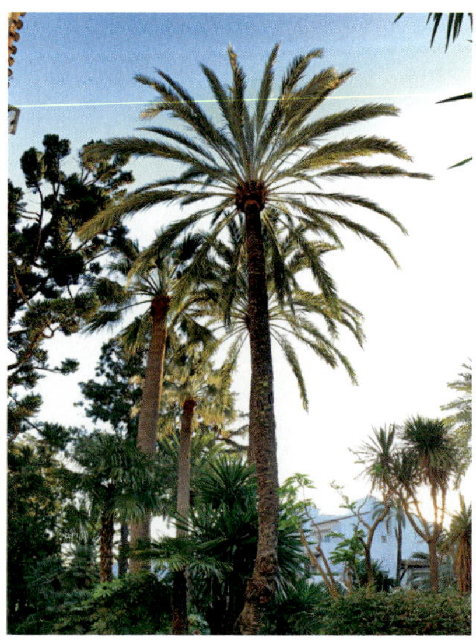

Worauf ihr auf jeden Fall achten solltet, ist die Einstellung der Belichtung. Die richtet sich nämlich danach, wie ihr sie am Anfang eingestellt habt. Fotografiert ihr nun jedoch ein Motiv mit Helligkeitsunterschieden, müsst ihr darauf achten, dass ihr die Belichtung weder an dem hellsten noch an dem dunkelsten Punkt ausrichtet.

Außerdem sollte sich während der Aufnahme nichts schnell bewegen, da es sonst am Ende Bildfehler gibt, und die sind weniger schön. Bewegungen können jedoch auch kreativ genutzt werden (auch mehrfach im Panorama sichtbar).

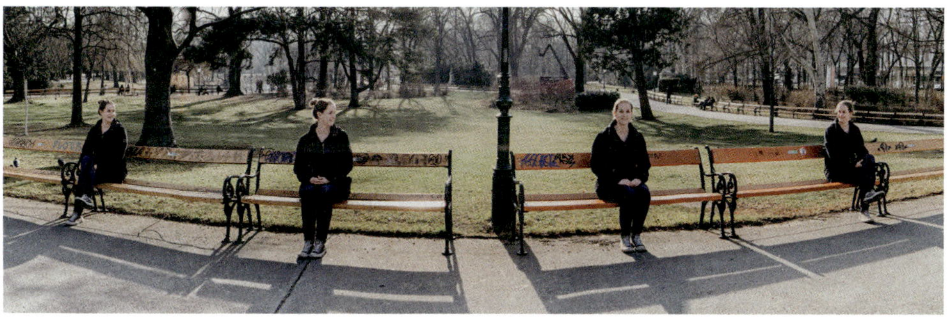

Einfacher gesagt als getan: Das Multi-Personen-Panorama. Braucht viel Übung und eine ruhige Hand – und ein im Vorfeld gut überlegtes Motiv.

Solch ein Multi-Personen-Panorama geht auch mit den On-Board-Funktionen eines Smartphones.

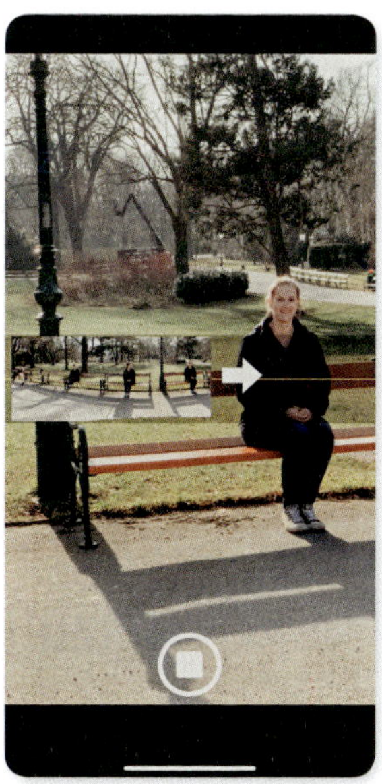

Apropos Bewegungen. Ihr könnt die selbstverständlich auch für coole Effekte einbauen. Ihr wolltet euch schon immer mal verdoppeln, verdreifachen oder gar vervierfachen? Gruselig, aber mit der Panorama-Funktion ist das möglich. Hierfür stellt/setzt sich euer Motiv an eine bestimmte Position, ihr schwenkt mit dem Smartphone mit der Panorama-Funktion bis zu diesem Punkt. Dann läuft euer Motiv los, um euch herum und setzt sich an den nächsten Punkt. Ab dann macht ihr weiter mit eurem Panorama-Bild. Das könnt ihr noch ein paar Mal wiederholen. Hat irgendwie was, oder?

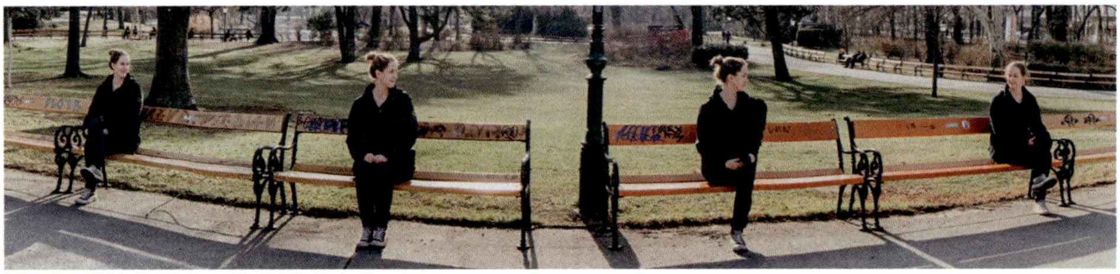

Aber passt auf und schaut richtig hin. Was ist bei dem Bild wohl schiefgelaufen?

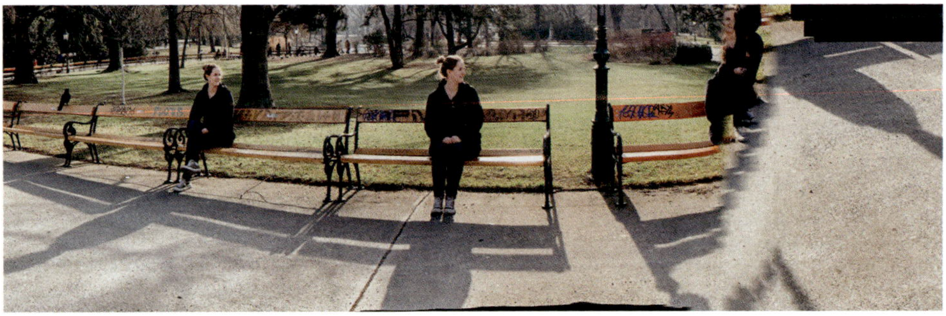

Nicht zu übersehen, dass das Bild in die Hose gegangen ist. Gar nicht so einfach also. Aber probiert's selbst aus!

Neben Landschaften kann man die Panorama-Funktion ebenfalls dafür nutzen, Räume zu fotografieren. So sieht man viel von einem Raum, obwohl man in der Bewegung und Position selbst sehr eingeschränkt ist. Sieht natürlich etwas verzerrt aus, hat aber wieder Stil! Nennen wir es zweckentfremden, wenn man gerade kein Weitwinkel zur Hand hat.

DIE MOTIVE

Der wohl unerlässliche und wichtigste Punkt unserer Bildgestaltung ist unser Motiv. Klingt logisch, oder? Was ist überhaupt ein Motiv? Ein Motiv ist ganz simpel formuliert das, was ihr fotografieren, filmen oder einfangen wollt. Es ist das, was dem Betrachter eures Bildes im besten Falle sofort ins Auge springt. Wenn es das nicht tut und der Betrachter eher verwirrt ist, was denn nun so Tolles in eurem Bild zu finden ist, habt ihr etwas falsch gemacht.

Das richtige Motiv zu finden, kann man nicht lernen oder lehren, man findet Motive schlicht und einfach aus Erfahrung oder Neugierde. Indem man sich inspirieren lässt und einfach nach draußen oder drinnen geht. Man kann aber lernen, was man dann mit solchen Motiven (die ihr gefunden habt) alles anfangen kann.

Es liegt an euch, was euch interessiert, was ihr liebt oder auch was ihr hasst. Wir können euch Dinge mit auf den Weg geben, die euch definitiv bei der Wahl des Motivs und bei der Umsetzung unterstützen werden. Denkt in diesem Moment einmal über ein Motiv nach, was ihr schon immer fotografieren wolltet oder eventuell auch schon habt.

Habt ihr es im Kopf? Was steht also im Vordergrund? Sieht man das Motiv komplett oder nur ein Detail? Wie sieht der Hintergrund aus? Wenn ihr alles vor Augen habt, super! Damit geht es jetzt weiter – dabei immer euer Motiv im Kopf behalten. Wer weiß, wie sich das Motiv innerhalb des Bildes in eurem Kopf verändern wird.

DIE EINSTELLUNGSGRÖSSEN

Mit dieser Vorstellung gehen wir in die nächste Grundsätzlichkeit der Bildgestaltung. Mit der Einstellungsgröße ist das Verhältnis des Motivs zum Bildausschnitt gemeint. Die Einstellungsgröße wird hier auf der einen Seite durch die Wahl des Objektivs (Weitwinkel- oder Teleobjektiv) und auf der anderen Seite durch den realen Abstand von der Kamera zum Motiv bestimmt. Ersteres fällt bei der Smartphone-Fotografie natürlich weg.

Zoomt ihr also gerne nah heran oder mögt ihr Weitwinkel? Wie nah oder wie fern könnt ihr euch vor dem Motiv überhaupt bewegen? Bevorzugt ihr lieber einzelne Inhalte einer Landschaft oder aber die ganze Landschaft? Was wollt ihr zeigen? Was ist hierfür unwichtig, was ist wichtig? Warum ist die Banane krumm? Dabei ist es jedoch irrelevant, ob ihr nun fotografiert oder filmt. Warum ist die Einstellungsgröße nun also so wichtig?

Nun, sie bestimmt die Emotionalität und die Atmosphäre eures Bildes. Sie steuert die wahrgenommene Nähe oder aber auch die Distanz zum Motiv. Sie beeinflusst die Aufmerksamkeit und ebenso die Identifikationsbereitschaft des Betrachters mit dem Motiv.

Die folgenden Einstellungsgrößen sollte jeder Fotograf im Hinterkopf haben:

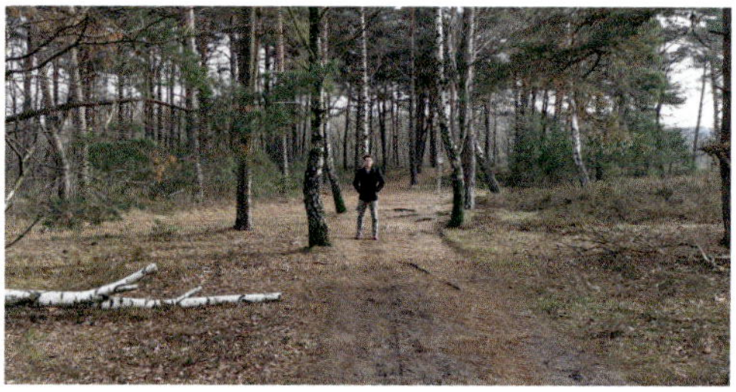

Totale

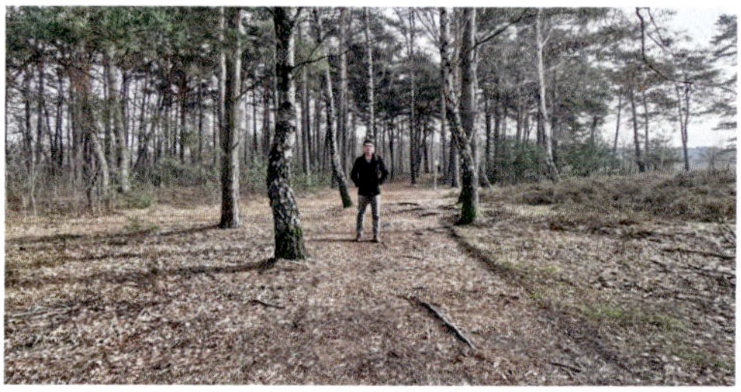

Weite, Super-Totale oder Panorama

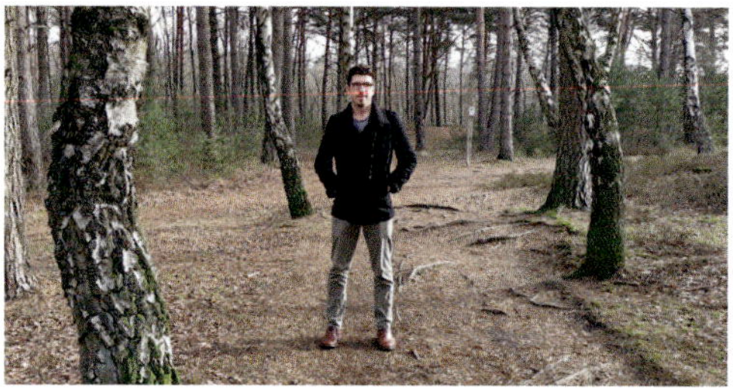

Halbtotale

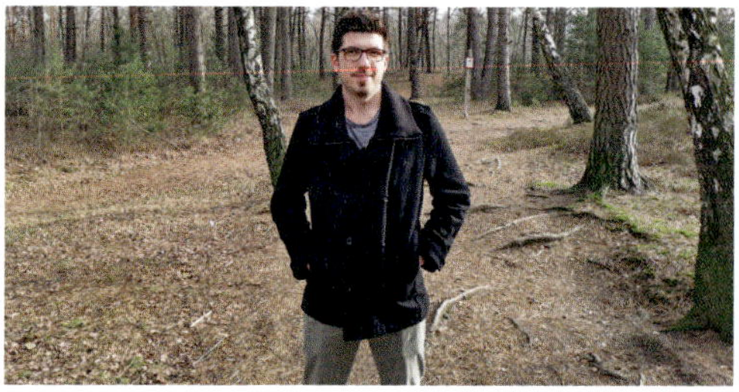

Amerikanische

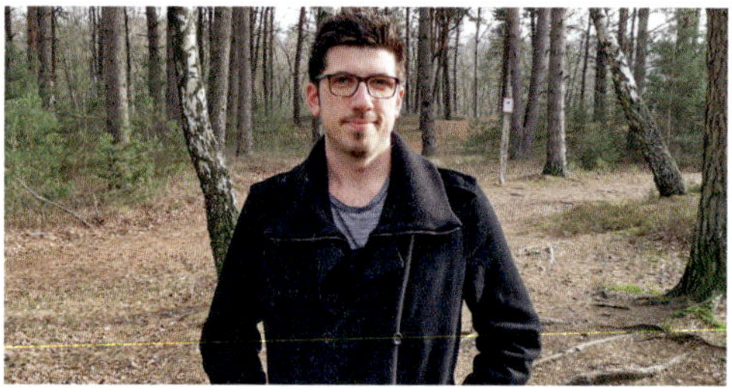

Halbnahe

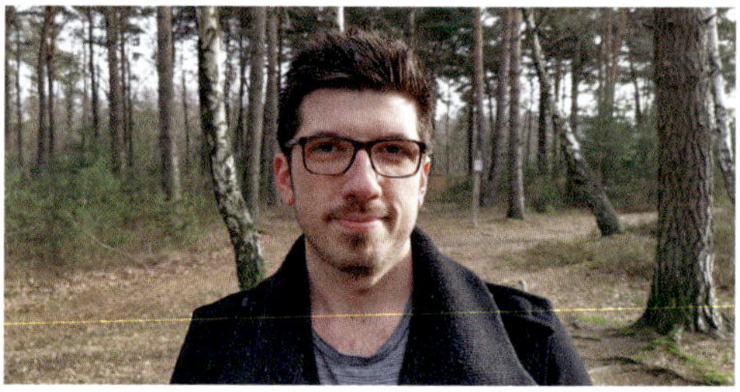

Nahe

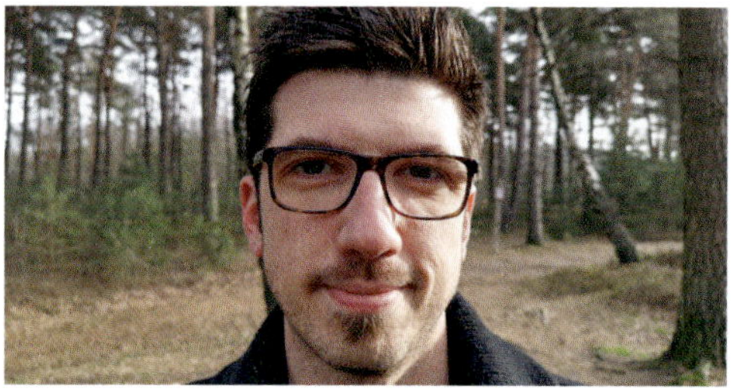

Groß

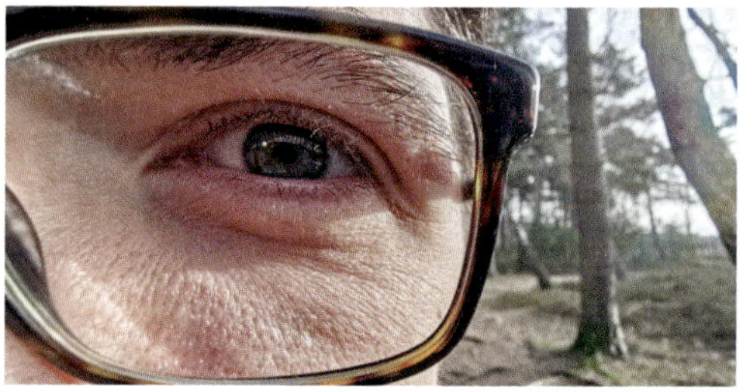

Detail

Hier gibt es so viel zum Herumspielen. Wie immer gilt: Es liegt an euch, was ihr aus alledem macht. Denn mithilfe der Einstellungsgrößen kann man wahnsinnig viel experimentieren! Hier heißt es daher wirklich: einfach ausprobieren! Unsere Beispielfotos zeigen euch, was verschiedene Bildausschnitte bewirken können.

MAKROFOTOGRAFIE

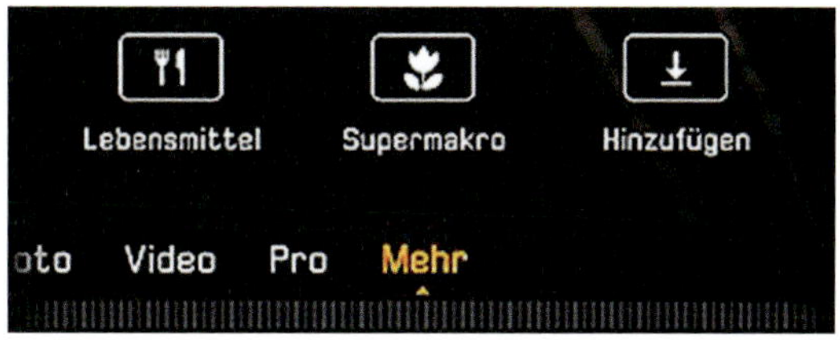

Unglaublich, aber wahr, auch mit Smartphones kann makrofotografiert werden. Ihr kennt die Makrofotografie sicherlich von den klassischen Kameras, da man mit speziellen Objektiven aufgrund einer sehr kleinen »Naheinstellgrenze« sehr dicht ans Motiv kommt. Besser gesagt, sehr detailliert. Denn Makro-Aufnahmen beinhalten nicht zwingend das ganze Motiv, sondern eine sonst nicht sichtbare Fülle an Details. Nur leider werden meist ekelige Motive abgelichtet wie Augen von Fliegen, Insektenbeine oder anderes Getier. Dabei gibt es so viele und schöne Möglichkeiten, ungewöhnliche Seheindrücke selbst bei alltäglichen und scheinbar langweiligen Dingen zu bekommen. Besonders die kompakten Abmessungen eines Smartphones helfen dabei, doch ein Stück kreativer zu werden. Von Haus aus kann bisher nur das Mate20 Pro Makro fotografieren. Dieser Modus nennt sich (erst seit 2019) »Super Makro«. Mit einem Touch auf die entsprechende Schaltfläche unter dem Reiter »Mehr« innerhalb der hauseigenen Kamera-App, könnt ihr ganz einfach die Naheinstellgrenze auf wenige Zentimeter verringern. Habt ihr kein Mate 20, dann geht ein Makro-Modus blöderweise nicht einfach so. Hier bedarf es spezieller Optiken zum Dranklemmen oder -schrauben, um die Naheinstellgrenze der Smartphone-Kamera zu reduzieren. Welche das genau sind, zeigen wir euch im Kapitel »Zubehör« (s. Seite 178). Was ihr damit machen könnt, zeigen wir euch jetzt: Entscheidet ihr euch für Ansteck-Makro-Linsen, dann müsst ihr aufgrund ihrer nicht immer zu 100 Prozent passenden Form mit Kompromissen leben. Qualitativen Kompromissen beispielsweise. Beim günstigen Universalaufsatz aus Plastik zeigt sich dies in Form von Schatten oder Verzerrungen an den Rändern. Aber: Ihr kommt so dicht an etwas heran, nur Goethe ist dichter. Die verbauten LEDs helfen dabei ungemein, denn bei solch einem Abstand ist Licht enorm wichtig, da natürliches Umgebungslicht kaum noch reicht, um euer Motiv vernünftig zu beleuchten.

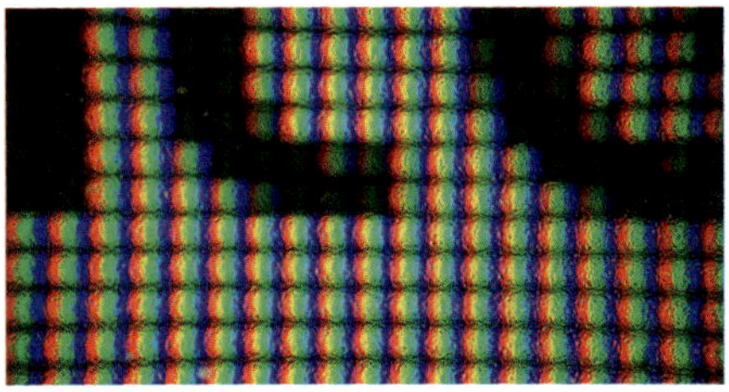

Makro-Aufnahme eines Smartphone-Displays.

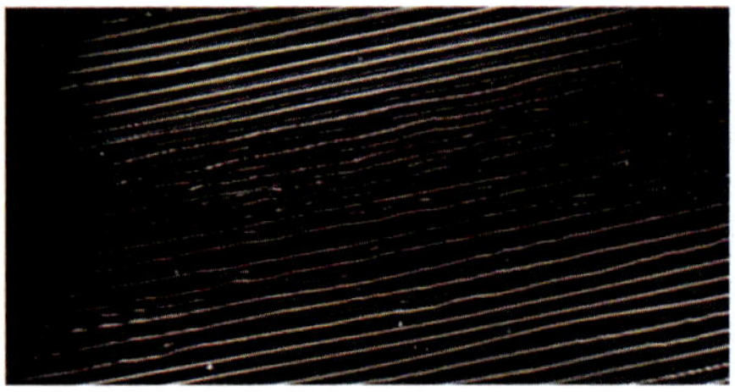

Makro-Aufnahme einer Vinyl-Schallplatte.

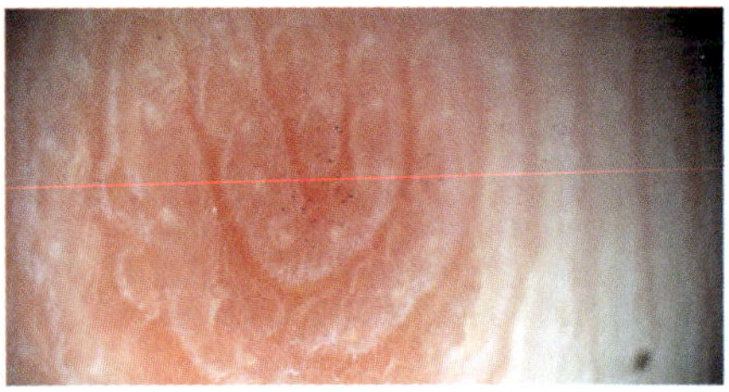

Makro-Aufnahme einer menschlichen Fingerkuppe.

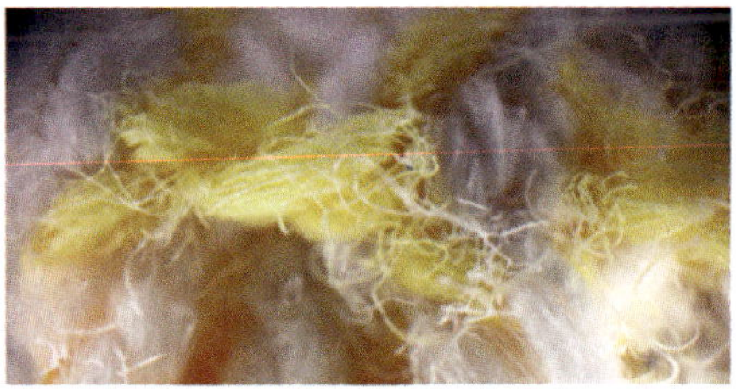

Makro-Aufnahme eines Gewebes.

Entscheidet ihr euch für die hochwertigen Aufsätze aus Glas, seid ihr qualitativ definitiv in der obersten Liga mit dabei. Es gibt zwar garantiert keine Verzerrungen, aber: Schatten können auftreten. Grund ist hier der Verzicht auf eine gesonderte Beleuchtung. Die Kamera benötigt so viel Licht, dass ihr immer eine Taschenlampe auf Vorrat dabeihaben solltet ... oder ihr macht nur bei strahlendem Sonnenschein Makrofotos.

VARIABLE EINSTELLUNGSGRÖSSE ZOOM

Natürlich ist es immer gut und schön, sich mit einer Kamera im Raum zu bewegen. Räumliche Bezüge zu ändern, erzeugt Spannung (spannende Bilder). Mit modernen Smartphones muss man aber nicht mehr zwingend durch die Gegend latschen. Ihr könnt auch mal an Ort und Stelle verweilen und Dinge »heranholen«. Im Video-Kapitel werden wir noch ein paar mehr Anekdoten darüber verlieren, hier beziehen wir uns aber erst mal nur auf Fotos.

Während das Zoomen im Bewegtbildbereich eher eine Unart ist, müsst ihr euch in der Fotografie nicht dafür schämen. Ein Zoom ist nichts anderes als eine Vergrößerung. Genauer gesagt, ist ein Zoom und somit der Zoomfaktor das Verhältnis zwischen realer Größe und auf dem Smartphone-Display sichtbarer Größe. Bei einem optischen Zoom spricht man von Informationsgewinn, da die Brennweite eines Objektivs die Vergrößerung bestimmt und Details eines Bildausschnittes sichtbar macht. Hingegen die rechnerische Vergrößerung des von einer Kamera aufgenommenen Bildes ohne Informationsgewinn (oder beim Übertreiben durch Zoomen sogar mit Informationsverlust) nennt man Digitalzoom. Zumindest war dies sonst bei Single-Lens-Kamera-Modulen der Fall. Das Google Pixel und die aktuellen Huawei-Geräte nutzen zum Zoomen einen Trick im Bildsensor, trotz nur einer Kamera.

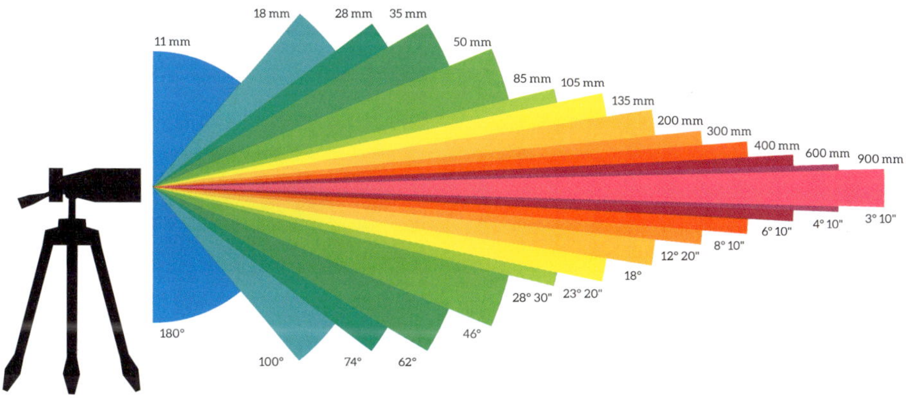

Da fast jedes Smartphone in der Standardausstattung mit zwei Kameras ausgestattet ist, ist beim Zoomen aktuell der Wechsel zwischen zwei Kameras üblich, da diese unterschiedliche Brennweiten besitzen. Oh, Moment. Entschuldigt. Wir reden die ganze Zeit von Brennweite, obwohl ihr davon bisher nur beim Thema Blende gehört habt. Hier macht eine Definition zur Abwechslung mal Sinn. Also: Die Brennweite wird immer in Millimetern gemessen und angegeben und ist der Abstand zwischen der Linse des Objektivs und dem Brennpunkt. Den Brennpunkt kennt ihr bereits. Das ist der schärfste Punkt, der auf den Bildsensor trifft und das Bild erzeugt. Durch eine Veränderung des Abstands der Linsen zum Sensor lässt sich der Zoom variieren und so lassen sich Motive näher heranholen. Optisch zoomen bedeutet auch, Motive zu stauchen. Aufgrund der längeren Brennweite driften die Verhältnisse von Vorder- zu Hintergrund ineinander. Ihr kennt da von klassischen Kameras sicherlich Angaben wie 18 Millimeter, 35 Millimeter, 50 Millimeter oder gar viele Hundert Millimeter. In einem Smartphone geht das natürlich nicht. Hier sprechen wir von 1 Millimeter und weniger. Im Verhältnis ist dieses Prinzip jedoch exakt das gleiche wie bei großen Kameras.

DER OPTISCHE ZOOM

Um optisch zoomen zu können, benötigt ihr mindestens zwei Linsen oder ein verstellbares Linsensystem, das es bei Smartphones noch nicht gibt. Auf dem MWC 2019 wurde zwar der sogenannte 10x-Periskop-Zoom von OPPO präsentiert, er ist von der Funktionsweise jedoch so weit identisch mit der, die wir euch jetzt erläutern. Wenn ihr also bei einem 2-Kamera-Smartphone zoomt, dann wechselt ihr eigentlich nur zwischen den beiden Kameras hin und her. Es handelt sich somit genau genommen um keinen Zoom, sondern einen Wechsel von Festbrennweiten, der ein heranspringen an das Motiv ermöglicht. Der Indikator dafür ist bei allen Multi-Kamera-Smartphones gleich (1 x, 2 x, 5 x usw.). Die Zwischenstufen werden digital interpretiert. Einzige Ausnahme hier: das Pocophone. Wie zu Beginn angedeutet, nutzt dieser Testkandidat die zweite Kamera zur Bestimmung der Tiefeninformationen. Bleibt uns in der Dual-Lens-Form als Beispiel für einen »optischen Zoom« also nur noch das iPhone bzw. iOS. Das ist okay. Let it happen. Der Indikator für den Zoom ist durchgehend präsent und weist euch darauf hin, welchen Zoomfaktor ihr aktuell nutzt. Mit einem Tap auf den Zoom wechselt ihr zwischen den möglichen Kameras und somit Zoomstufen. Einfach oder zweifach. Ihr könnt auch die Zwischenstufen nutzen, sprich die Zoomfaktoren zwischen einfach und zweifach, indem ihr den Indikator gedrückt haltet und mit dem Finger von links nach rechts wischt. Bis zu einem Faktor 10 erlaubt euch iOS, das Motiv heranzuholen.

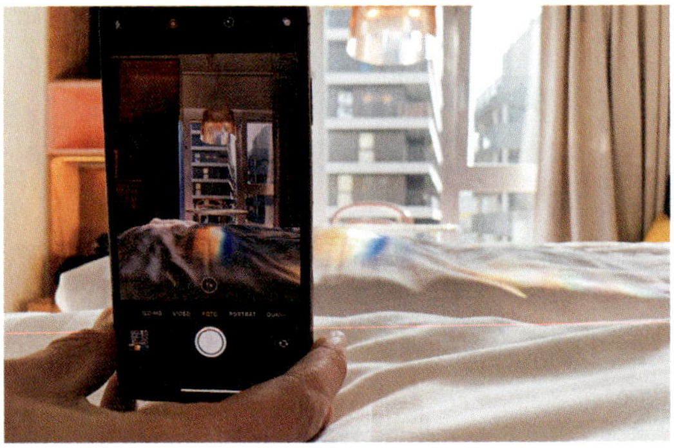

Ein spontanes, instagramtaugliches Regenbogenmotiv. Ohne Zoom.

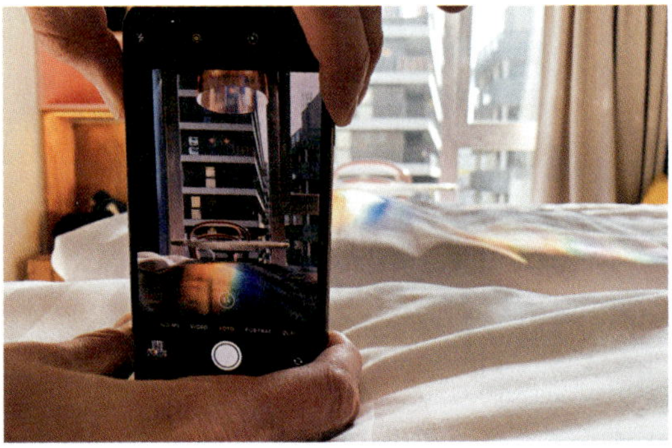

Das gleiche Motiv nur mit 2 x optischem Zoom.

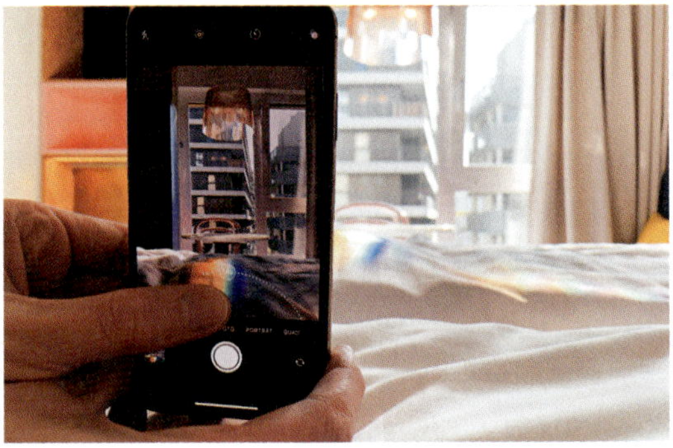

Manuelle Korrektur der Zoomstufe, um den perfekten Ausschnitt zu finden.

Doch passt auf, hier nicht zu übertreiben. Klar, für Social Media ist das alles in Ordnung. Da geht es um den schnell eingefangenen Moment, die lustige, überall teilbare Abbildung der nicht vorhandenen Wirklichkeit. Ein richtiges Foto kriegt ihr damit aber nicht hin. Das ist bei einem zehnfachen Zoom viel zu verpixelt. Warum? Weil ihr hier digital herumzoomt.

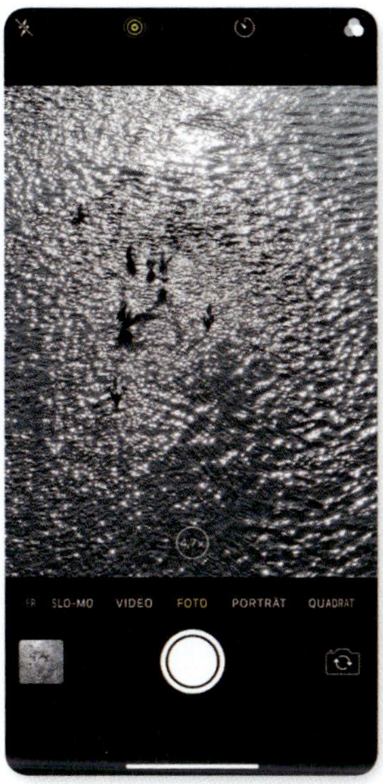

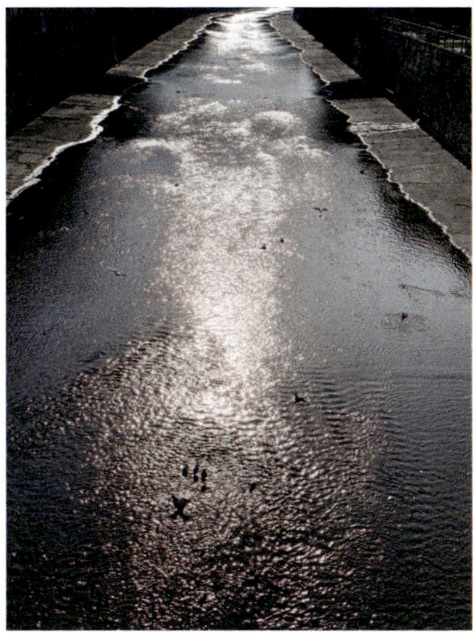

Eigentlich schwimmen die Enten auf einem Fluss. Zoomt ihr hinein, könnten die Enten auch auf einem See oder Ozean schwimmen. Was der Betrachter nicht weiß, macht ihn nur heiß.

DER DIGITALE ZOOM

Eigentlich ein Punkt, den wir nicht mitaufnehmen wollten, da es qualitativ so gar nicht mehr 2019 ist. Doch gibt es aktuell eine Ausnahme, die den bis dato eigentlich schmutzigen digitalen Zoom in völlig neuem Glanz erstrahlen lässt: das Pixel 3 mit seinem Super-Res-Zoom.

Schaut euch dazu diese Fotos an:

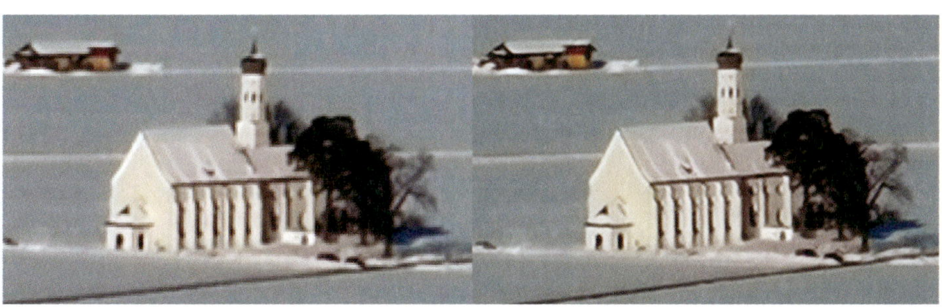

Links »digital gezoomt«, rechts aber auch »digital gezoomt«, nur anders: mit dem Super-Res-Zoom.

Links wurde ausgehend von einem Hauptfoto an das Motiv (Kirche) digital herangezoomt. Ihr seht: alles unscharf und verpixelt. Rechts wurde aber auch digital herangezoomt. Trotzdem ist alles scharf und schön. Das ist der Super-Res-Zoom. Diese Funktion findet ihr beim Pixel 3 in allen Modi, in denen unten rechts die kleine Lupe angezeigt wird. Mit einem Touch darauf aktiviert ihr die »Zoom-Schiene« und könnt drauflos zoomen.

Hier seht ihr noch mal in einer anderen Umgebung deutlich, was der Super-Res-Zoom schafft. Oben: das Ausgangsbild. Unten: volle Kanne herangezoomt. Trotz »nur« einer Linse ist die Qualität des Bildes bemerkenswert.

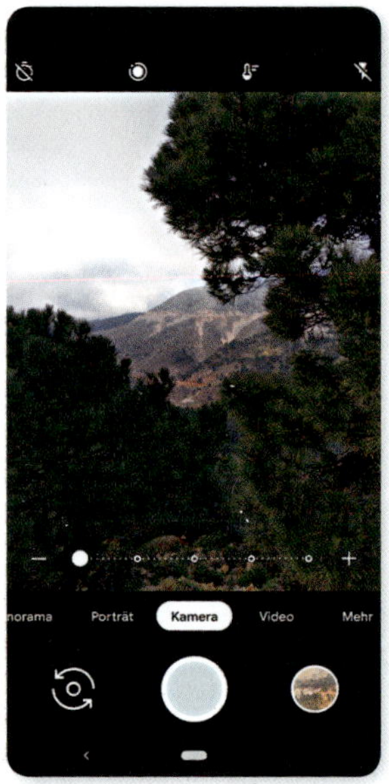

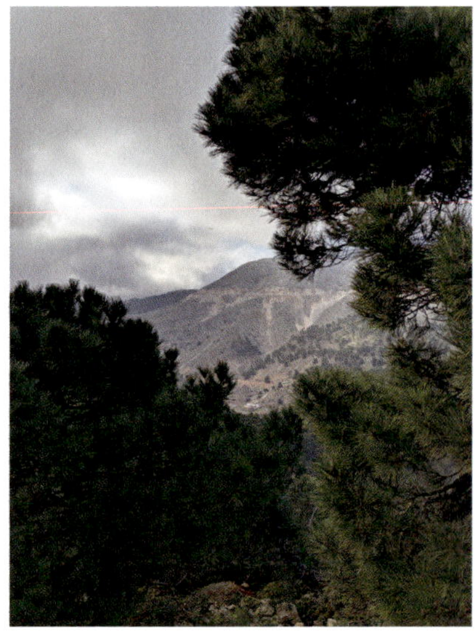

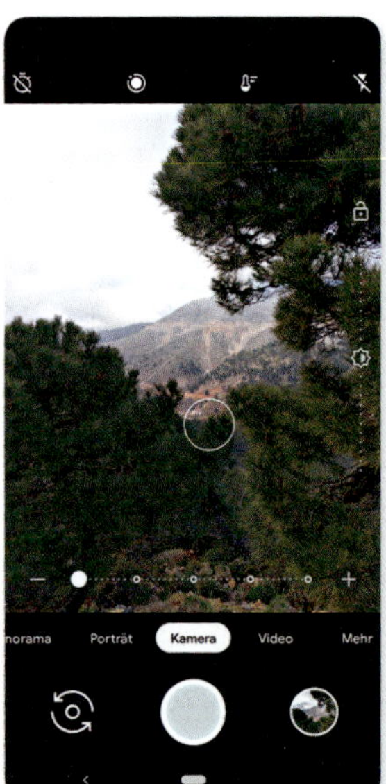

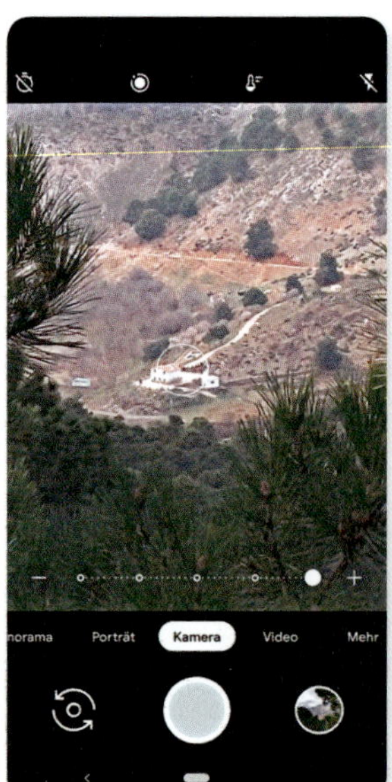

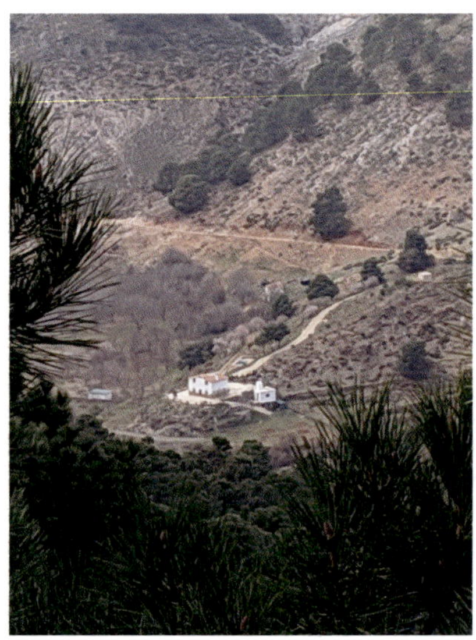

Aber wie kann das sein? Oder wie man im Internet sagen würde: What is this wizardry? Wir machen es ganz einfach für euch: Normalerweise wird bei einem digitalen Zoom versucht, fehlende Bildinformationen durch digitale, von der Technik interpretierte Lückenfüller zu ersetzen (auch Demosaicing genannt). Die Kamera schätzt in etwa ab, was in der Realität wohl am ehesten neben einer real existierenden Bildinformation vorkommen würde, und fügt sie hinzu. Fertig. Beim Super-Res-Zoom des Google Pixel 3 hingegen wird zusätzlich die gleiche Technologie wie beim intelligenten HDR angewendet. Sobald ihr digital an etwas heranzoomt, wird in dem Moment eine Vielzahl an möglichen Variationen des Motivs analysiert und zusammengerechnet. Eine eigentlich unschöne Sache wird dabei ganz nebenbei zum Vorteil: das natürliche Zittern eurer Hände. Durch diese minimalistische Positionsveränderung des Smartphones entsteht in der Kamera ein plastisches Modell des Motivs, das an Bildinformationen praktisch überläuft, mit denen die künstliche Intelligenz mithilfe von Machine Learning solche deutlich schärferen Aufnahmen produzieren kann. Digitaler Zoom ist im Zeitalter der Smartphone-Fotografie also ein richtiger Geheimtipp geworden und kann in vielen schwierigen Situationen euer Leben einfacher machen oder gar retten – vorausgesetzt, euer Smartphone beherrscht diese Technologie.

DER HYBRID-ZOOM

Zwar spielt auch hier ein Teil der eben beschriebenen Digital-Zoom-Technologie eine Rolle, doch diese Art des Zoomens ist eine Eigenart, die aktuell für Smartphones von Huawei und seit dem MWC 2019 auch für Samsung-Telefone gilt.

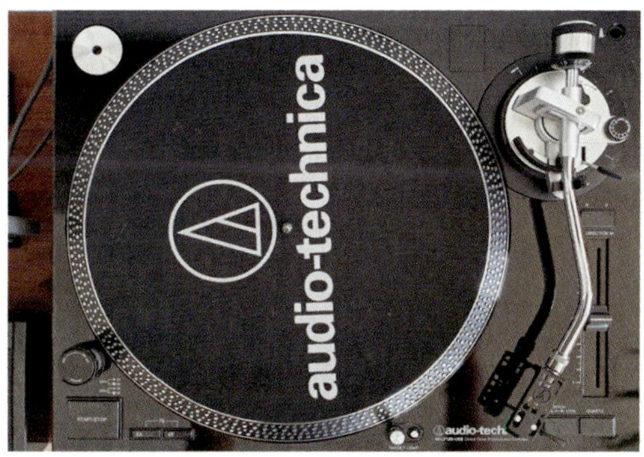

Das Ausgangsfoto

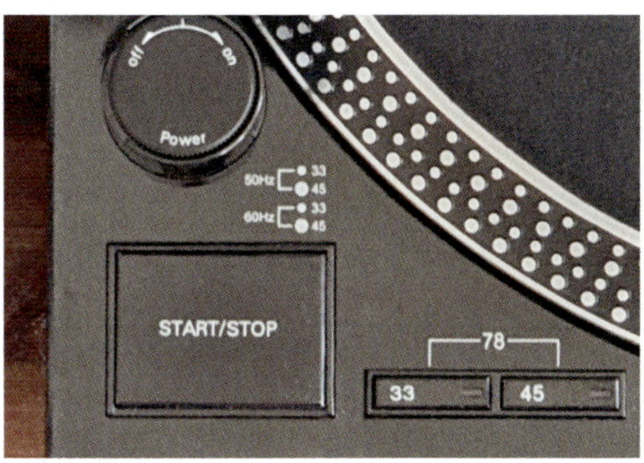

Maximal digital vergrößert

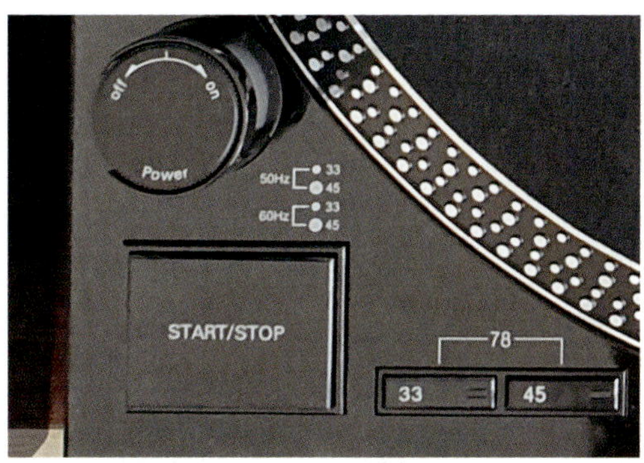

Maximal Hybrid-Zoom vergrößert

Für das Mate20/P20 Pro setzt Huawei auf eine Mischung aus Digital- und optischem Zoom. Auch hier gibt es zwei (bzw. drei) Festbrennweiten für einen Weitwinkel und zum Zoomen, allerdings bietet die zweite (bzw. dritte) Optik eine dreifache oder gar fünffache statt doppelter Vergrößerung. Über eine spezielle Einstellung ist auch das Fotografieren mit dreifacher bis fünffacher Vergrößerung möglich. Beim neuen P30 Pro sogar bis 10- oder 50-fach. Diesen Hybridzoom könnte man auch mit »mehr Details aus der Entfernung, ohne die Bildqualität zu beeinträchtigen« zusammenfassen. Wie das möglich ist? Beim Zoomen oder genauer gesagt ab dem Zoomfaktor drei kombiniert das Triple-Kamera-Konstrukt der Mate20/P20-Pro-Smartphones die Informationen und Bilder aller drei Kameras zu einem einzigen Bild. Beim P30 Pro werden Informationen der Kameras sogar so weit zusammengebastelt, dass eine 50-fache Vergrößerung möglich wird. Das ist technisch so kompliziert, da platzen selbst unsere Köpfe.

Ihr seht in diesem Beispiel aber ganz gut, was der Unterschied zwischen einem herkömmlichen oder digitalen Zoom und einem Hybrid- oder auch Super-Res-Zoom ist. Es wird nicht nur ein existierendes Foto groß aufgeblasen und beschnitten, sondern es wird versucht, jede noch so kleine Bildinformation naturgetreu abzubilden. Der spannende und gleichzeitig wichtigste Unterschied dabei: Die 10-Megapixel-Fotos sind qualitativ um ein Vielfaches besser als die 40-Megapixel-Fotos – und wir reden hier immer noch von ein und demselben Telefon. Der Teufel steckt hier buchstäblich im Detail. Selbst im Pro-Modus der Kamera ist der Zoom qualitativ schlechter als im normalen Foto-Modus. Warum ist das so? Weil der »Hybrid«, also die Kombination aus all den verfügbaren Linsen (mehr als zwei) mehr Details liefert und somit ein detaillierteres Bild zusammengerechnet werden kann. Vorausgesetzt ist natürlich eine sehr gut programmierte Kamera-App, die mit all den Informationen etwas anfangen kann. So oder so: Hybrid ist immer noch die elegantere Lösung, als nur digital ins Bild hineinzuzoomen. Aber warum solltet ihr denn nun zoomen? Da ihr die Technik nun versteht, ist es ganz einfach: Zoomen hilft euch dabei, einen Bildausschnitt stärker zu kontrollieren, zu individualisieren oder einfach anzupassen. Eine Landschaft muss nicht immer weit sein, sie kann auch von Details dominiert werden. Ihr kommt jedoch nicht immer an alle Gegebenheiten zu Fuß ran, weil ein Zaun dazwischensteht. Vielleicht mögen es manche Menschen auch nicht, wenn man ihnen mit einer Kamera zu nahe kommt. In der Tierfotografie ist es sogar sehr gängig, beliebt und manchmal unumgänglich zu zoomen, da man meist nicht nah genug an das (Wild-)Tier herankommt oder nicht nah heran sollte, weil sonst euer mit Wissen vollgestopfter Kopf im Maul des Tieres enden könnte. Also ersetzt ihr die Bewegung im Raum durch eine Kompression des Ausschnittes: zoomen. Wir ihr das mit klugen Bildausschnitten umsetzen könnt, erzählen wir euch im folgenden Abschnitt.

DIE CADRAGE ODER DER BILDAUSSCHNITT

Nicht zu verwechseln mit den Einstellungsgrößen ist der Bildausschnitt oder die Cadrage. Hier handelt es sich um die Festlegung des Bildschwerpunkts, also wie Gegenstände oder Personen innerhalb eines Formates im Verhältnis zueinander stehen und wo sich die Kamera innerhalb eines Raumes befindet. Man muss sich darüber im Klaren sein, wo man sein Motiv innerhalb des Bildes platzieren möchte.

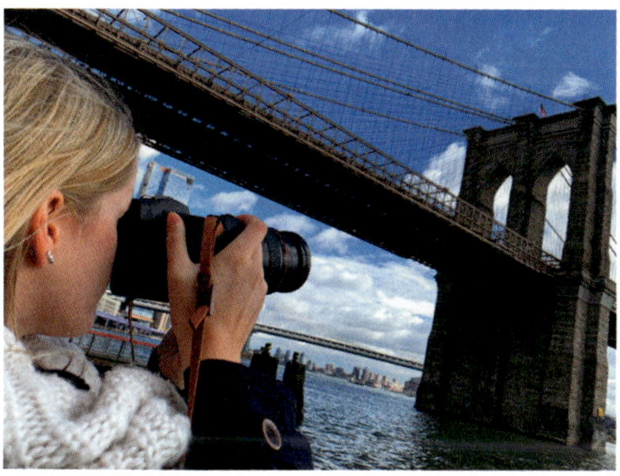

Ein unschlüssiges Motiv. Alles »irgendwie« angeschnitten, keine klare Aussage/Gewichtung.

Wir haben hier ein paar Beispielbilder für euch, die verdeutlichen sollen, was wir meinen. Ihr seht auf dem ersten Bild ganz klar die Brooklyn Bridge – was seht ihr noch? Ah, Caro steht da noch. Und fotografiert. Sie ist irgendwie so an den Rand des Bildes gequetscht. Und die Brücke auch. Was fällt euch noch auf? Mh, da wären noch eine weitere Brücke und ein Hochhaus im Hintergrund zu sehen. Der Knopf auf dem Ärmel ist auch schön, oder? Und das Wasser? Ja, das Wasser ist auch cool. Oder wartet, Moment. Der Schal!

Was ist hier passiert? Alex war sich nicht sicher, wo er sein Motiv im Bild platzieren will. Nebenbei, was ist überhaupt sein Motiv? Caro, die Brooklyn Bridge, die Kamera, das Wasser? Es wird nicht klar. Unsere Augen springen von einem Inhalt des Bildes zum nächsten. Nichts wirkt hierdurch interessant oder gar aufregend. Schauen wir uns weitere Bilder von genau der gleichen Situation an. Was hätte man hier besser machen können? Nun, man könnte zum einen weiter weg gehen oder herauszoomen, um mehr von der Umgebung, von der Landschaft sehen zu können. Hier wird auf jeden Fall deutlich, was in dieser Situation passiert ist. Caros Sicht mit der Kamera lenkt euren Blick definitiv auf die Brücke. Die Brücke bekommt viel mehr Platz innerhalb des Bildes und somit auch viel mehr Bedeutung und Gewichtung als Caro. Sicherlich sehen wir auch hier den Hintergrund, doch er ist für unser Hauptmotiv so klein und unbedeutend, dass er nicht als Erstes ins Auge springen kann.

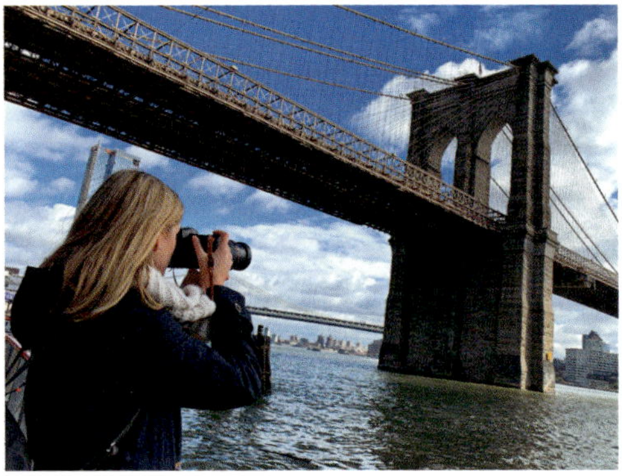

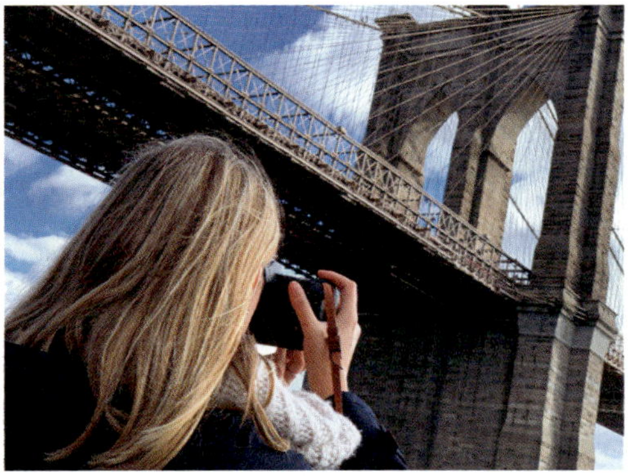

Hier wird deutlicher, was mit der Aufnahme gesagt/gezeigt werden soll. Das Verhältnis des Motivs/der Motive passt.

Doch wir haben noch mehr. Ändert eure Position im Bild: Geht mal um euer Motiv herum, verändert euren Bildausschnitt. Die Kombination aus veränderter Brennweite (Zoom) und anderer Position lässt die Brücke mächtiger erscheinen. Der Fokus verschiebt sich somit auf die Brücke.

Dass es sich lohnen kann, auch mal die eigene Position zu ändern oder Hoch- und Querformat zu versuchen, zeigt folgendes Beispiel:

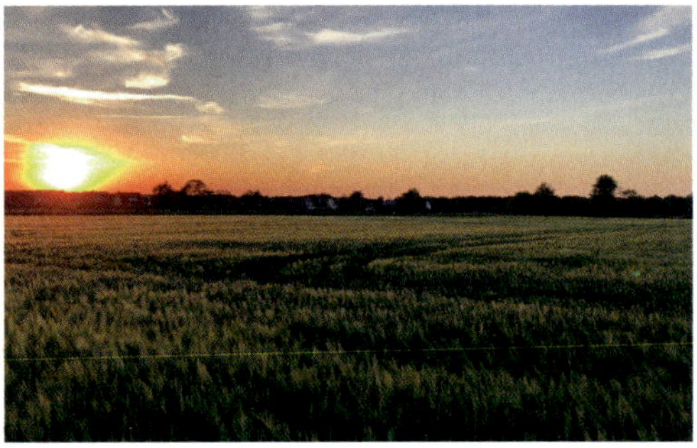

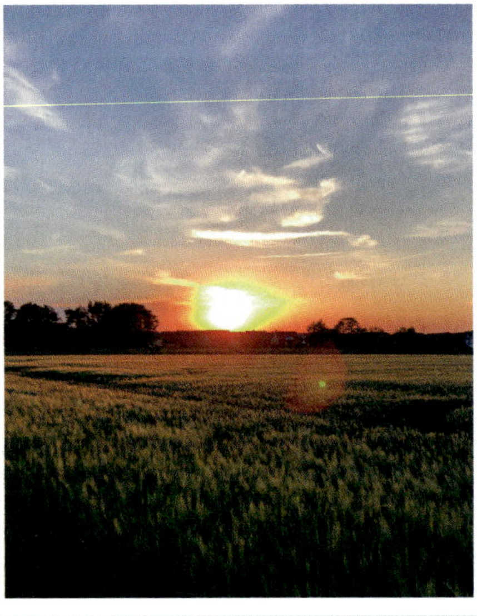

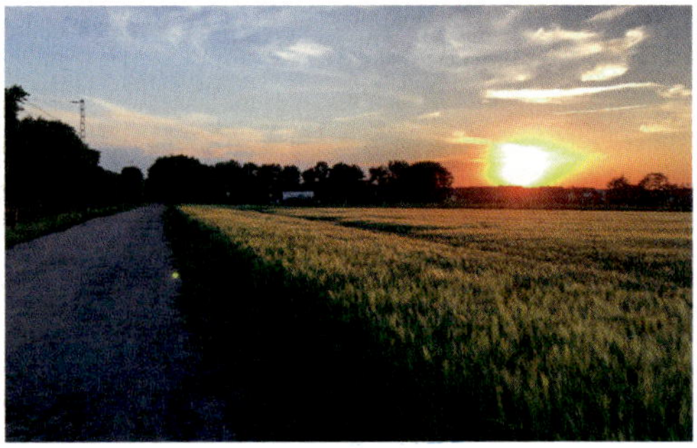

Der Sonnenuntergang war einfach schön, doch wohin damit? In die Mitte? Nach links oder nach rechts? Probiert einfach aus und ihr werdet sofort merken, welche Cadrage euch besser gefällt.

DRITTELREGEL UND GOLDENER SCHNITT

Die Zauberwörter für eine perfekte Cadrage sind die Drittelregel und der Goldene Schnitt. Jeder Fotograf sollte im Schlaf erklären können, was das ist. Sie sind die Mütter aller Fotoregeln, die man so kennt. Zunächst ist hier zu sagen, dass ihr eure Motive niemals in der Mitte des Bildes kadrieren solltet. Niemals, auch wenn wir gern dazu neigen. Denn unsere Bilder wirken so unfassbar staubig und langweilig, da unsere Augen immer zuerst automatisch die Mitte des Bildes suchen. Natürlich gilt auch hier: Wenn ihr mithilfe der Positionierung eures Motivs in der Mitte eine bestimmte Aussage treffen wollt, ist dies wieder erlaubt. Die Aussage ist wichtig!

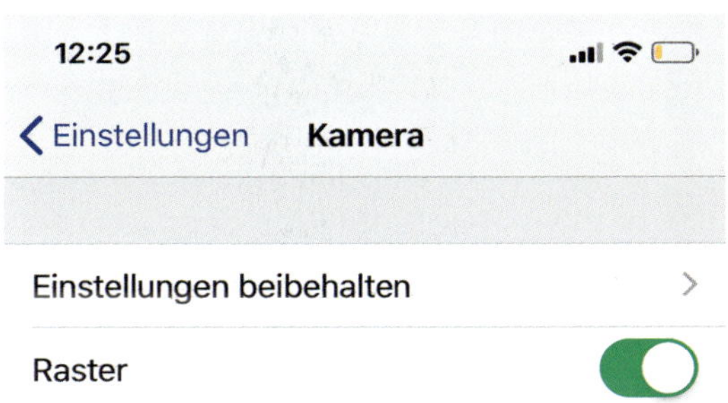

Fangen wir an. Mit der Drittelregel. Denn sie ist etwas einfacher zu verstehen und wird von Fotografen als die vereinfachte Version genutzt. Bei der Drittelregel wird das Bild horizontal und vertikal in neun gleich große Teile aufgeteilt. Bei so gut wie allen Smartphones gibt es ein Raster, was man sich einstellen kann. So wie hier beispielsweise beim iPhone:

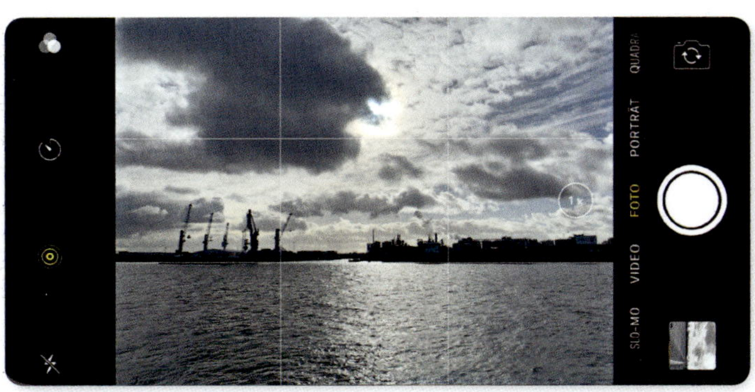

Die Drittelregel könnt ihr auch ganz einfach bei eurem Smartphone einstellen.

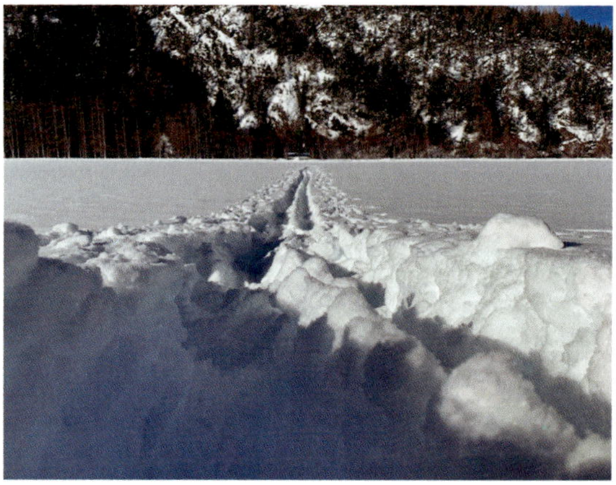

Insbesondere in der Landschaftsfotografie eignet sich die Drittelregel perfekt, um eine gelungene Bildkomposition zu erzeugen. Wenn ihr den Horizont nämlich zu weit oben oder aber auch in der Bildmitte positioniert, wirkt euer Bild zum einen langweilig und zum anderen irgendwie überladen.

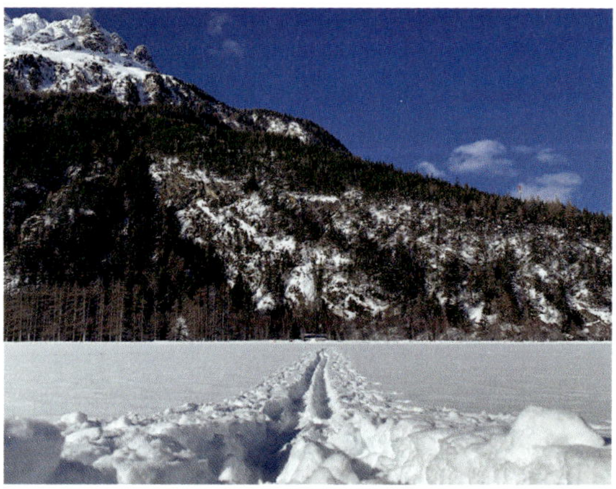

Hier solltet ihr die Horizontlinie auf der unteren Linie des Rasters platzieren, somit bekommt der Himmel oder in diesem konkreten Beispielbild der Berg mehr Raum. Viel interessanter, als nur den ganzen Schnee zu betrachten, oder?

Bei der Drittelregel kommt es demnach darauf an, alles, was ihr in eurem Bild wichtig findet und was der Betrachter eures Bildes auf einen Schlag sehen soll, auf einen der sich kreuzenden Punkte oder auf die Linien zu legen. Natürlich soll das nur eine grobe Orientierung sein. Durch die Anwendung dieser kleinen und doch so wichtigen Regel wird das Motiv um einiges aussagekräftiger und interessanter für den Betrachter.

Kommen wir nun zum Goldenen Schnitt. Dieser ist der Drittelregel sehr ähnlich, weist jedoch einige Unterschiede auf. Die Aufteilung der neun Teile ist hierbei etwas anders als bei der Drittelregel. Hier könnt ihr euch merken, dass die vertikalen und horizontalen Linien jeweils weiter in der Mitte liegen als bei der Drittelregel. Beim Goldenen Schnitt sollen Harmonie und Ruhe erzeugt werden, während die Drittelregel die Aufmerksamkeit des Betrachters erregen soll. Die Aufteilung des Bildes nach dem bestimmten Verhältnis soll sehr oft in der Natur vorkommen und wird deswegen von Menschen harmonisch wahrgenommen. Hier gibt es eine tolle mathematische Formel, die schon in der Antike bekannt gewesen ist. Soll euch an dieser Stelle – genauso wie die Fibonacci-Spirale – aber nicht weiter interessieren. Die Spirale ist noch eine weitere, viel kompliziertere Regel der Bildgestaltung. Wichtig ist, dass ihr das Raster des Goldenen Schnitts kennt. Angewendet wird das Raster des Goldenen Schnitts wie die Drittelregel.

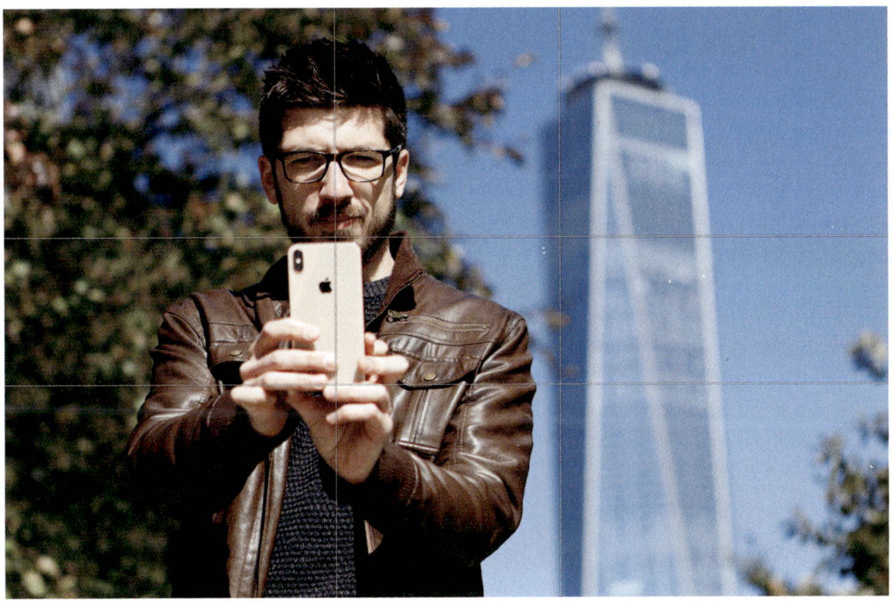

Der Goldene Schnitt ist auch mit mehreren Ebenen (Hinter- und Vordergrund) möglich.

WEITERFÜHRENDE BILDGESTALTUNG: DER NATÜRLICHE RAHMEN

Was auch ein tolles Mittel ist, um die Aufmerksamkeit des Betrachters zu bekommen, ist der natürliche Rahmen eines Bildes. Wie der Name schon vermuten lässt, geht es nicht darum, im Nachhinein irgendeinen furchtbaren künstlichen Rahmen im eigentlichen Sinne hinzuzufügen (das könnt ihr machen, wenn ihr euer Bild entwickelt und einrahmen lasst), sondern mit den vorhandenen Komponenten der Umgebung einen Rahmen zu erschaffen.

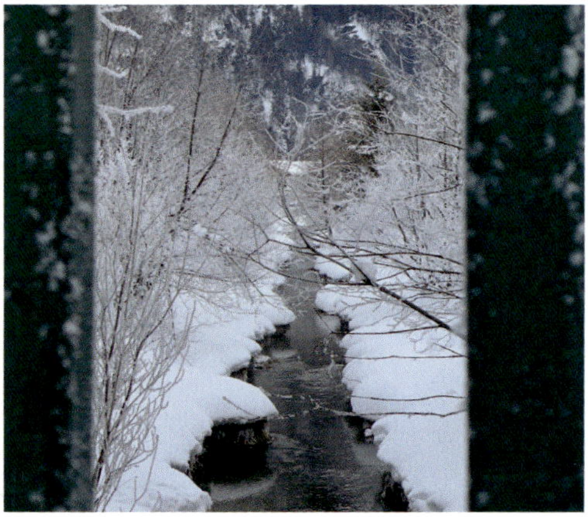

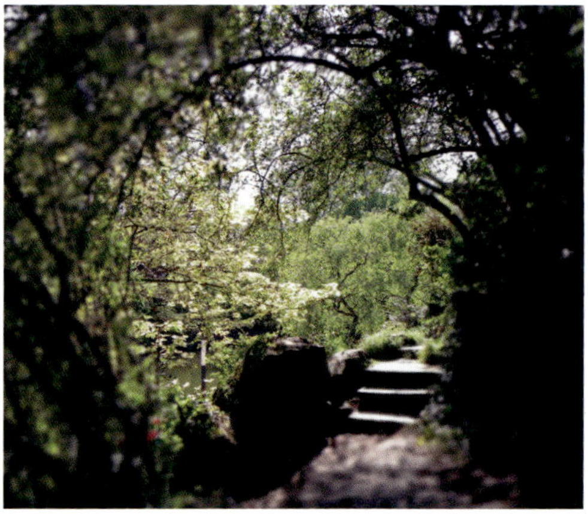

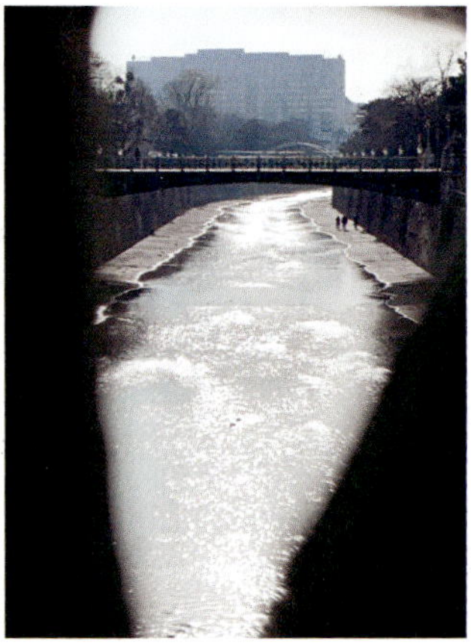

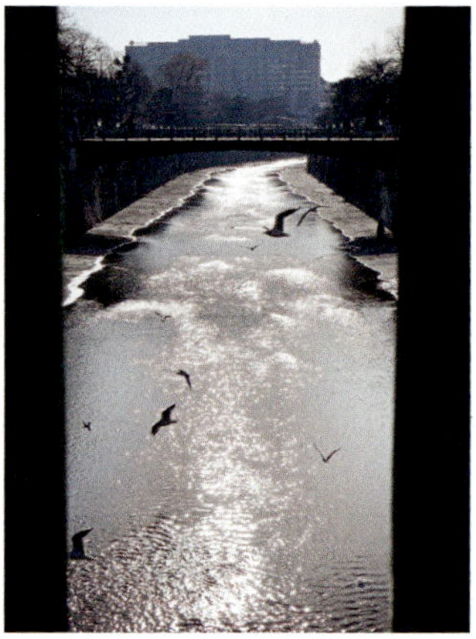

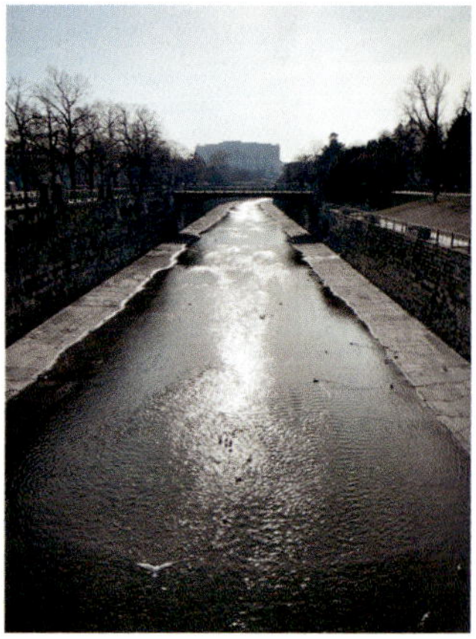

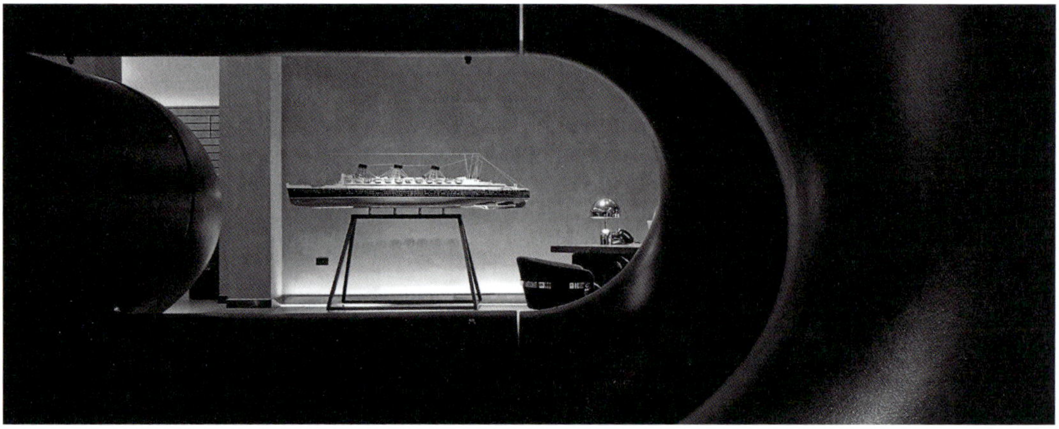

Dieser natürliche Rahmen hat eine tolle Wirkung auf das Motiv: Er lenkt die Augen des Betrachters sofort auf dein Hauptmotiv. Ihr führt sozusagen die Augen des Betrachters. Als natürlichen Rahmen kann man alles Mögliche verwenden wie auf der linken Seite das Geländer einer Brücke, das den Blick auf den winterlichen Fluss umrahmt. Auch Bäume, Äste oder Blätter können als natürlicher Rahmen fungieren. Der natürliche Rahmen lenkt also den Blick auf euer Hauptmotiv, auf das, was ihr eigentlich zeigen möchtet, er kann eine spannende Wirkung verursachen, dem Bild Tiefe geben und ihr könnt damit alles ausblenden, was irgendwie für euer Bild nervt. Fun fact: Unser Auge sucht immer die helleren Bereiche eines Bildes, deswegen benutzen Fotografen auch so gerne Vignetten. Vignetten sind eigentlich nur eine Umrahmung des Bildes, um auf das Hauptmotiv zu lenken.

WEITERFÜHRENDE BILDGESTALTUNG: DER NEGATIVE RAUM

In der Fotografie muss man sich manchmal auch dazu zwingen, etwas mutiger zu werden. Negativer Raum. Klingt negativ. Doch er ist positiv. Warum? Nun, mithilfe des negativen Raumes können wir ebenfalls sofort den Blick des Betrachters auf unser Hauptmotiv lenken. Denn es lenkt eben nichts ab, es gibt im besten Falle sonst einfach nichts Interessantes im Bild, auf das es sich länger hinzuschauen lohnt. Bei dem negativen Raum handelt es sich demnach um den Teil des Bildes, der einfach leer ist. Es gibt nichts zu sehen. So springen unsere Augen automatisch dorthin, wo es was zu sehen gibt. Der leere Raum umgibt quasi unser Hauptmotiv, ist aber für das Bild selbst scheinbar irrelevant. Durch den leeren Raum kann dem Bild zusätzlich eine gewisse Weite, Fülle oder Leere vermittelt werden.

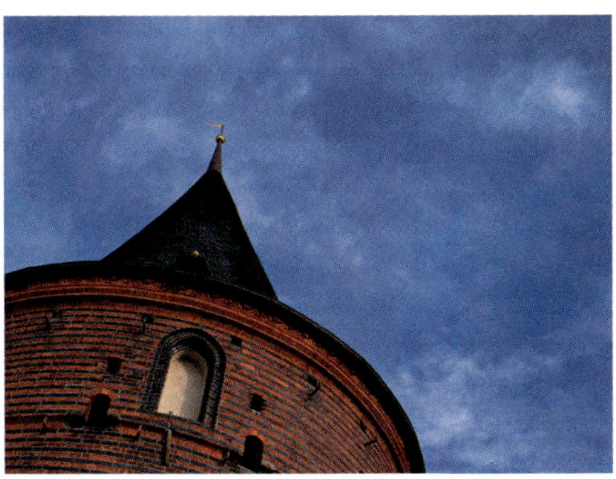

Negative Räume können eine Stimmung erzeugen …

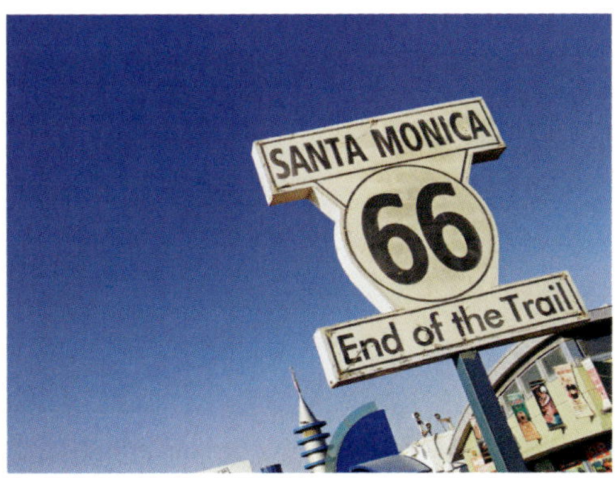

… oder auch von einer Umgebung oder Situation (USA, gutes Wetter) erzählen.

WEITERFÜHRENDE BILDGESTALTUNG: LINIEN UND STRUKTUREN

Fotos haben oft Linien, egal ob vertikal, horizontal oder diagonal. Dabei ist auch unsere Position zum Motiv natürlich von zentraler Bedeutung.

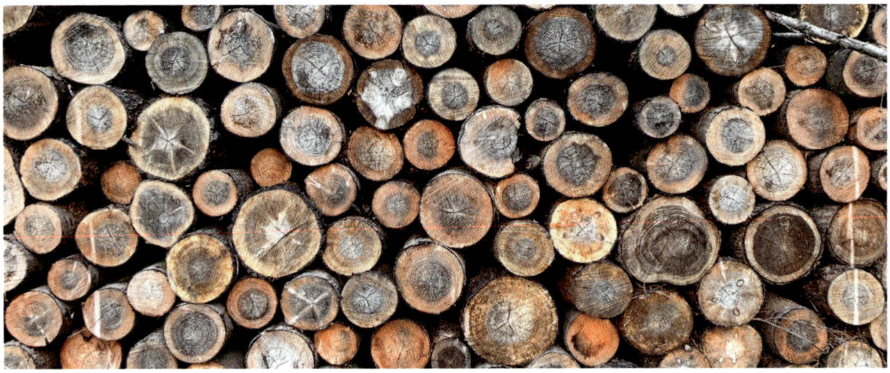

Hier lenkt nichts vom Bild ab. Wir können in jedem einzelnen Baumstamm dessen unterschiedliche Strukturen sehen. Zählt mal die Ringe der Baumstämme. Wie viel Jahre haben die hier insgesamt auf dem Buckel?

Linien können auch eine grundsätzliche Bildaussage definieren. Simpelstes Beispiel ist hierbei der »kippende« Horizont wie in den nachfolgenden Beispielen. Bei dem linken Bild wirkt es so, als würde ich gleich aus dem Bild herausfallen.

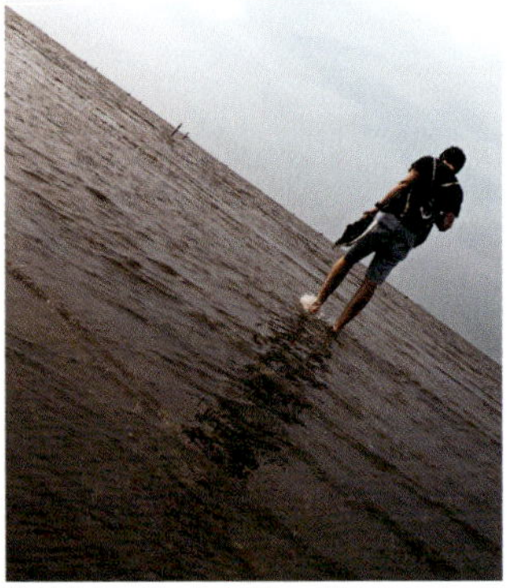

Fallende Linien. Nicht zwingend negativ.

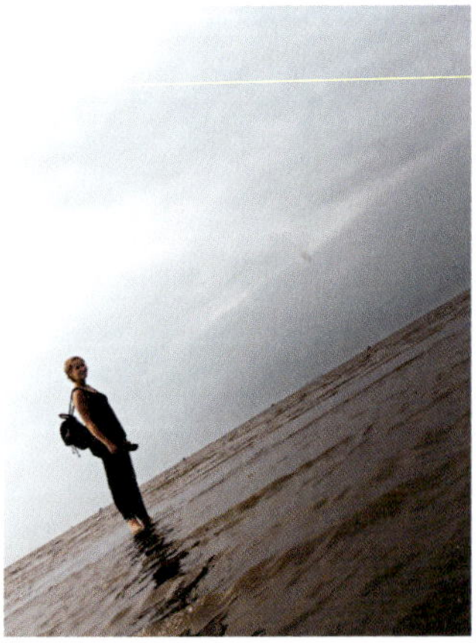

Steigende Linien. Nicht zwingend positiv.

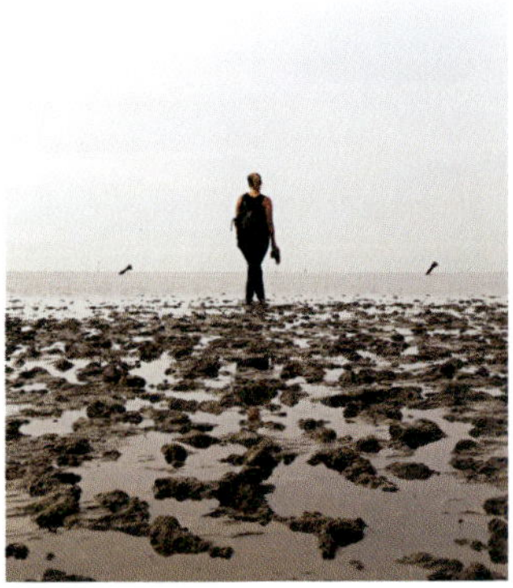

Gerade Linien. Stehen nicht zwingend für Stabilität.

Die Grundregeln dabei sind: Linien, die von links nach rechts laufen (aufsteigend), bewirken Fortschritt oder Aufstieg. Linien, die von rechts nach links laufen (abfallend), bewirken hingegen Abstieg. Gerade Linien stehen für Standfestigkeit und Bodenständigkeit.

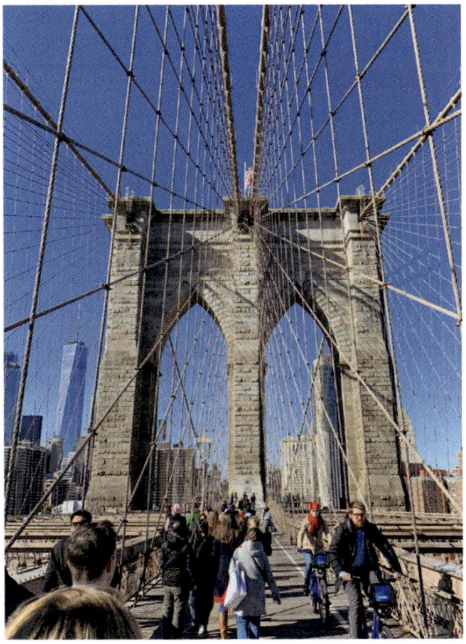

Brücken, wie man sie kennt. Fast schon langweilig.

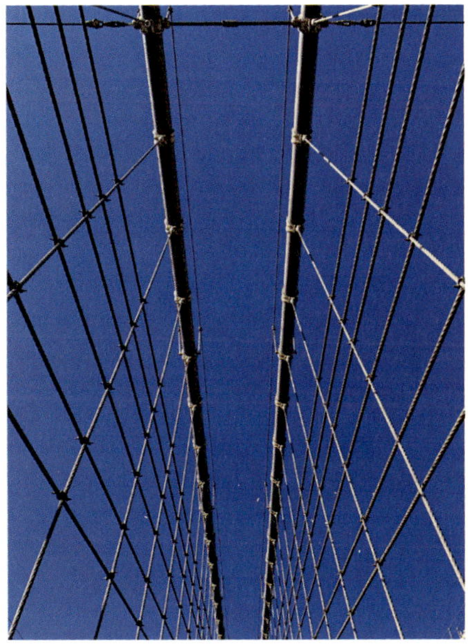

Nutzt den Gedanken des Architekten, die Strukturen eines Gebäudes. Schaut hoch, runter, links, rechts und erlebt gewohnte Dinge aus neuen Perspektiven.

Schaut euch mal dieses Beispiel der Brooklyn Bridge in New York an. Beim linken Bild kann man die Linien natürlich schon auf Anhieb erkennen, doch das Bild ist irgendwie sehr unruhig. Die Menschen auf dem Bild sind für unsere Aussage absolut unwichtig und lenken viel zu sehr von den Linien des Bildes ab. Daher schaut euch direkt das rechte Bild an. Ergibt doch mehr Sinn, das Bild so zu gestalten, oder? Denn wir wollten in diesem Falle die Geradlinigkeit der Architektur zeigen, die Menschen auf dem Bild waren hierfür unnötig und wären störend gewesen.

Unser Bild sollte nicht aussehen wie jedes zweite Instagram-Bild. Zeigt also nur das, was für euer Bild wichtig ist. Falls wir hier jedoch das Treiben der Menschen(-Touri-)massen auf der Brücke hätten verdeutlichen wollen, hätten wir die Umgebung inklusive Menschen natürlich dringelassen. Also noch einmal: Eure Bildaussage ist wichtig!

Wir haben noch ein Beispiel: Architektur ist so faszinierend und an Perfektion nicht zu übertreffen. Diese perfekten Linien lenken oft unbewusst unsere Blicke. Hier können wir euch nur sagen: Lenkt euer Bild auch einmal nach oben. Was uns zum nächsten Thema bringt.

Lasst euch beim Finden von neuen Seheindrücken nicht ablenken. Natürlich fühlt man sich komisch oder beobachtet. Denkt lieber an euer Bild und nicht an eure Außenwirkung auf völlig Fremde, die euch nach fünf Sekunden eh wieder vergessen haben.

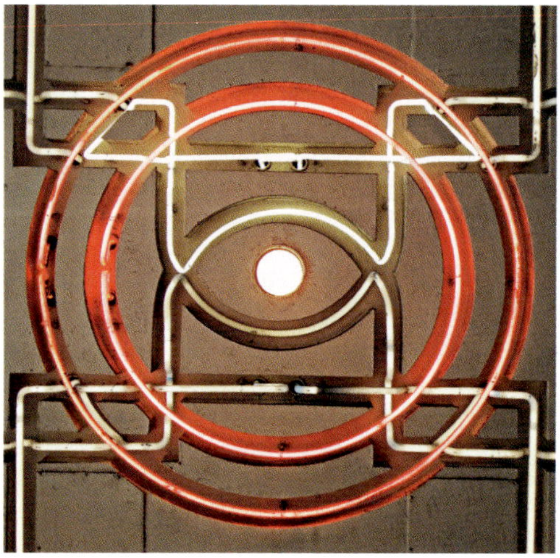

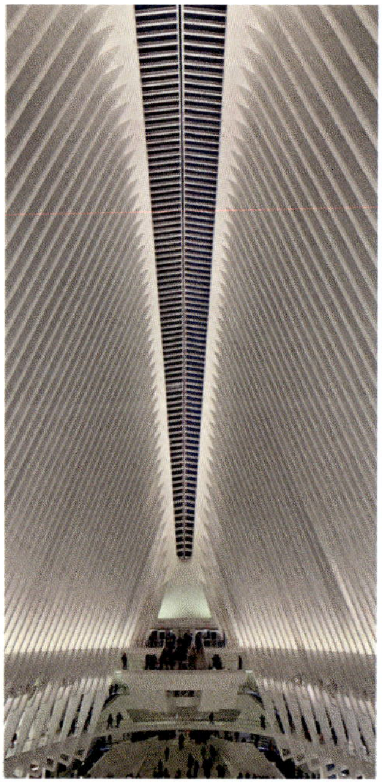

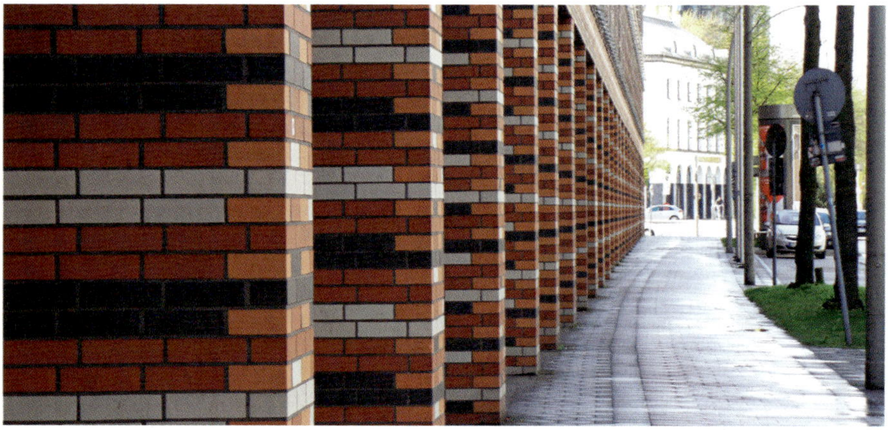

DIE PERSPEKTIVEN

Für die Fotografie sollte man schon ein bisschen Sportlichkeit mitbringen, denn wenn man sich beim Fotografieren mal nicht komisch verrenkt oder schmutzig gemacht hat, dann hat man wohl irgendwie etwas falsch gemacht. So und jetzt kommt wohl auch das Tollste an unserem Smartphone: Wir haben eine Festbrennweite (unser Zoom ist bei Smartphones nur sehr eingeschränkt), die uns dazu zwingt, unseren Körper zu bewegen.

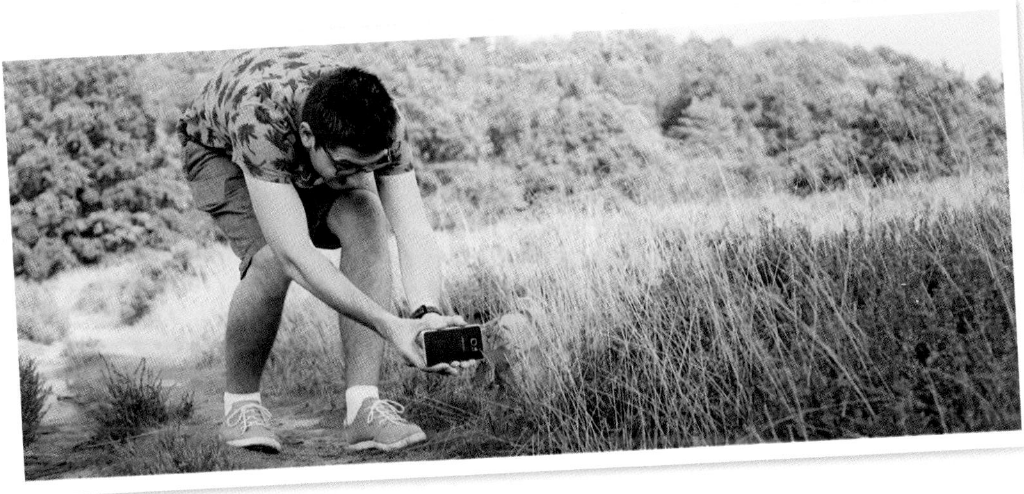

Mit dem Smartphone zu fotografieren, gibt uns hier wahnsinnige Vorteile, denn es ist leicht und klein. Wir können uns ohne Probleme auf den Boden legen und von unten nach oben fotografieren oder aber auch mal von oben Dinge fotografieren, ohne dass uns gleich der Arm abfällt. Augenhöhe geht auch, ist aber eher langweiliger Schnack. Warum, denkt ihr euch? Weil es zu einfach ist, sagen wir euch. Ihr seht was Tolles, zum Beispiel im Urlaub einen exotischen Vogel, und – zack – holt ihr schnell euer Smartphone raus und drückt auch schon ab. Dass der Vogel aber auf dem Boden sitzt, ist euch irgendwie wohl entgangen. Hier lohnt es sich total, die eigene Augenhöhe zu verlassen und sich auf die Knie – auf die Augenhöhe des Motivs – zu begeben.

Alternativ zum »Wir legen uns jetzt alle immer auf den Boden« könnt ihr auch einfach – tadadaaaaa – das Smartphone umdrehen! Die Kamera ist so viel näher am Boden oder, wie auf Seite 106, am Geländer, zeitgleich schafft ihr einen ganz anderen Seheindruck und euer Bild wird automatisch interessanter.

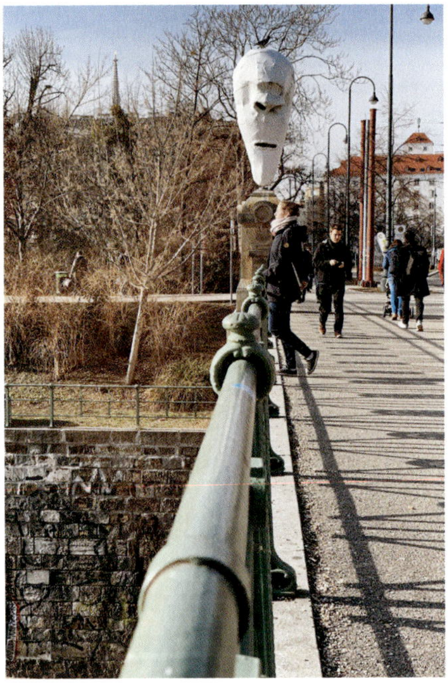

Fotografiert aus Augenhöhe.

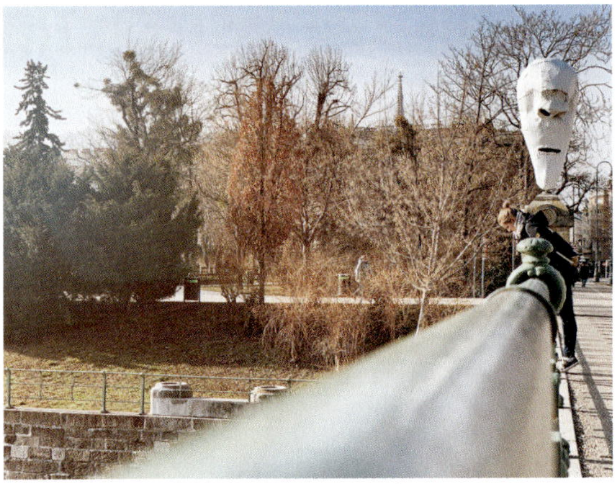

Wechselt hier auch gerne mal zwischen Hoch- und Querformat.

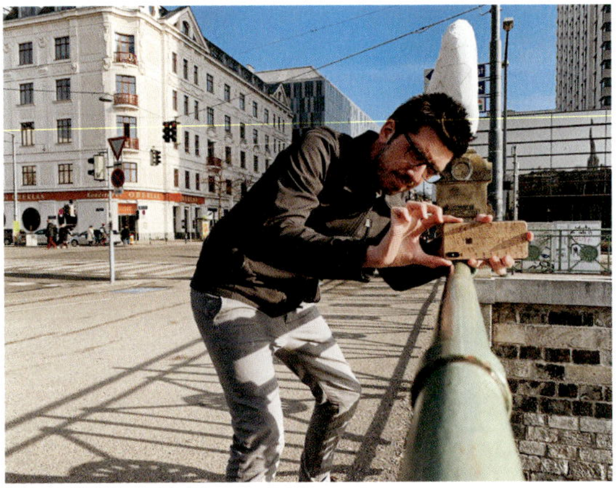

So sieht es dann aus: zwar ein bisschen verrenkt, aber egal!

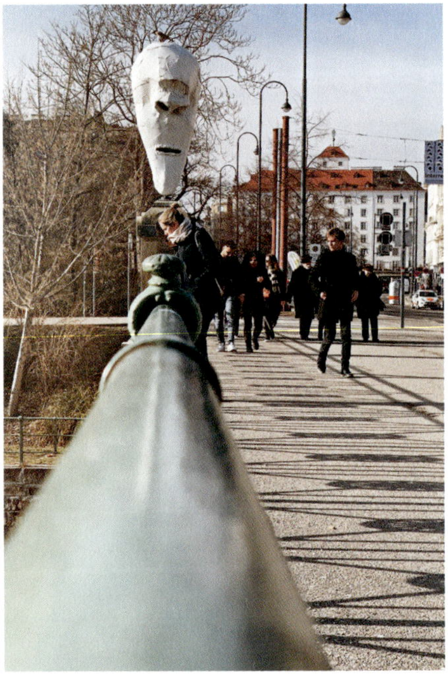

Mit umgedrehter Kamera und am Brückengeländer orientiert.

Was gibt es denn nun für verschiedene Perspektiven? Wir hätten da beispielsweise die Vogelperspektive anzubieten. Fotografiert und filmt einmal klein und schüchtern von oben. Alles andere wirkt dadurch gänzlich anders. Sucht euch hohe Gebäude, Aussichtsplattformen oder auch einfach mal einen simplen Stuhl. Bei kleinen Motiven reicht es auch, nach unten zu schauen. Wahnsinn, oder?! Von oben könnt ihr wunderbar die Ganzheit einer Situation ablichten. Alles wirkt so oftmals eher klein und doch kann man geordnete Strukturen sehen.

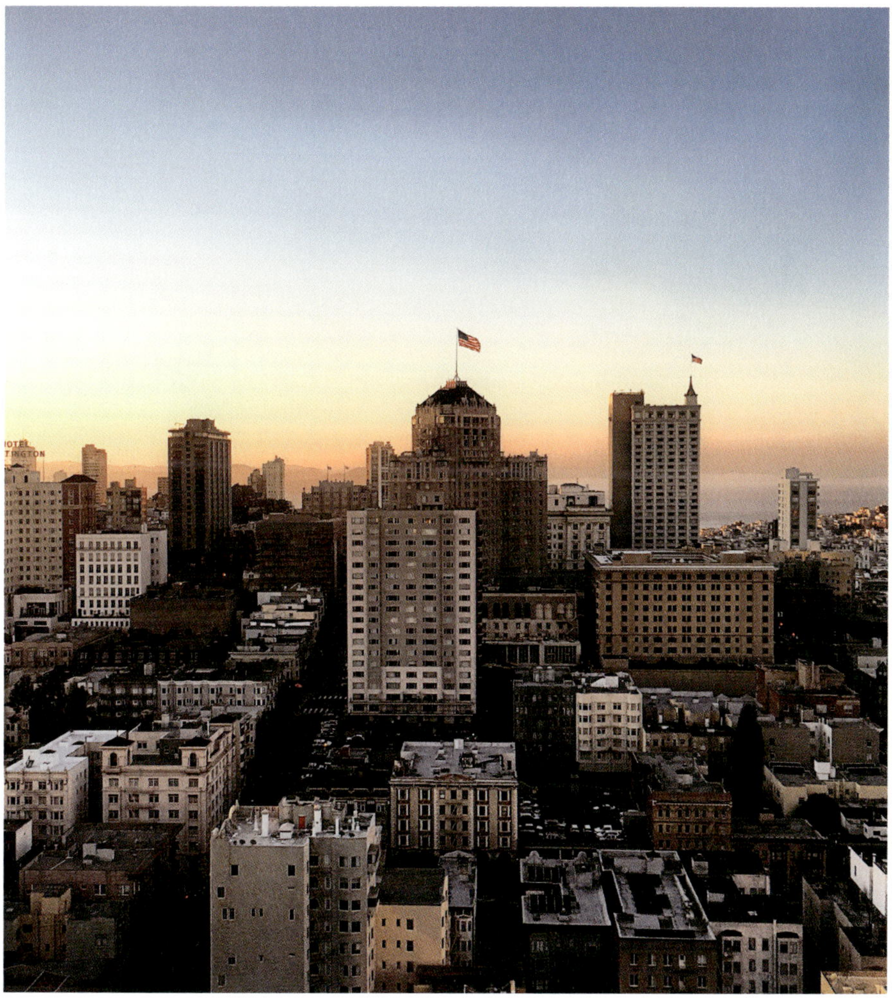

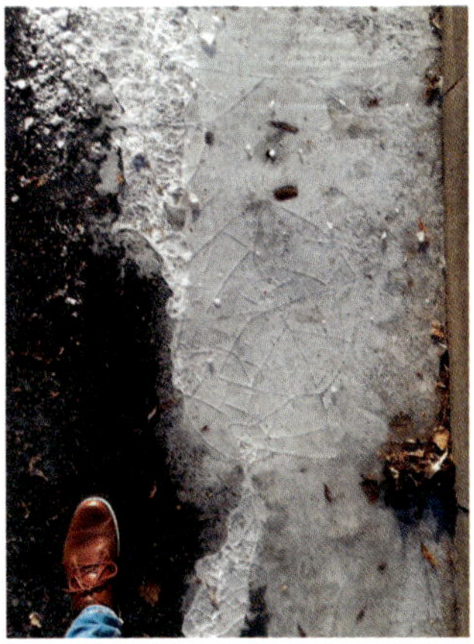

Sogenannte »Top-Shots« sind nicht nur Instagram-Klischees ...

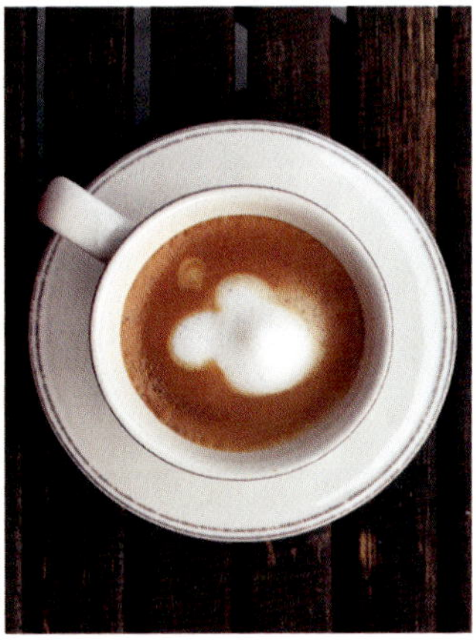

... sondern sind die einfachste Art, sonst nicht alltägliche Blickwinkel wiederzugeben ...

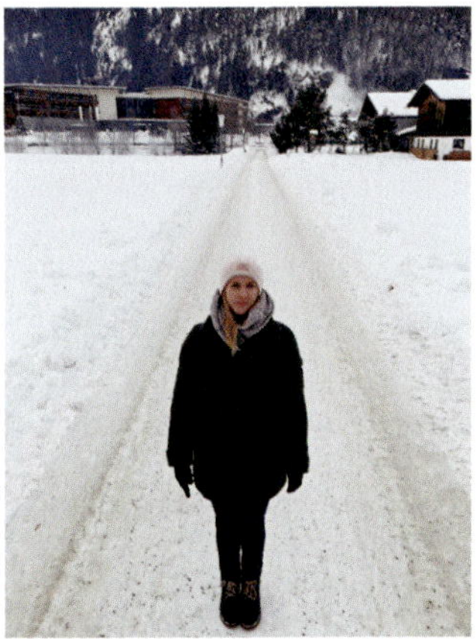

... und können in der Art der Anwendung vielseitig variiert werden.

Dann gibt es da noch die Froschperspektive. Hier ist es genau andersherum. Legt euch doch einfach mal mit eurem Smartphone – vielleicht ja irgendwo in der Stadt vor einem interessanten Gebäude – auf den Boden und fotografiert nach oben. Ih, da wird man doch schmutzig? Klar! Na und? Beim Fotografieren und Filmen lohnt es sich, nicht gerade in den tollsten Konfirmationsklamotten herumzulaufen.

In der Froschperspektive wirkt hier alles extrem mächtig und riesig. Ein ungewohnter Blick für unsere Augen.

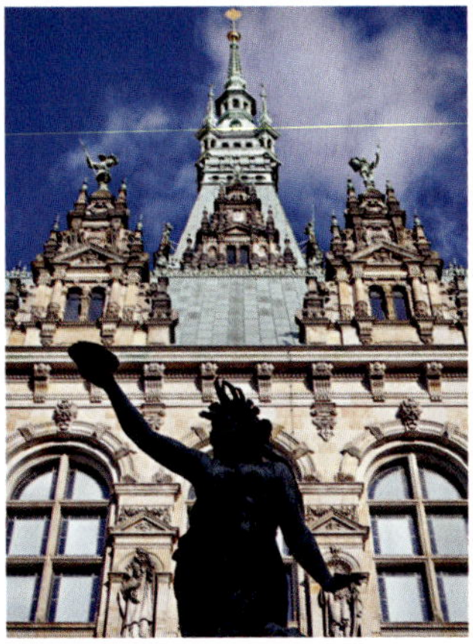

Nutzt bestehende Motivebenen (Vorder- und Hintergrund).

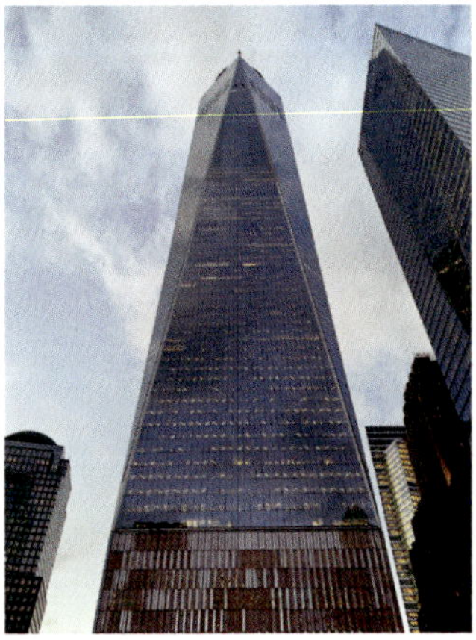

Entweder frontal oder ...

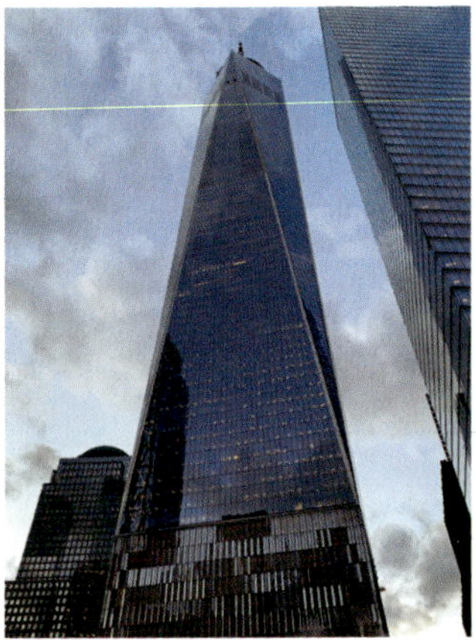

... etwas profiliger. Je nach Perspektive ändert sich auch die Wirkung eines Gebäudes.

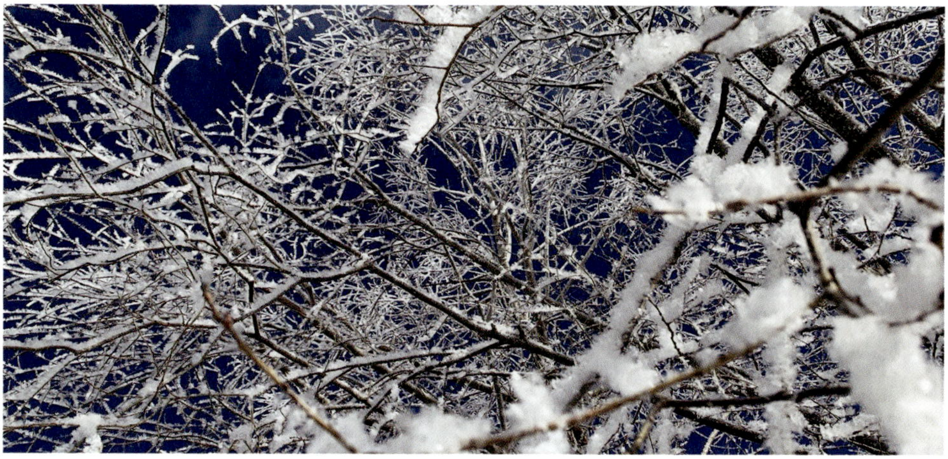

Der Blick von »unten nach oben«. Oft gemacht, nur nicht immer durchdacht.

Es wirkt gar episch. Nun, ihr müsst euch auch nicht unbedingt auf den Boden legen, sondern stellt euch einfach mal direkt unter euer Motiv – sofern möglich – und fotografiert starr nach oben. Da entstehen oft faszinierende Bilder aufgrund der ungewöhnlichen Perspektive. Ein Baum ist halt ein Baum, doch wie viele sich verzweigende Äste ein Baum hat, gepaart mit der Schneelast auf jedem einzelnen Ast, ist für unsere Augen direkt interessanter.

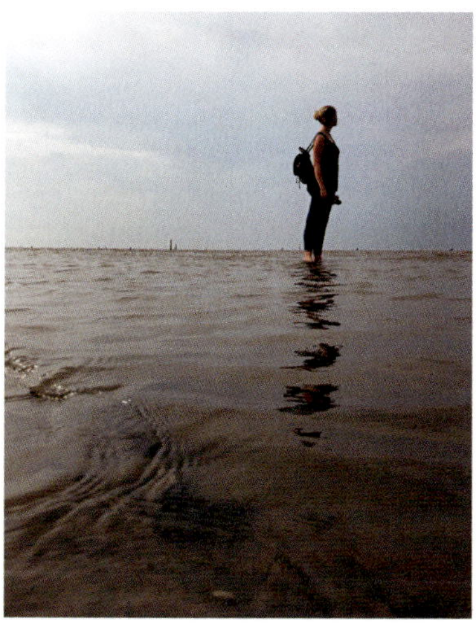

Perspektive und Motiv kombiniert: Froschperspektive mit abfallendem Vordergrund. Episch!

Außerdem lohnt es sich, in dieser Perspektive nicht nur nach oben zu fotografieren, sondern auch einmal geradeaus. Stellt euch vor, ihr seht die Welt mit den Augen eines Hundes oder einer Katze. Übrigens: Tiere sollte man immer auf der Augenhöhe des Tieres fotografieren und nicht aus der Augenhöhe von uns Menschen. Dies schafft immer Nähe und ist für uns ein ungewohnter Blick. Hier ist einfach so viel möglich, der Kreativität sind keinerlei Grenzen gesetzt. Wir waren mal weit weg, mal dicht dran. Haben mal von oben, mal von unten fotografiert. Eines ist aber sicher: Ein bisschen verrenkt haben wir uns dabei immer. Und immer ausprobiert und ausprobiert. Man kann mit diesen Tricks der Bildgestaltung so viel machen. Probiert es aus!

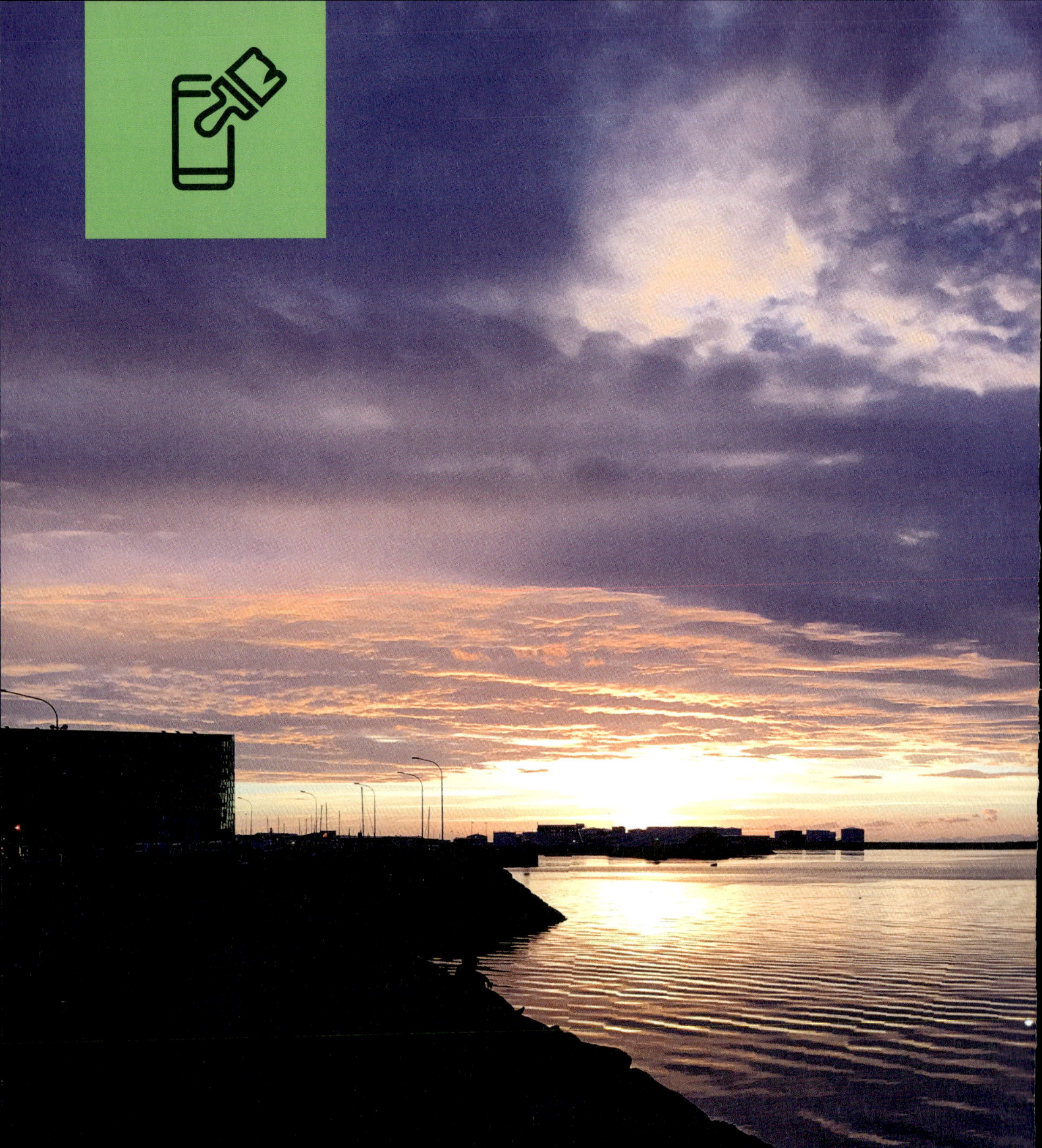

DIE RELEVANZ DER FARBEN

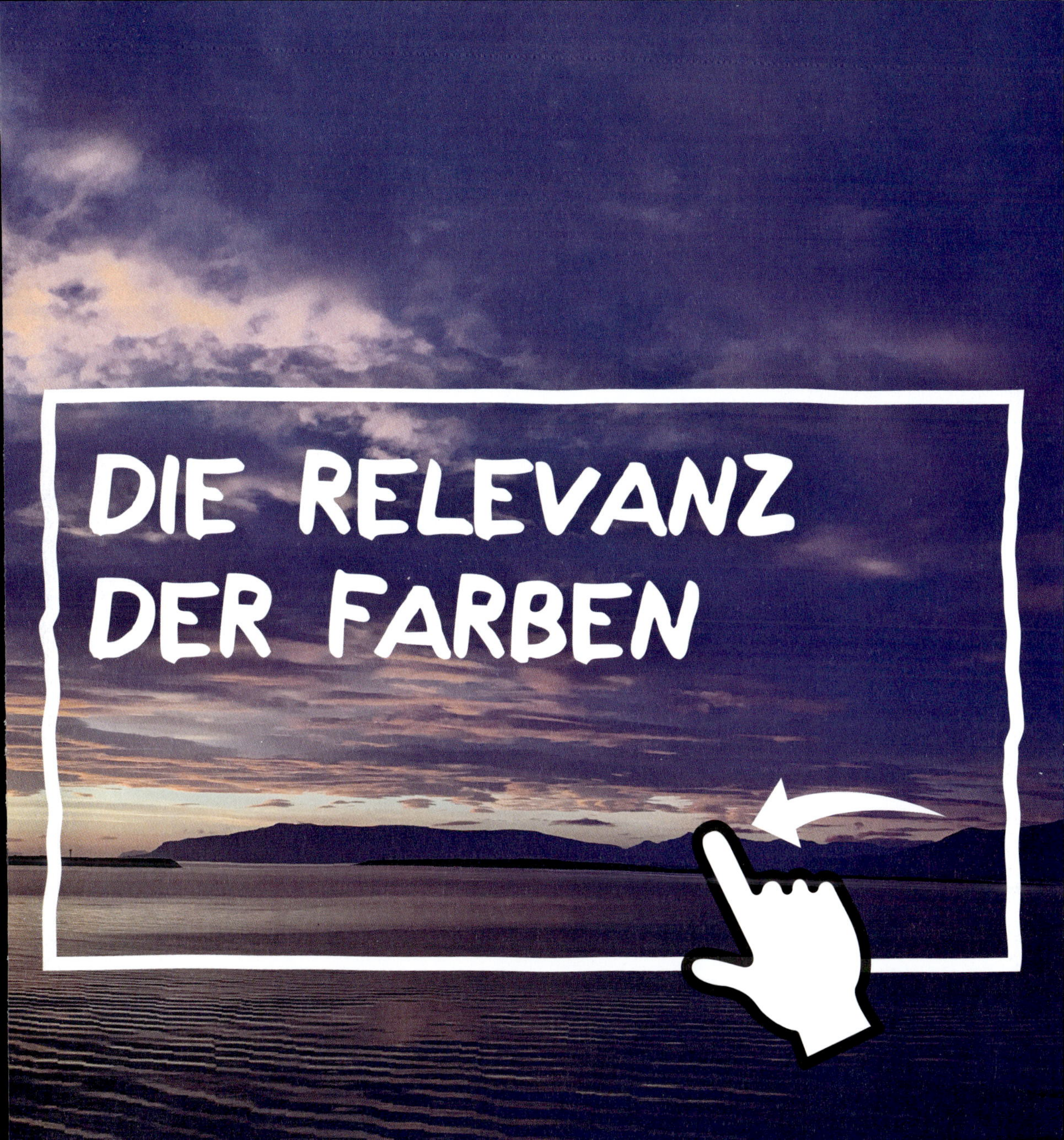

Ein Thema, das wir nicht außer Acht lassen wollen, ist das der Farben. Warum? Nun, Emotionen, die durch die Wirkung von Farben ausgelöst werden, sind enorm. Unbewusst lösen Farben in uns die verschiedensten Gefühle aus, die wir gar nicht selbst steuern können.

Farben umschreiben unsere Stimmung und unseren Gemütszustand. Farben können beruhigen, auf- sowie anregen, strukturieren und Atmosphäre schaffen. Insbesondere für die eventuelle Nachbearbeitung eures Bildes solltet ihr euch folgende Fragen stellen: Wie war euer Gefühl, die Stimmung der Umgebung? War es warm oder kalt? Welche Farbe würde euer Motiv am besten beschreiben?

Für eure Bildgestaltung solltet ihr euch auf jeden Fall Gedanken über die Farben machen. Farbkontraste sind hierbei sehr wichtig. Kontraste werden bestimmt durch Licht, Helligkeiten, Farbtöne und die Sättigung. Die Sättigung bestimmt beispielsweise die Intensität der Farben.

DIE FARBENTYPENLEHRE

Schauen wir uns hierfür erst mal Farben überhaupt an. Zurück zum Kunstunterricht und zum Malen. Erinnert ihr euch an euren Malkasten? Sagt euch der Begriff Farbkreis etwas? Damit meinen wir nicht den Sitzkreis der Menstruationsgeplagten. Wenn ihr zu den Glücklichen gehört, die Farbkreise schon mal im Kunstunterricht in der Schule gehabt haben und was mit dem nachfolgenden Bild anfangen können, herzlichen Glückwunsch! Ihr dürft gern weiterblättern. Für alle anderen, die noch nie etwas von Farbkreisen und der Wirkung von Farben auf uns Menschen gehört haben, heißt es: wirken lassen, aufsaugen, verinnerlichen, anwenden!

Dieser wunderschöne Farbkreis, entworfen 1961 von Johannes Itten, soll das Zusammenwirken von Farben erklären. Fantastisch! Johannes gilt mit diesem Farbkreis übrigens als Begründer der Farbentypenlehre. Neben diesem Farbkreis gibt es natürlich noch unzählige weitere von anderen bedeutsamen Menschen, dieser hier ist unserer Meinung nach aber am geeignetsten, da einfach und zugleich vielseitig. Wir möchten euch den Kreis kurz einmal näherbringen. In der Mitte befinden sich die Primärfarben Gelb, Blau und Rot, aus denen sich die Sekundärfarben Grün, Orange und Violett ergeben. Im zweiten Kreis sieht

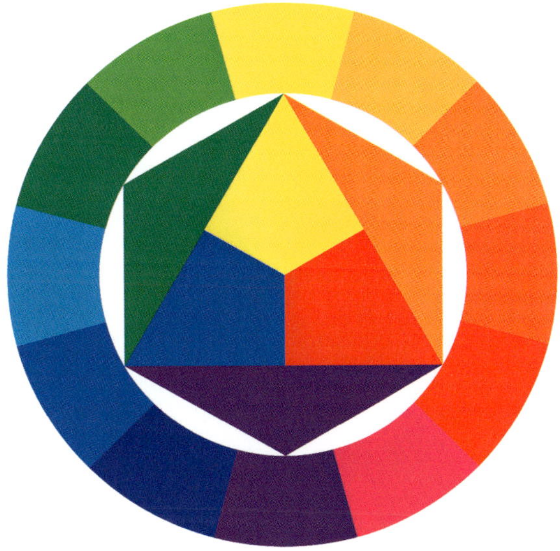

Der Farbkreis von Johannes Itten erläutert das Zusammenwirken von Farben perfekt.

man die einzelnen Farbabstufungen. Auf der rechten Seite des Farbkreises liegen die warmen und auf der linken Seite die kalten Farben. Die Farben, die sich gegenüberliegen, sind komplementär zueinander. Heißt: Sie passen gut zueinander, Kombination auf jeden Fall schön und kann man machen. Die Farben, die im Außenkreis direkt nebeneinander liegen, harmonieren ebenfalls immer gut miteinander. Um zum Kontrast an dieser Stelle zurückzukommen, könnt ihr euch Folgendes merken: In kontrastreichen Bildern stehen sich sehr helle und sehr dunkle Töne gegenüber. Am stärksten ist dabei der Kontrast zwischen Farben, die sich direkt gegenüberliegen.

So, was habt ihr denn für ein Gefühl, wenn ihr euch die einzelnen Farben anschaut? Kommt da was? Was verbindet ihr mit den einzelnen Farben? Bestimmt habt ihr schon mal Sätze gehört wie »Grün steht für Hoffnung«, »Rot steht für Leidenschaft« etc. Und ja, genau diese Assoziationen sind bedeutsam für die Wirkung und Aussage eines Bildes. Das gilt für die Smartphone-Fotografie ebenso. Ihr kennt ja heutzutage alle möglichen Filter bei Snapchat, Instagram usw. Bei Instagram gibt es so schöne Filter mit den Namen Clarendon, Juno, Crema oder Hudson. Was zum Teufel sind das für Namen? Und warum klatschen wir scheinbar wahllos irgendwelche vorgefertigten Filter auf unsere Bilder? Mal sind es wärmere und mal kältere Filter. Was wollt ihr denn mit dem Filter aussagen? Wollt ihr überhaupt damit etwas aussagen? Wow. Nun betrifft euch das Thema der Farben dann doch irgendwie, oder?

Die wichtigsten Farben und deren Wirkung auf uns Menschen sind wie folgt. Zu jeder dieser Farben haben wir Begriffe ausgewählt, die die Farbe unserer Meinung nach am besten beschreiben und deren allgemeine Wirkung darstellen. Natürlich gibt es noch die ein oder andere Assoziation mit einer Farbe, jeder kann zusätzlich Begrifflichkeiten aufgrund von individuellen Empfindungen oder Erfahrungen, ob unbewusst oder bewusst, mit einer bestimmten Farbe verbinden.

* **Schwarz:** Schwere, Oberflächlichkeit, Tod, Tiefe, Finsternis, Ruhe, Eleganz, Moderne
* **Weiß:** Vollkommenheit, Reinheit, Leere, Perfektion, Göttlichkeit, Unschuld, Schwerelosigkeit, Kälte
* **Rot:** Macht, Leidenschaft, Liebe, Krieg, Souveränität, Dominanz, Zorn, Aufmerksamkeit
* **Orange:** Optimismus, Selbstvertrauen, Lebensfreude, Kreativität, Enthusiasmus, Lebendigkeit, Intuitivität, Aufgeschlossenheit
* **Gelb:** Licht, Heiterkeit, Intellekt, Wissen, Geld, Neid, Reichtum, Geiz
* **Grün:** Harmonie, Fruchtbarkeit, Wachstum, Ausgleich, Stillstand, Balance, Gesundheit, Regeneration
* **Blau:** Ruhe, Vertrauen, Distanz, Freiheit, Sehnsucht, Passivität, Kälte, Melancholie
* **Violett:** Würde, Transzendenz, Spiritualität, Sinnlichkeit, Weisheit, Trauer, Einsamkeit, Geheimnis

Ihr seht, was Farben für eine Machtposition in einem Bild haben können. Je nachdem, in welche Farben euer Bild getaucht ist, überträgt sich diese Stimmung auf den Betrachter des Bildes. Wir können euch schlussendlich nur den Rat geben, die Farbstimmung eures Bildes nicht außer Acht zu lassen und das Thema der Farben nicht gänzlich abzutun. Versucht auch bei der Bildbearbeitung, die Farben selbst zu bearbeiten und nicht nur stumpf irgendeinen Filter draufzuklatschen. Nebenbei bemerkt: Einem Foto, das im Hochsommer bei 40 Grad im Schatten gemacht wurde, die Kälte des Winters mit einem blauen Filter raufzupressen, wird nicht funktionieren. Aber das könnt ihr euch sicher denken. Wer hier für die Bildbearbeitung mit dem Smartphone mehr machen möchte, wird in dem Kapitel über Drittanbieter-Apps zum Thema Bildbearbeitung sicher fündig.

SCHWARZ-WEISS-FOTOGRAFIE

Oh ja! Auch die Schwarz-Weiß-Fotografie ist nicht zu unterschätzen. Denn Schwarz und Weiß haben erst mal nichts mit altbackenen Oma-Fotos zu tun. Es ist eine Art der Fotografie, die ihren Ursprung zwar aus der Abwesenheit von Farbe hat, in ihrer aktuellen Form aber eine Kunst für sich ist. Darüber gibt es ganze Bücher. Es wäre Quark, hier zu bluffen und einen umfassenden Einblick vermitteln zu wollen, aber gerade im Hinblick auf Smartphones gibt es auch hier grundsätzliche Dinge, die ihr beachten könnt und solltet, wenn ihr euch für die Schwarz-Weiß-Fotografie interessiert.

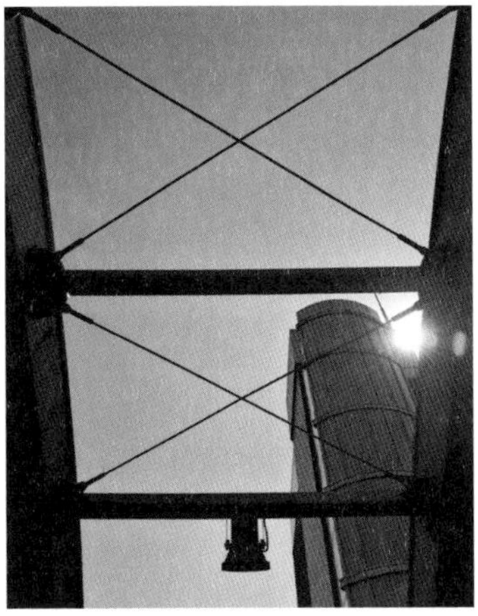

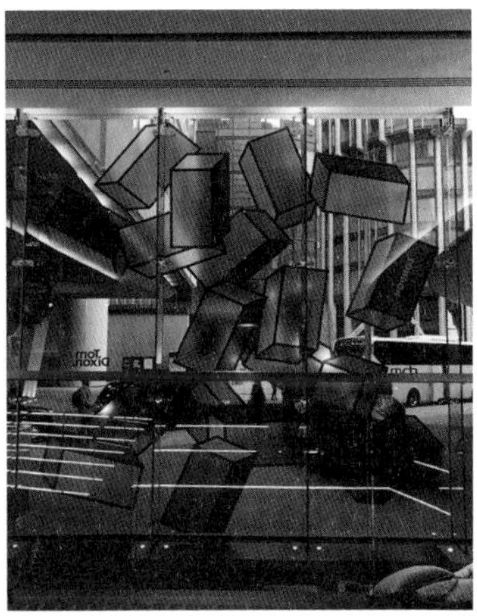

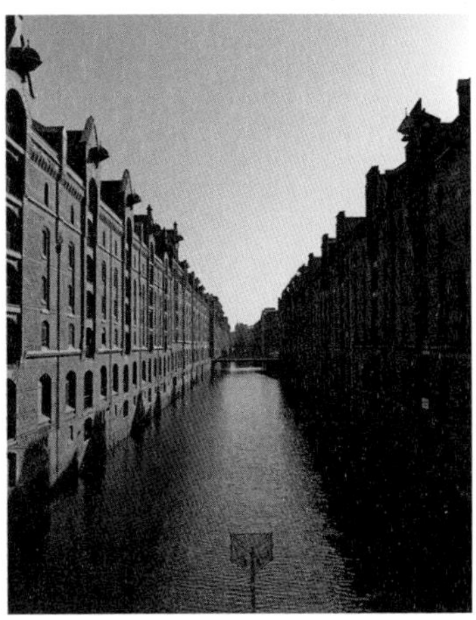

Versuchen wir S/W-Bilder doch mal zu definieren. Oft wirken Bilder hier auf eine andere Art und Weise noch intensiver und interessanter, als wenn sie bunt wären. Schon verrückt, wenn man bedenkt, dass Farbfotografie damals DIE Entwicklung in der Fotografie war und dass die Schwarz-Weiß-Fotografie trotzdem nicht gänzlich begraben wurde. Bisschen wie MP3s und Band/Vinyl. Durch S/W-Fotografie kann man Bilder alt wirken lassen, die Motive ziehen schon aufgrund ihrer Offensichtlichkeit die Aufmerksamkeit auf sich. Sie lohnt sich auch, wenn die Farben in einem Bild sowieso so schwach sind, dass sie für das Motiv unbedeutend sind. Also in etwa: Wenn man keine Farbe mehr für die Bildgestaltung zur Verfügung hat, muss man sich noch mehr auf andere Bildgestaltungselemente konzentrieren.

Und als Schmankerl obendrauf: Wie bei dem Thema ISO schon kurz angerissen, kann man mit einem hohen ISO-Wert und dem damit einhergehenden Bildrauschen einen tollen Bezug zur Nostalgie in der Schwarz-Weiß-Fotografie herstellen und das Rauschen als Stilmittel einsetzen. Aber was sagen unsere Testkandidaten dazu? Nun, um ehrlich zu sein, hilft uns hier nur ein Smartphone weiter: das Mate und in diesem Falle das P20 Pro. Alle anderen sehen S/W-Fotografie nur als »Effekt«, Huawei hingegen als echten Foto-Modus, denn es gibt einen »echten« Monochrom-Modus zum Fotografieren.

Aber wozu dieser extra Monochrom-Sensor? Wieso kann man nicht einfach nur ein Farbfoto nachträglich »entsättigen«, also die Farben rausziehen? Ganz einfach: Qualität. Ein Schwarz-Weiß-Sensor fotografiert anders als ein Farbsensor.

Ein S/W-Sensor verarbeitet feine Details und Farbunterschiede in ein abgestimmtes Schwarz-Weiß-Bild mithilfe von Schwarz-Weiß- oder Graustufen-Informationen.

Ein Farbsensor hingegen kümmert sich um das korrekte Abbilden von Farbabstufungen und Details mit Farbinformationen. Das macht einen Heidenunterschied. Seht selbst:

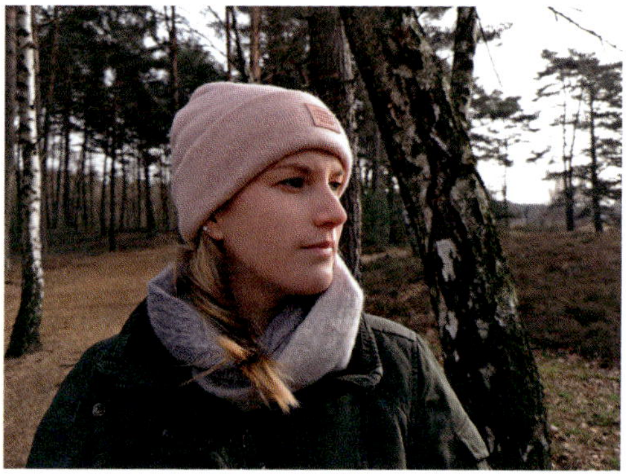

Das Ausgangsfoto. Ganz klassisch in Farbe aufgenommen.

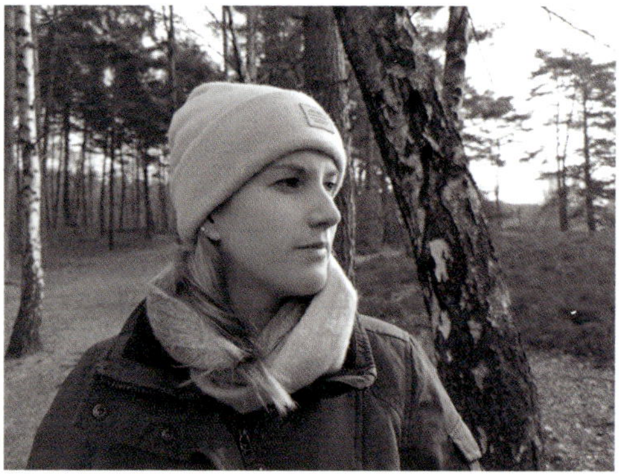

Das ist das obere Foto komplett entsättigt. Die Wirkung ist eher fad.

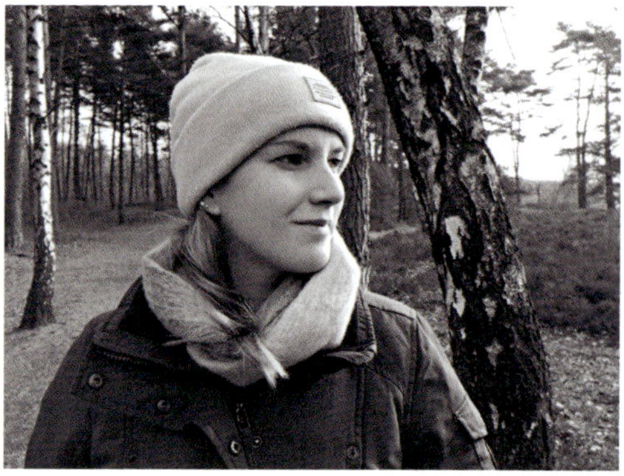

Das ist das obere Motiv im Schwarz-Weiß-Modus/ mit dem Monochrom-Sensor aufgenommen. Viel plastischer, gar lebendiger.

Das entsättigte Farbfoto links beinhaltet deutlich weniger Kontrast und Details als das echte S/W-Foto vom Monochrom-Sensor rechts. Es wirkt lebendiger, das Motiv erscheint plastischer, gar kunstvoller aufgrund der korrekt eingefangenen Motivsituation.

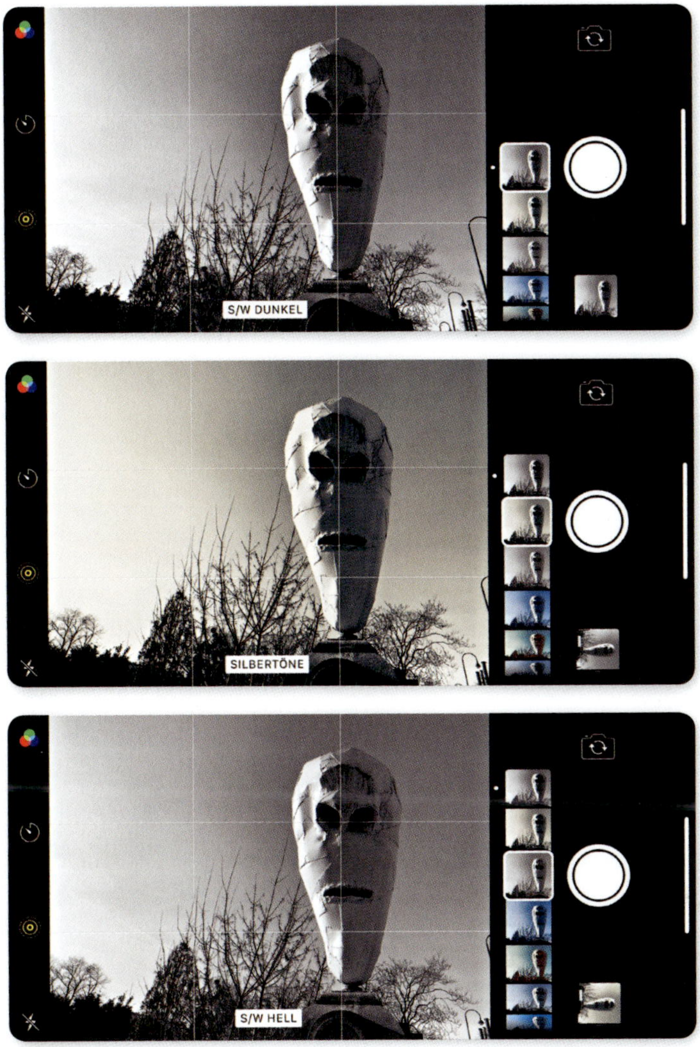

Die unterschiedlichen Einstellungsmöglichkeiten bei der Schwarz-Weiß-Fotografie.

Ach, und was wir vorhin mit »Effekt« meinten, seht ihr beispielsweise bei Apple. Beim iPhone sieht die Oberfläche zum Bearbeiten eurer ganz normal aufgenommenen Farbfotos in etwa so aus: Hier könnt ihr zwischen »s/w hell«, »Silbertöne« und »s/w dunkel« auswählen.

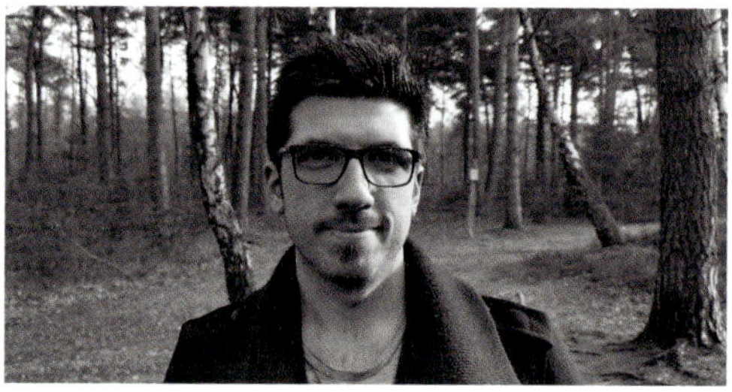

Hier wurde dem grünen Farbkanal die Präsenz genommen ...

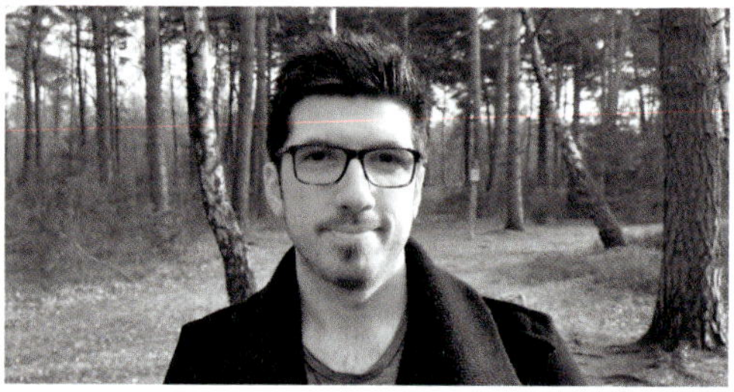

... hier dem roten ...

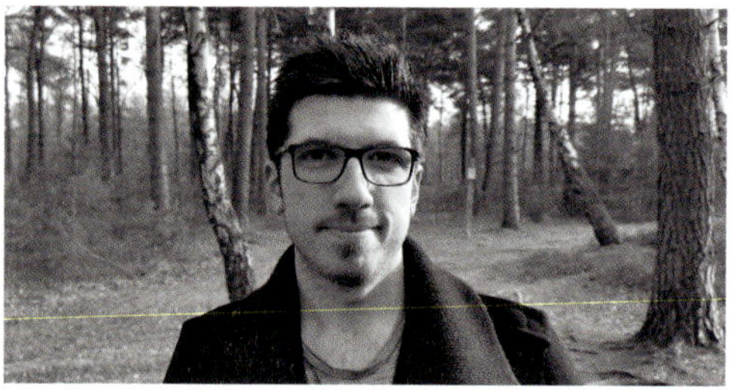

... und hier dem blauen Farbkanal.

Genau genommen sind solche Auswahlmöglichkeiten aber ein guter Trick, um entsättigte Farbfotos zu kaschieren. Denn mit dem Spielen an den S/W-Effekten lassen sich entsprechende Farbinformationen für das S/W-Foto so umlegen, als hätte es sie nie gegeben, oder umgekehrt so, dass das S/W-Foto noch den letzten Feinschliff an Kontrast oder Details bekommt.

Diese Technik nennt sich Farbkanalumwandlung, denn jedes Bild (ja, JEDES Bild) besteht aus drei Grundfarben/Farbkanälen: Rot, Blau und Grün.

Je nachdem, welchen Farbkanal ihr wie stark der Farbe entraubt, ändert sich auch entsprechend die Nuancierung und Akzentuierung eures Schwarz-Weiß-Fotos, da jeder Kanal für einen Ausdruck steht. Hauptsache, am Ende ergeben die Kanäle wieder 100 Prozent Gesamtwert.

Puh, zugegeben, diese Herangehensweise erfordert Übung und Erfahrung. Immerhin wird hier fast alles von Automatiken übernommen. Es gäbe aber auch eine manuelle Anpassungsmöglichkeit. Bei Huawei sogar von Haus aus, bei allen anderen über Drittanbieter-Apps. Aber wie wir alle wissen: Übung macht den Meister, um Schwarz-Weiß-Fotografie meistern zu können.

DER RGB-FARBRAUM

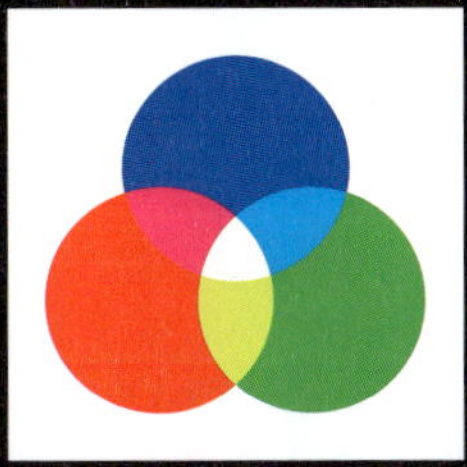

RGB ist ein Farbraum, der mit den Grundfarben Rot, Grün und Blau gebildet wird. Dieser Farbraum wird bei Monitoren, Fernsehern oder Smartphones benutzt, eben überall da, wo es um Licht geht. Deswegen werden die Farben Rot, Grün und Blau auch als »Lichtfarben« bezeichnet und sind nicht im Druck wiederzugeben, da das Mischen der Lichtfarben auf Druckstoffen nicht möglich ist (rotes Licht + grünes Licht + blaues Licht = weißes Licht, aber rote Farbe + grüne Farbe + blaue Farbe = Matsch).

Also nicht zu verwechseln mit »CMYK« und auch nicht zu verwechseln mit dem Farbkreis. Alle drei RGB-Farben können einen technischen Wert von 0 bis 255 haben, sodass für jede Farbe theoretisch 256 Abstufungen erschaffen werden können.

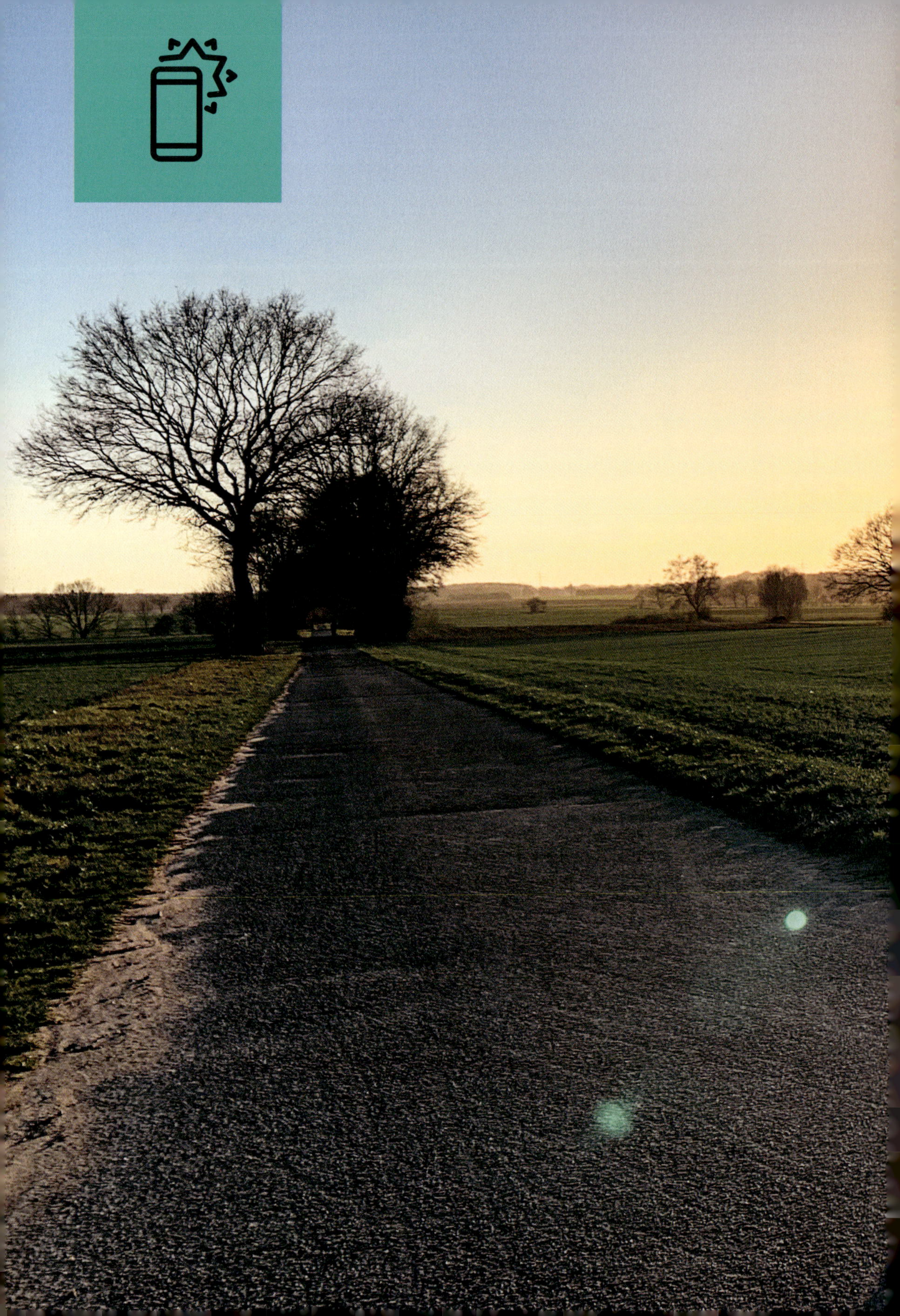

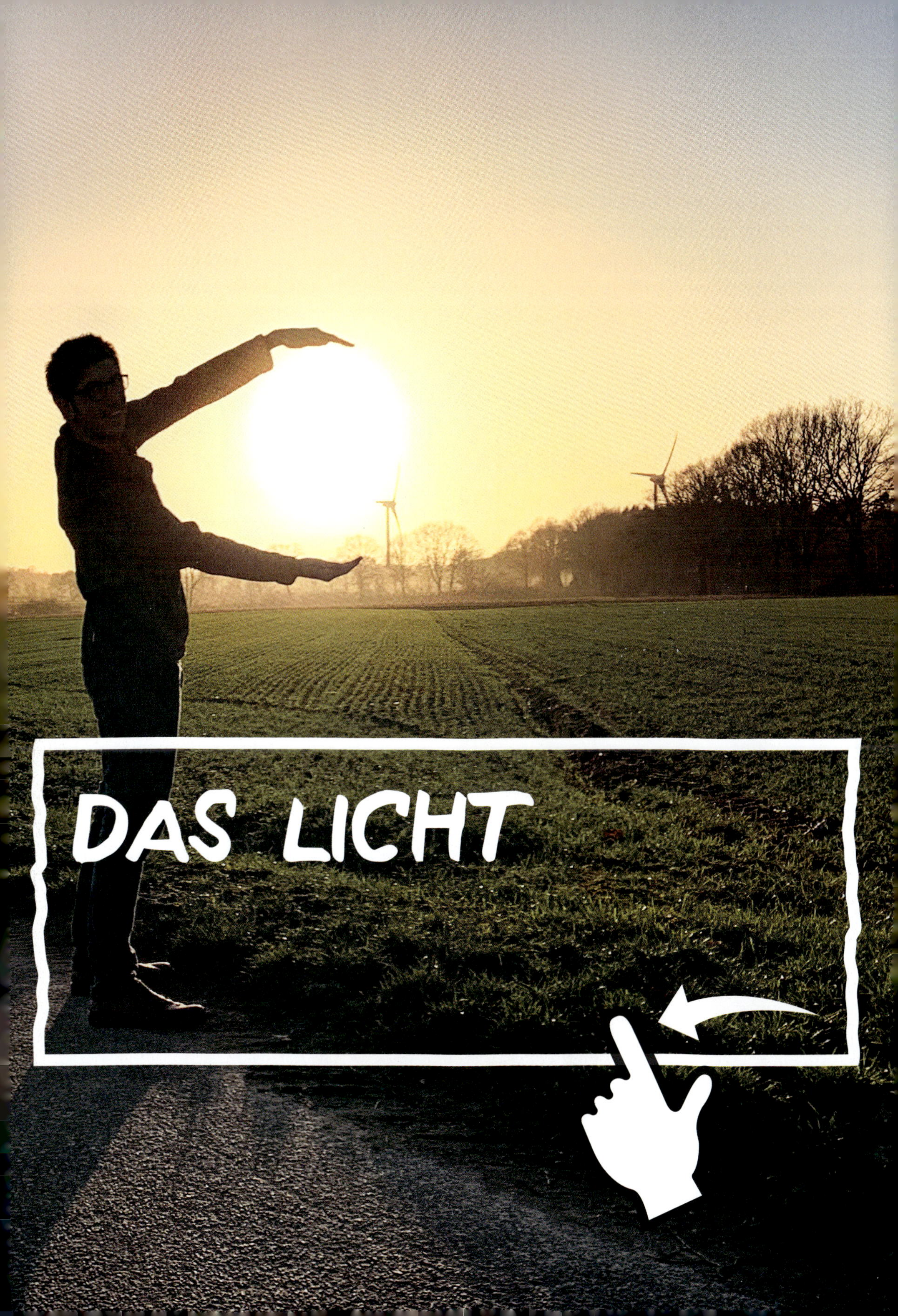
DAS LICHT

Es geht nicht immer nur darum, das beste Licht zu haben, sondern aus der vorhandenen Situation das Beste herauszuholen. Wir sind absolut keine Freunde vom Blitz, vor allem nicht von dem automatischen Blitzauslöser der Smartphone-Kamera. Den könnt ihr direkt mal auf manuell einstellen. Jetzt. SOFORT!

Blitze töten so oft so schöne Situationen und Momente. Wenn man wirklich fotografieren möchte, kann man nicht immer auf perfekte Lichtsituationen warten – vor allem nicht, wenn man wie wir in Hamburg lebt. Macht euch dafür erst einmal klar, dass es natürlich den ganzen Tag über andere Lichtverhältnisse gibt. Eben diese unterschiedlichen Lichtverhältnisse wirken sich auch auf die Stimmung eurer Bilder aus, denn auch hier sind die Farben – je nach Tageszeit – unterschiedlich.

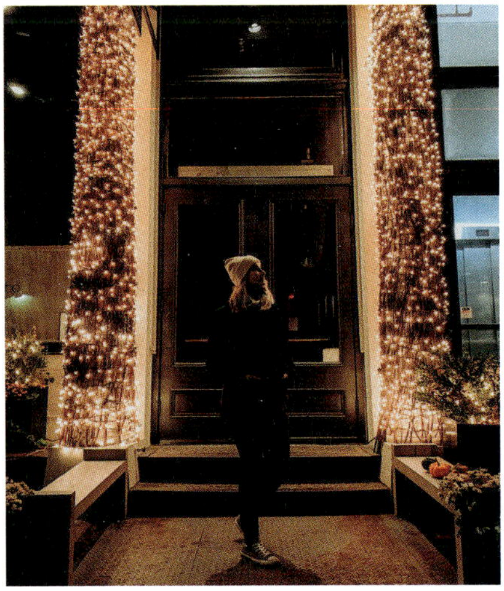

Licht ist nicht nur dazu da, etwas zu beleuchten. Licht kann noch so einiges mehr.

Das Bild links haben wir im Dunkeln aufgenommen. Als wir an diesem Haus vorbeigingen, fanden wir die Stimmung der einerseits alten Haustür in der Kombination mit der modernen Weihnachtsbeleuchtung irgendwie schön. Wenn wir da nun den Blitz des iPhones angemacht hätten, nur um mich aufzuhellen … Wouhu. Stimmung kaputt. Man hätte nicht mehr verstanden, warum wir die Atmosphäre da schön fanden.

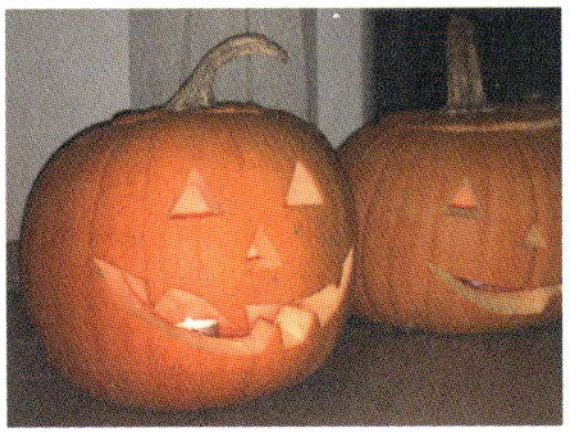

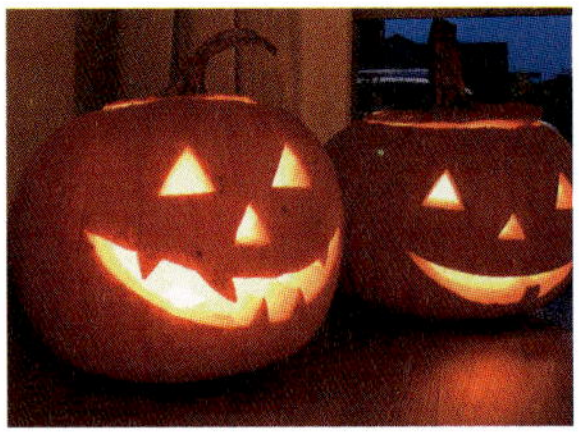

Selbst das langweiligste Beispiel der Welt mit Halloween-Kürbissen zeigt deutlich, warum ein Blitz ein wahrer Stimmungskiller sein kann. Mit Blitz: fad und trostlos. Ohne Blitz: gruselig schön. Wenn ihr also nicht das geschnitzte Gesicht an sich fotografieren, sondern eher die durch den Kürbis erzeugte Stimmung einfangen wollt, dann spart euch bei »atmosphärischen Aufnahmen« den Blitz unbedingt.

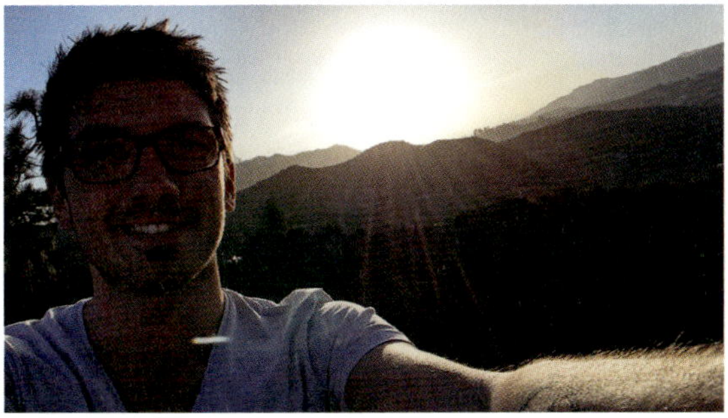

Typisches Gegenlicht-Foto. Hintergrund richtig belichtet, Vordergrund nicht.

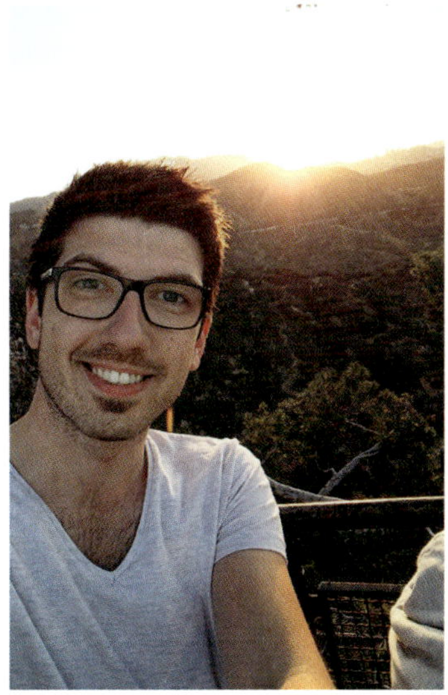

Mit dem LED-Blitz oder dem Display-Blitz kann der Vordergrund jedoch »aufgehellt« werden. Einen Blitz zu nutzen – auch wenn es richtig hell ist – kann also sinnvoll sein.

Selbstverständlich gibt es hier noch ein großes Aber, denn: Bei starkem Gegenlicht kann ein Blitz als Aufheller sehr nützlich sein und euch helfen, wie hier zum Beispiel bei dem Selfie von Alex. Ohne Blitz ist sein Gesicht viel zu dunkel und man kann nicht so viel erkennen. Mit Gegenblitz ist sein Gesicht stattdessen viel heller und sieht natürlicher aus.

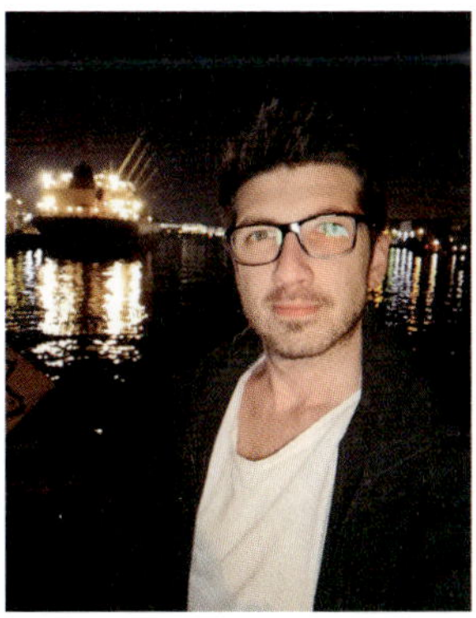

Wie oben, nur im Dunkeln. Mit frontalem Display-Blitz ...

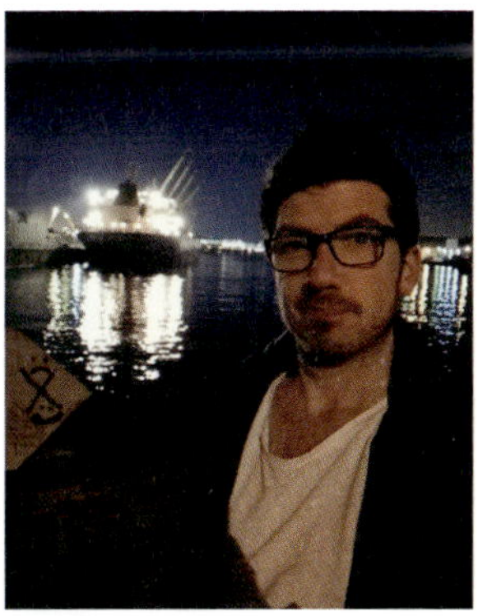

... und ohne Display-Blitz.

Aber auch im Dunkeln kann ein Blitz als Aufheller dienen, egal ob bei Selfies oder anderen Fotos mit einem hellen Hintergrund und einem (zu) dunklen Motiv im Vordergrund. Und das Beste dabei: Displays sind nicht umsonst so hell, dass wir beim Checken unserer WhatsApp-Nachrichten direkt nach dem Aufstehen fast erblinden. Also: Warum nicht nutzen? Zack, mutiert – neben der Foto-LED als Möglichkeit – auch das (Hintergrund-)Licht des Displays zum aufhellenden »Blitz«. Diese Funktion (Front-Blitz) unterstützen alle unsere Testkandidaten und unseres Wissens so gut wie jedes aktuellere Smartphone auch. Doch wie kann man sich nun ohne Blitz die verschiedenen Tageszeiten und Lichtverhältnisse zunutze machen?

DAS MITTAGSLICHT

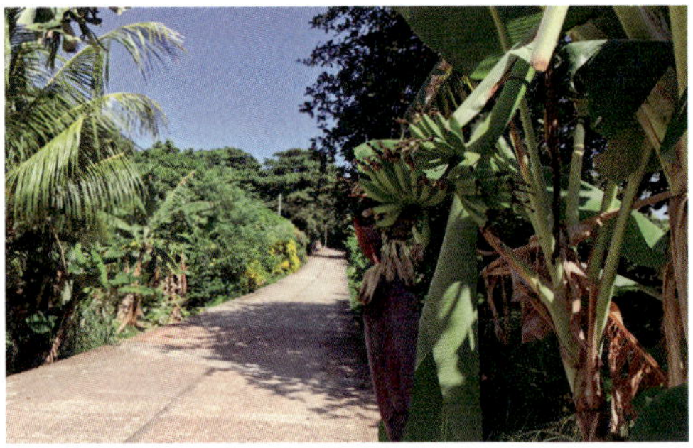

Nicht nur das schönste, sondern auch vielseitigste Licht und im Sommer ohne lange Schatten.

Das Mittagslicht ist wirklich scheiße. Da macht sich keiner was vor. Viele Fotografen machen mittags lieber ihr Mittagsschläfchen oder nutzen die Zeit, um die Bilder von morgens zu bearbeiten, denn für Fotos ist das Mittagslicht oft nicht zu gebrauchen. Doch warum ist das so? Es ist nicht nur heiß und voll auf den Einkaufsstraßen, auch Farben sehen weniger kräftig aus, die Kontraste sind enorm hoch und es gibt harte Schatten/Schlagschatten, die besonders in Gesichtern unschön sind – wenn man nicht eh schon von den zusammengekniffenen Augen abgelenkt ist. Natürlich kann man trotzdem das Mittagslicht nutzen, wenn man damit etwas Bestimmtes bewirken will. Es schränkt jedoch ein, das sollte euch bewusst sein.

Aber ja, vor noch gar nicht allzu langer Zeit war es DAS Licht, damit die funzeligen Smartphone-Kameras überhaupt was sehen konnten. Die Zeiten sind jedoch rum. Viel Licht hilft nicht mehr viel.

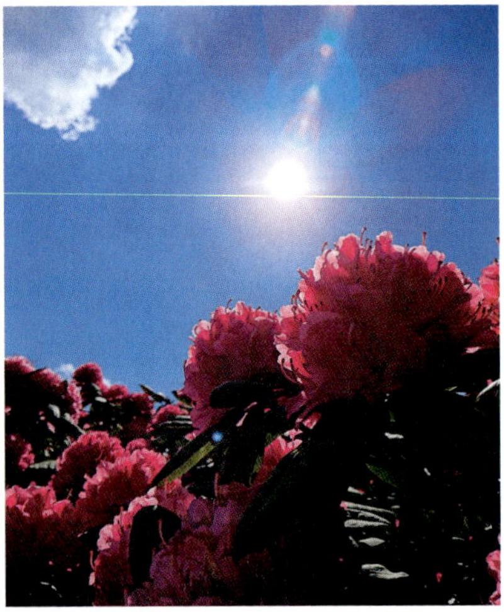

Froschperspektive kombiniert mit negativem Raum und einer Wolke als Anekdote.

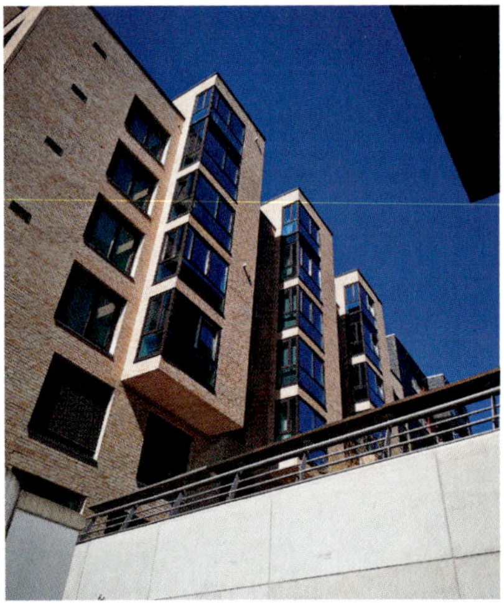

Cleaner Himmel = cleane (geradlinige) Gebäude. Oder auch: Wenn der Himmel nicht vom ohnehin schon wilden Vordergrund ablenken soll. Einfach Aussagen kombinieren.

DIFFUSES ODER RICHTUNGSNEUTRALES LICHT

Bei uns hier in Hamburg haben wir wohl recht häufig diffuses Licht, daher sind wir meist gediegen, depressiv und antriebslos … ich meine … daher kommen wir oft nicht drum herum, mit dieser Art der Belichtung aufzunehmen. Doch es ist eigentlich gar nicht mal so schlecht, wenn der Himmel bewölkt ist und die Sonne nicht zu sehen ist. Partywissen-Test: Warum nennt man es richtungsneutrales Licht? Weil man nicht mehr ausmachen kann, woher die Sonne kommt. Großer Pluspunkt: Es gibt keine doofen Schatten, denn alles wird gleichmäßig ausgeleuchtet. Alles wirkt so viel weicher, glatter, vereinfacht und kontrastarm.

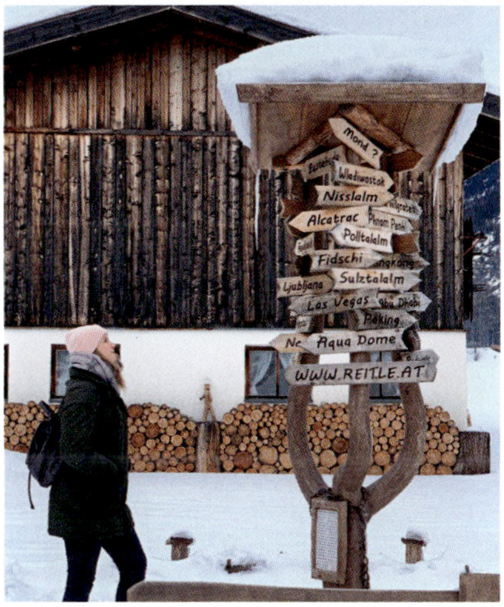

Keine Schatten, kein Problem. Alles wirkt wie aufwendig ausgeleuchtet.

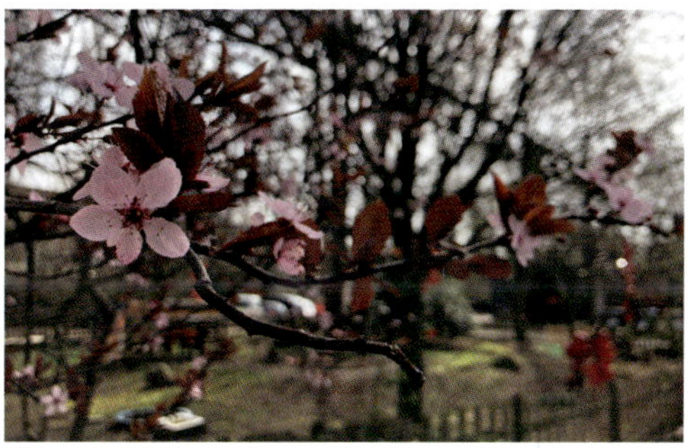

Diffuses Licht ermöglicht auch Detail- und Makro-Aufnahmen ohne (Licht-)Zubehör.

DIE GOLDENE STUNDE

Als Goldene Stunde bezeichnet man die Zeit unmittelbar nach Sonnenaufgang und die direkt vor Sonnenuntergang. Für Menschen, die das Wort Fotografie nicht nur schreiben können, sondern auch leben wollen, ist es DAS Licht! Dieses Licht ist intensiv, lebhaft und kräftig. Alles bekommt durch die Sonne einen intensiven Touch, je nach Zeit eher rötlich, eher orange, teilweise aber auch violett oder bläulich.

Da wir – anders als bei dem diffusen Licht – hier genau wissen, woher die Sonne kommt, kann man auch tolle Silhouetten erzeugen.

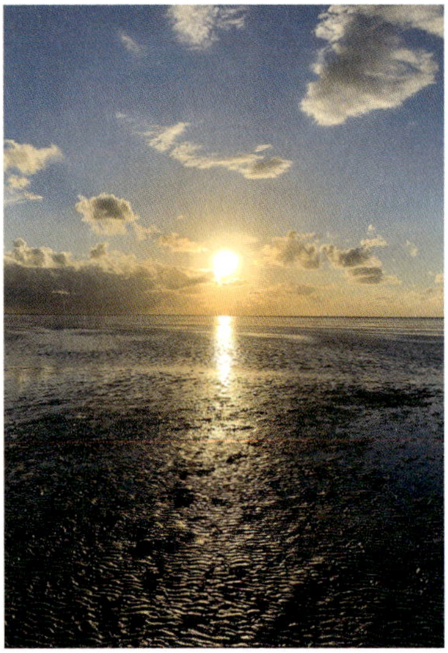

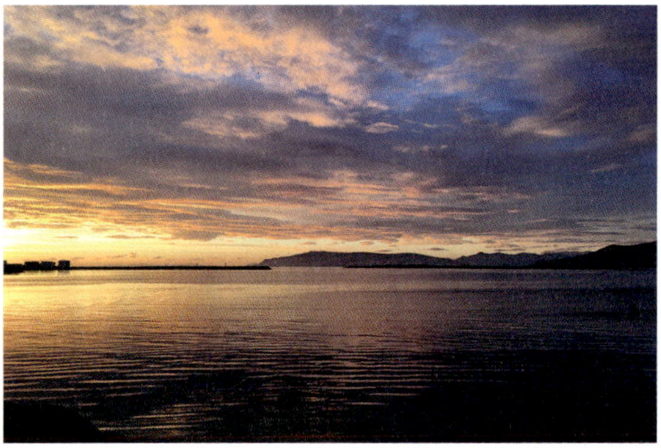

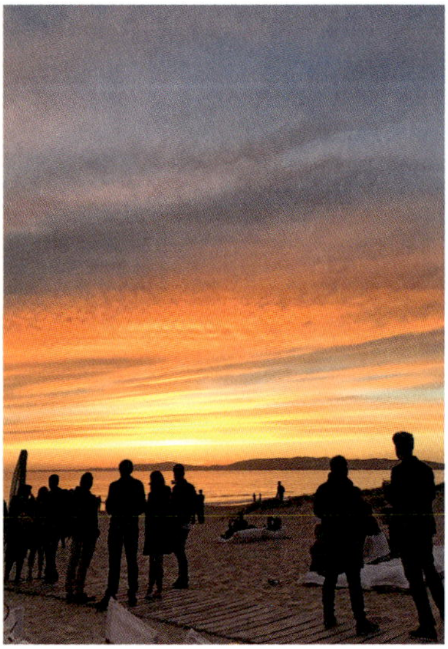

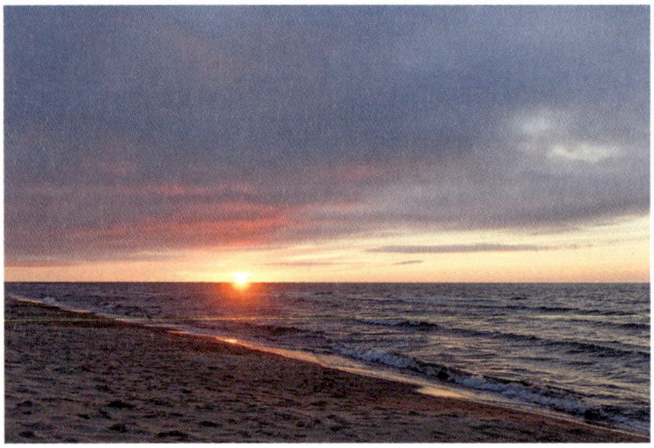

Da sind wir wieder bei den Farben und wie sie beim Betrachten des Bildes wirken. Stimmung. Stimmung. Stimmung! Und derart strotzend vor Stimmung gehen wir nahtlos über zur Blauen Stunde.

EXKURS: FLARE

Wusstet ihr, dass man mit Licht richtig spielen kann? Besser gesagt, mit den Sonnenstrahlen. Während viele Fotografen gerne die Sonnenblende an ihr Objektiv schrauben, um genau diesen Effekt nicht zu bekommen, sind wir absolute Fans davon. Ja, eigentlich gelten und galten (unkontrollierte) Lichteinstrahlungen als Fehler. Wie im Film. Doch die Anstrengungen, diesen Fehler zu beheben, sind für viele enorm. Und da ihr bei Smartphones eine Sonnenblende sowieso nicht habt, umso besser! Am besten und am einfachsten könnt ihr Flares bei tiefstehender Sonne (Sonnenauf- oder -untergang) erzeugen und indem ihr die Sonne hinter eurem Motiv leicht hervorgucken lasst, ansonsten müsst ihr euch ganz schön Richtung Boden bewegen und nach oben fotografieren, um einen Flare hinzubekommen.

Es gilt hier (insbesondere beim Mittagslicht, da die Sonne hier sehr hoch steht) sowieso: Bewegt euch um eurem Motiv herum, findet die Sonne! Ihr könnt also tolle Flares direkt selbst erzeugen und nicht künstlich im Nachhinein in das Foto einbauen. Künstliche Lichtpunkte sieht nicht nur das geschulte Auge, sondern auch Laien – immer. Mit natürlichem Licht können dabei so verrückt viele unterschiedliche Flares entstehen. Überraschungseffekt garantiert! Oh, und: Habt ihr eure Dual Camera, dann nutzt den Zoom und »staucht« die Sonne mehr ins Bild. Noch ein Stück intensiver als im Weitwinkel.

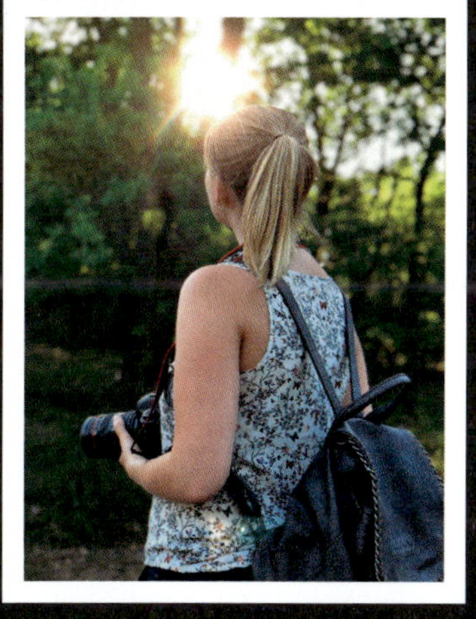

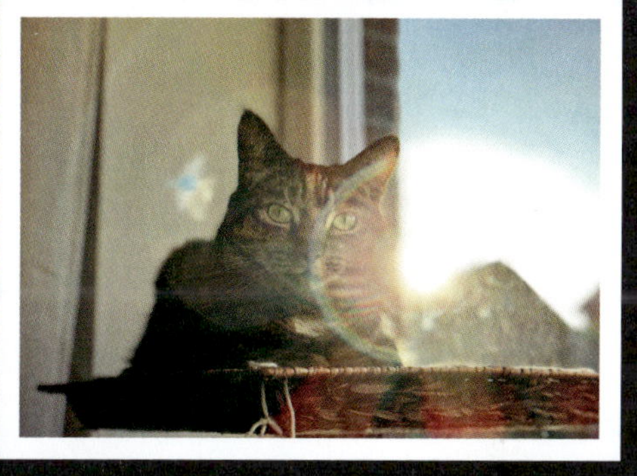

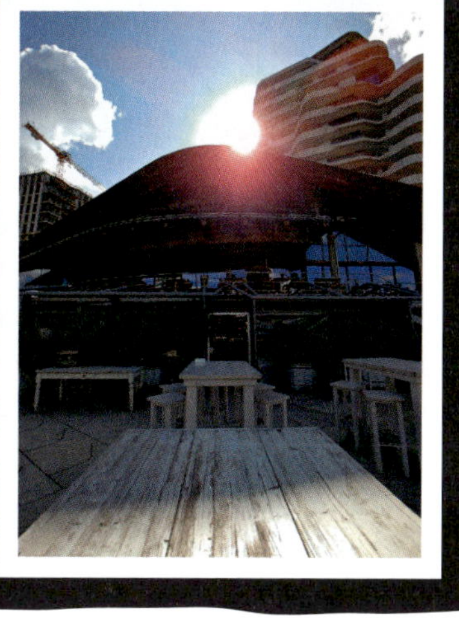

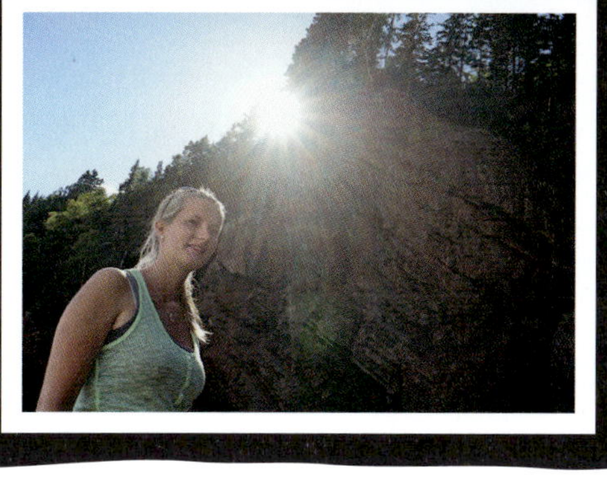

DIE BLAUE STUNDE

Hier sind wir wieder. Stimmung. Stimmung. Stimmung!

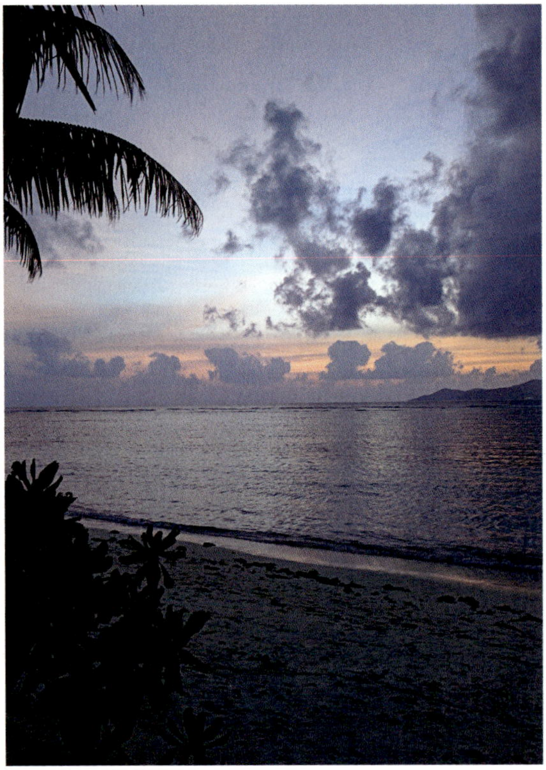

Die Blaue Stunde bezeichnet die Zeit zwischen Dämmerung (nach Sonnenuntergang) und völliger Dunkelheit. Ebenso gilt dies auch für morgens, wenn es noch dunkel ist und bevor die Sonne aufgeht.

Die Blaue Stunde erzeugt ein tiefblaues Licht am Himmel, währenddessen meist schon oder noch die Beleuchtung einer Stadt eingeschaltet ist, der Himmel ist jedoch immer noch oder bereits ausreichend hell. Es gibt hier drei Dämmerungsphasen:

- Bei der bürgerlichen Dämmerung ist die Sonne schon untergegangen, es gibt aber noch ein wenig Licht des Sonnenuntergangs. Das Licht kommt hier aus keiner bestimmten Richtung mehr, ist also richtungsneutral.
- Bei der nautischen Dämmerung ist die Sonne schon weiter vom Horizont entfernt. Man kann den Horizont noch erkennen, mittlerweile sind die Sterne zu sehen. Das Licht ist hier ebenso richtungsneutral, ihr könnt mit bloßem Auge aber keine Details mehr erkennen.
- Die astronomische Dämmerung ist hingegen die Dunkelheit in Person. Die Sterne sind da und wir befinden uns jetzt schon in der Nachtfotografie.

FOTOGRAFIEREN BEI NACHT

Bei der Nachtfotografie bekommt man wieder einen ganz anderen Blick auf Motive. Es gibt keine Sonne mehr, die unser Motiv umhüllt, sondern unsere Motive können nur noch mithilfe von Kunst- oder Mondlicht hervorgehoben werden.

Für das Fotografieren oder auch Filmen bei Nacht benötigen wir in der Regel eine lange Belichtungszeit, ansonsten können Motive unscharf werden. Ihr erinnert euch an die Verschlusszeit, ja? Vorbeifahrende Autos würden zum Beispiel nur noch als Lichtstreifen erkennbar sein. Helfen kann euch hierbei definitiv ein Stativ, was bei sehr langen Verschlusszeiten ein gutes und notwendiges Hilfsmittel ist. Fotografiert ihr aus der Hand ohne Stativ, ist das Bild am Ende schnell verwackelt (Ausnahme: Nachtmodus). Natürlich kann man jetzt hier mit dem Blitz aufwarten, aber dieser ist zu schwach. Hierdurch können andere Bildelemente unter Umständen weiterhin dunkel bleiben.

Witzig sind auch immer die Menschen, die versuchen, ein Feuerwerk mit Blitz zu fotografieren. Da kann man jedes Mal nur die Hände über dem Kopf zusammenschlagen. Hier mit Blitz zu fotografieren, wäre wohl genauso sinnlos, wie einen Gürtel ohne Löcher zu tragen. In der Nachtfotografie ist ein Blitz absolut verboten. Ja, das sagen wir so. Man würde die Stimmung einfach kaputt machen und sie totblitzen.

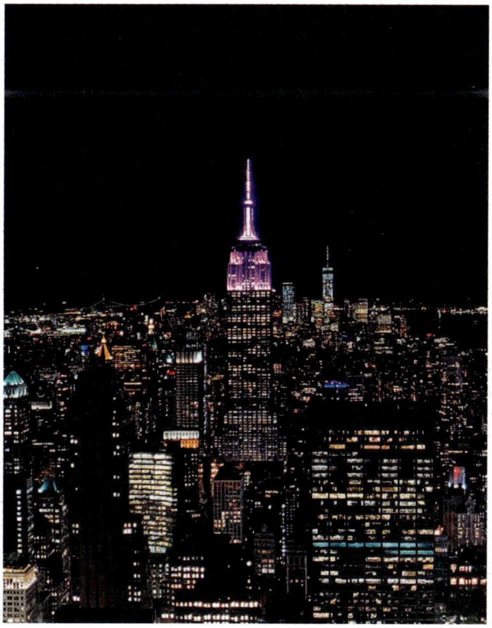

Fun fact, der gar nicht so funny ist: typisches Beispiel für Lichtverschmutzung. Sterne? Fehlanzeige!

Genauso verhält es sich beim Foto links der New Yorker Skyline. Hier ist unser Motiv außerdem so weit weg, da würde ein Blitz kaum etwas ausrichten können. Andererseits, wenn unser Motiv dicht dran ist, beleuchtet der Blitz das Motiv oftmals viel zu hell und der Hintergrund bleibt schwarz. Das ist also nicht das, was wir wollen und was wir mit unseren Augen als »Sieht toll aus, müssen wir fotografieren« wahrnehmen. So sieht es am Ende nämlich nicht mehr aus.

NACHT-MODI

Die sogenannten Nacht-Modi sind tatsächlich erst seit sehr kurzer Zeit ein viel gehyptes Luxusfeature, das nur wenige Smartphones diskussionswürdig meistern können. Genau genommen hat erst Huawei 2018 das Thema so richtig ernst genommen und für die breite Masse nicht nur zugänglich, sondern auch erfahrbar gemacht. Das P20 Pro sollte das erste Telefon sein, das endlich auch bei Nacht Fotos schießen konnte, die nicht nach wenigen Minuten wieder im digitalen Mülleimer landen müssen, weil sie so verpixelt, verrauscht, verwackelt oder versonstwas sind. Dies sogar ohne Stativ oder sonstiges Zubehör, sondern einfach aus der Hand und im richtigen Moment. Nach und nach übernahmen weitere Hersteller diesen Modus, beispielsweise Google mit dem Pixel 3 und dessen »Nachtsicht«-Modus oder Apple beim iPhone Xs, wobei sich der Nachtmodus beim iPhone im »Smart HDR«-Feature versteckt und nicht bewusst ausgewählt werden kann. Wir zeigen euch diese Nachtfunktion einmal an einem einfachen Beispiel.

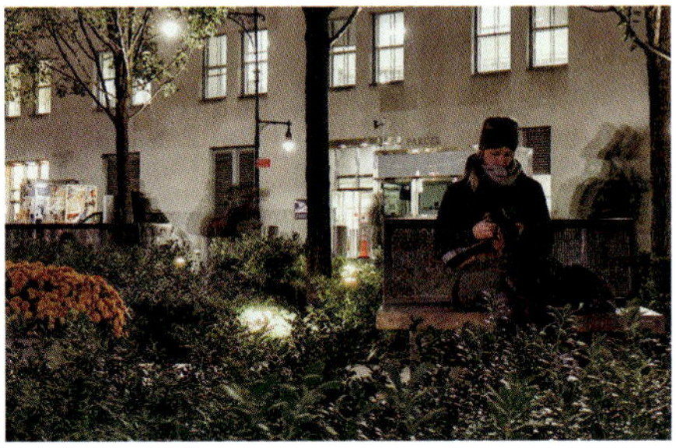

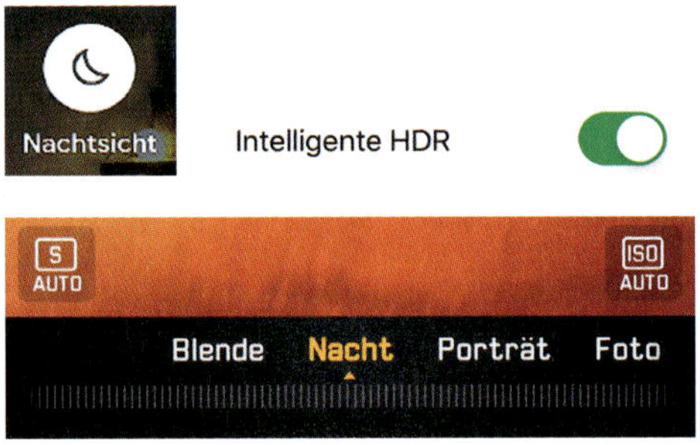

Nachtaufnahmen haben viele Gesichter. Jedes Smartphone zeigt sein Nacht-Potenzial in einem anderen Gewand.

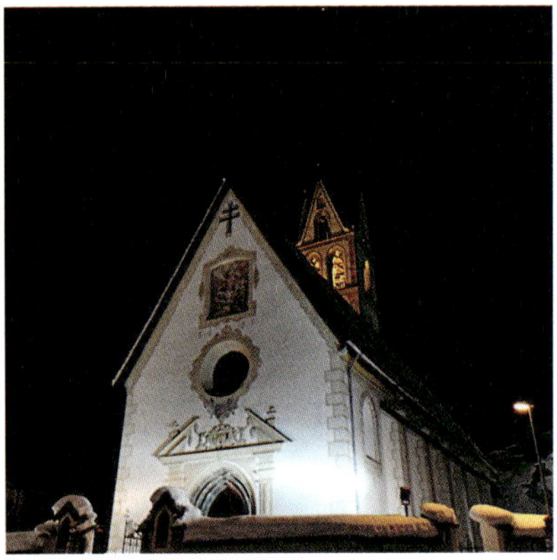

Eine kleine Kirche bei Nacht im normalen Foto-Modus.

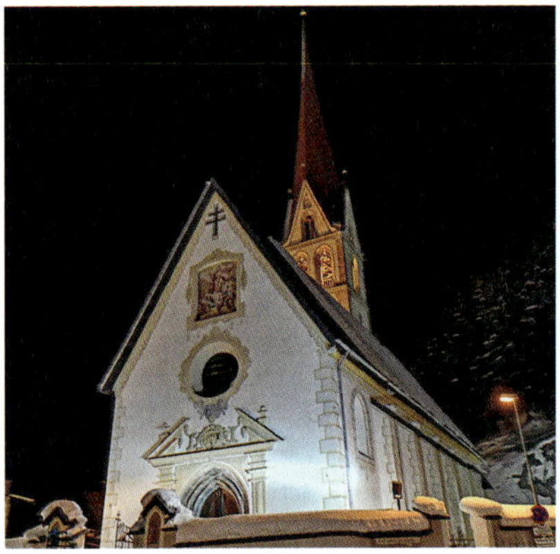

Die gleiche Kirche beispielhaft im Nacht-Modus fotografiert. Aus der Hand.

Die kleine Kapelle wäre ein klassisches Motiv, wenn man in einer fremden Stadt am Abend durch die Straßen zieht. »Oh, wie hübsch!« Schwupps, Foto gemacht. Doch leider verschwindet ausgerechnet die hübsche Turmspitze in der Dunkelheit der Nacht. Swipt ihr nun in den Nachtmodus und macht das gleiche Foto bei gleichen eisigen -12 Grad in Österreich, dann eröffnet sich eine Detailwelt, die ihr sonst nur mit dem Auge vor Ort wahrnehmen könnt. Die Turmspitze ... ach, was sage ich ... die ganze Kapelle erstrahlt schon fast im Kontrast zum dunklen Himmel.

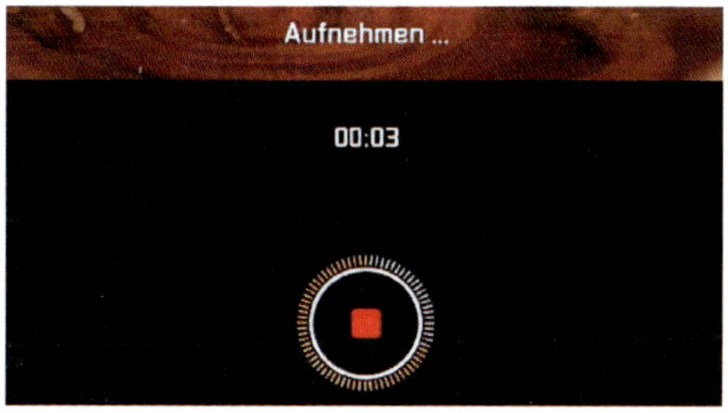

Moderne Nachtaufnahmen können auch ohne weiteres Zubehör aus der Hand fotografiert werden. Braucht nur Übung, macht dann aber keinen sichtbaren Unterschied mehr zu Fotos mit Stativ.

Wie ist das möglich? Egal, ob ihr das Pixel 3 oder das P20 oder Mate20 Pro nutzt, die Herangehensweise ist in ihrer aktuellen Form immer gleich. Im Nacht-Modus nimmt das Smartphone – sehr ähnlich wie beim intelligenten HDR – eine Vielzahl an Bildern auf, kombiniert sie miteinander, rechnet eure Handbewegung gegen, nutzt dieses »natürliche Zittern« zur Schärferegulierug und präsentiert euch im Endeffekt mit viel künstlicher Intelligenz ein Bild, das sich in den meisten Fällen wirklich sehen lassen kann. Beim Mate20 Pro habt ihr sogar noch die Möglichkeit, den Shutter und den ISO-Wert zu bestimmen, um noch rauschärmere und noch hellere Fotos einfangen zu können. Hier empfehlen wir jedoch die Nutzung von Zubehör wie einem Stativ bzw. einer Stativklemme.

Wie schon erwähnt: Die Mate/P20-Pro-Modelle von Huawei stecken voller Funktionen. Ein Schmankerl ist definitiv die Lichtmalerei.

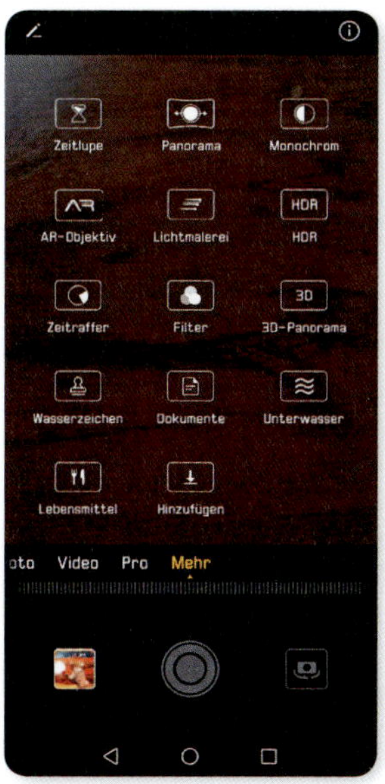

LICHTMALEREI

Zugegeben, das ist kein neues Thema. Die Lichtmalerei in der Fotografie ist eigentlich so alt wie die Fotografie selbst. Warum? Weil der Ursprung einer langen Belichtungszeit entstammt. Bekanntestes Beispiel sind hier Bilder von Autolichtern auf Brücken, die wie lange Farbschläuche eins mit der Straße werden und im leuchtenden Kontrast zum nächtlichen Himmel stehen. Bis heute war dieser Effekt jedoch eher mit etwas Aufwand verbunden.

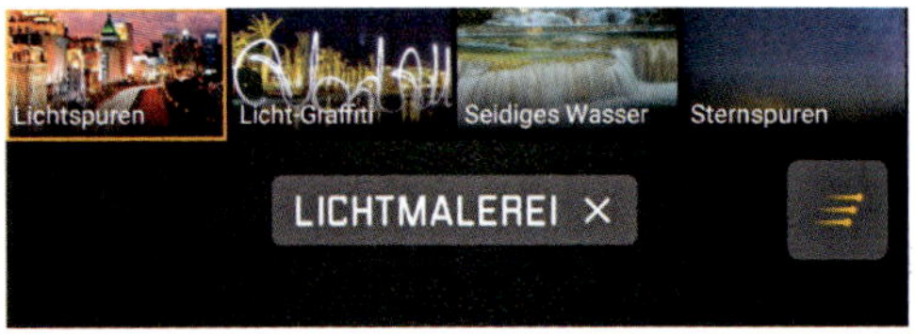

Die vorgefertigten Modi sollen euer Motiv in Stein meißeln. Helfen aber ungemein bei der Umsetzung.

Schönerweise haben jedoch immer mehr und mehr Smartphones dazu passende Features mit an Bord, die sich bei Huawei beispielsweise Lichtmalerei schimpfen. Von unseren Testkandidaten ist das das einzige Telefon, das direkt aus der Box mit diesem Modus ausgestattet ist. Für alle anderen haben wir im Kapitel »Apps von Drittanbietern« Alternativen vorbereitet (s. Seite 148).

Mit einem Tap auf das Symbol »Lichtmalerei« in der hauseigenen Kamera-App werden euch Möglichkeiten vorgeschlagen, die selbsterklärend sind. Falls nicht, zeigt euch die App eine kleine Erklärung, was das ist und wie es gemacht wird. Jetzt kommt es ganz auf euch an. Wollt ihr schnell herumspielen, den Moment einfangen oder habt ihr keine andere Wahl, dann schießt die Lichtmalerei direkt aus der Hand. Habt ihr jedoch Zeit, dann befestigt das Smartphone an einem Stativ und erlebt, wie der eigentlich schwarze Himmel mit Sternen durchzogen wird. Oder schreibt kitschige Liebesbotschaft in den Himmel. So idiotensicher und einfach bekommt ihr diese Möglichkeit der Kreativität bei Nacht sonst nirgends. Die Ergebnisse können sich definitiv sehen lassen.

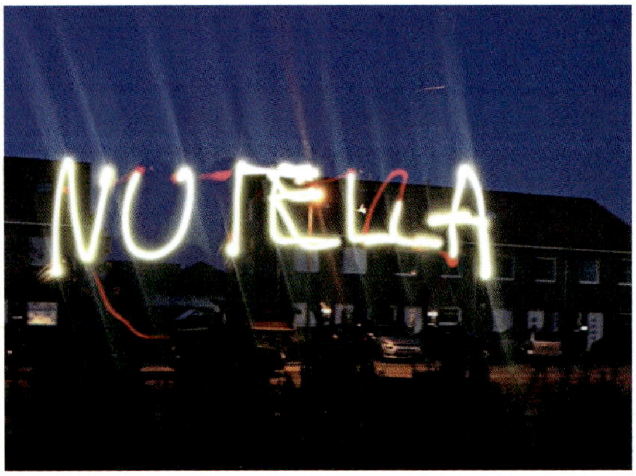

Dieses Wort ist ganz bewusst gewählt. Selbst komplexe Schriften sind möglich, ohne dass man euch sieht. Alles was hier genutzt wurde: die LEDs eines iPhones und das P20 Pro im »Lichtmalerei«-Modus.

AUGENGLANZ

Eine nicht zu vernachlässigende Beobachtung unsererseits ist eine Kleinigkeit, die großes bewirken kann: Der so genannte „Augenglanz“ bzw. die Lichtreflexion im Auge. Strengt mal kurz eure grauen Zellen an und stellt euch alle nur erdenklichen Filmausschnitte oder Fotos vor, in denen Gesichter, Köpfe bzw. Portraits von Menschen zu sehen sind. Was fällt euch auf? Genau! Zu 99 Prozent werdet ihr kleine (oder auch große) weiße Punkte oder auch Flächen aka „Reflexionen“ sehen. Ein unumgängliches physikalisches Phänomen und zugleich ein typisches Stilmittel, um im Film, in der Fotografie und selbst in der Malerei etwas plastisch, echt, gar lebendig darzustellen. Die übrigen 1 Prozent stehen in der Regel für Bösewichte, seelenlose Lebewesen oder Tote, denn in all deren Augen findet ihr kein Licht, kein Leben. Wow. Das war Filmlehre in ihrer knappsten Form.

In den meisten Fällen finden wir „tote Augen“, aber auch bei Smartphone-Fotos. Der Grund ist einfach: Oft entstehen Fotos bei zu dunklen Lichtverhältnissen, weil das Motiv vom Licht abgewandt wird oder weil dann und wann der Detailgrad der Kamera nicht ausreicht. Damit eure Fotos von Menschen und Gesichtern lebendiger wirken, gibt es einen ganz einfachen Trick, so eine Augenreflexion an Ort und Stelle herbeizuzaubern. Alles was ihr braucht, ist ein zusätzliches Smartphone.

Schaltet am zweiten Smartphone den LED-Blitz/Videoleuchte ein (das Licht muss dauerhaft leuchten können), zielt mit diesem „Licht-Phone“ auf euer Motiv und entfernt euch dabei ein paar Schritte vom Motiv. So weit, dass es nicht mehr „angeleuchtet“ wird, die LED aber dennoch auf das Motiv zielt. Da die LED sehr konzentriert, also punktuell leuchtet, wird die Reflexion vom Auge erfasst, das Motiv selbst aber nicht in seiner Ausleuchtung oder Stimmung verfälscht. Es bekommt eine positive Eigenschaft hinzu: Lebendigkeit.

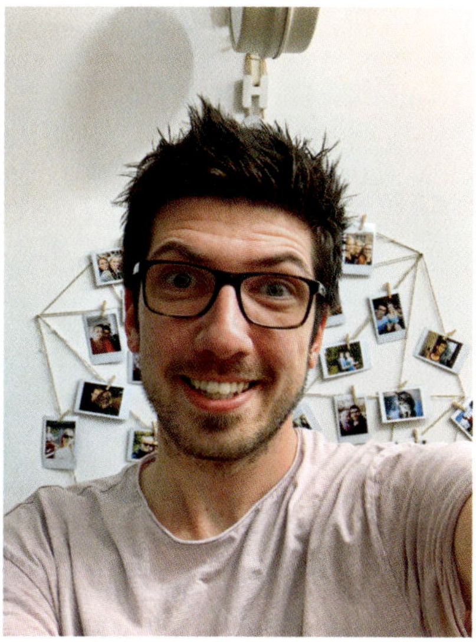

Ein klassisches und normales Selfie ...

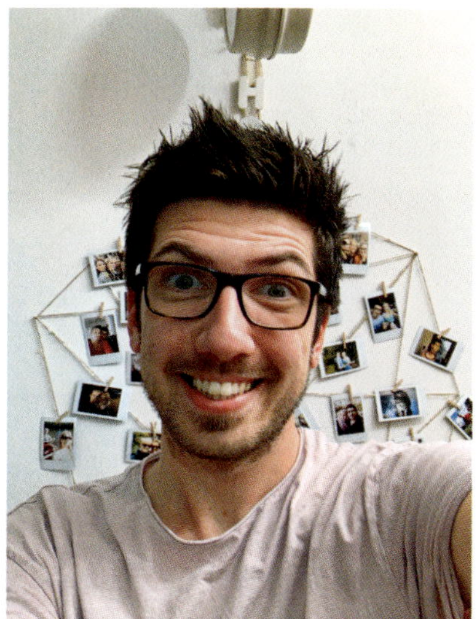

... subtil mit Augenglanz versehen. Dies ergibt einen frischeren Eindruck.

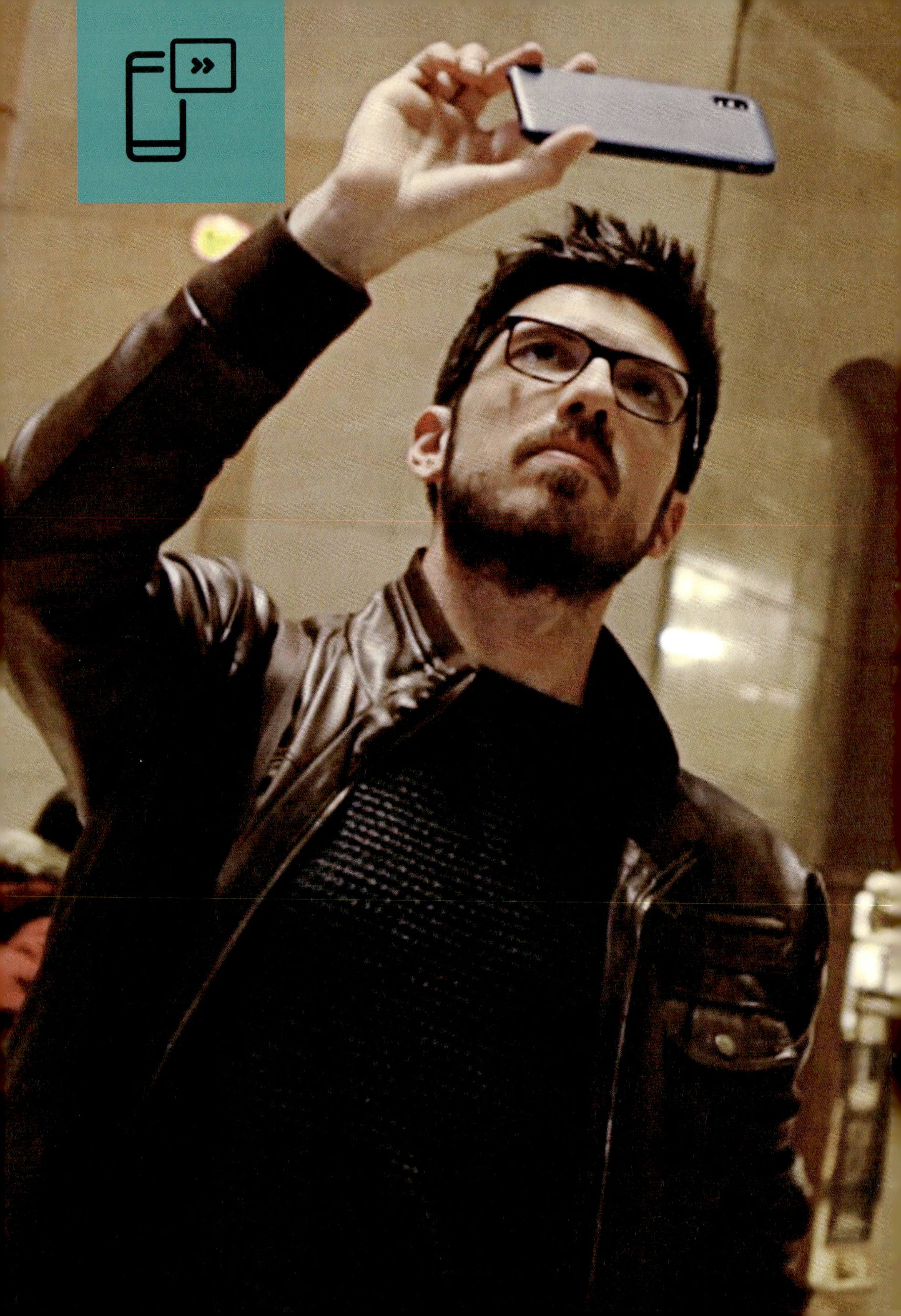

THEMEN-HYBRID: LIVE- UND MOTION-AUFNAHMEN

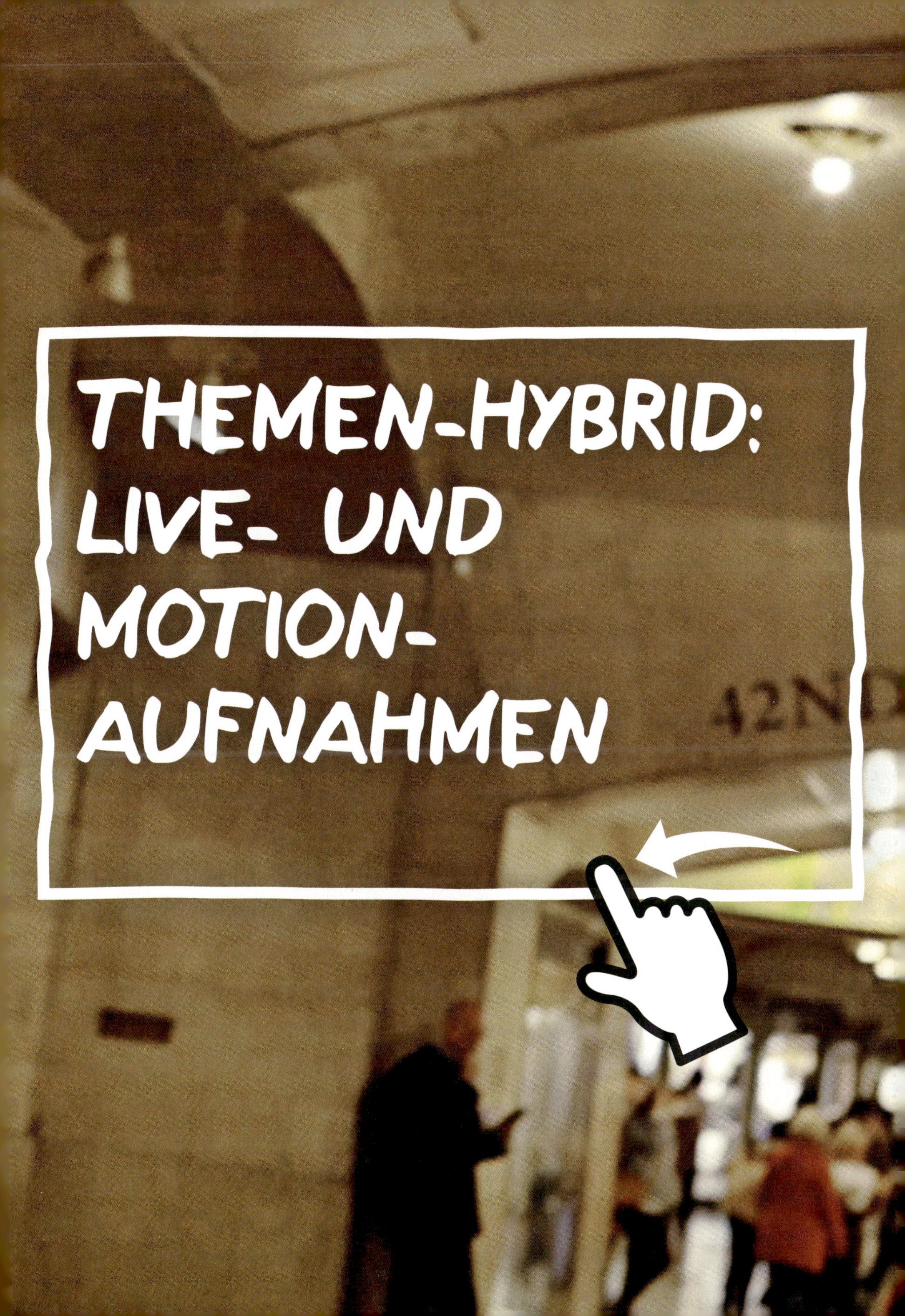

Wow. Was? Ein Themen-Hybrid? Es gibt etwas, das zwischen Foto und Video steht? Ja, gibt es und nennt sich Live- oder Motion- oder Momente-Feature. Das habt ihr alle schon mal gesehen und in den meisten Fällen ausgeschaltet, da es aus merkwürdigem wildem Gewackel besteht (und zusätzlich Speicher frisst).

Das Symbol ist eigentlich bei fast allen gleich. Ein gepunkteter oder vollständiger Kreis oben in der hauseigenen Kamera-App. Nur beim Einstiegssegment müsst ihr auf solche Extras verzichten.

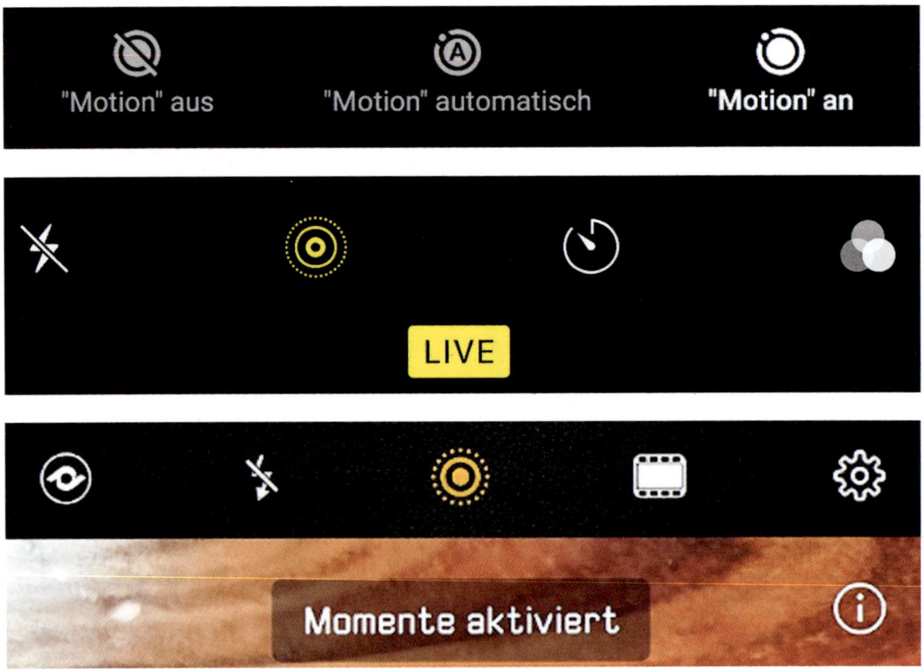

Live-Motion hat viele Gesichter. Das Prinzip ist zwar bei fast allen fast gleich, nur präsentiert es jeder Hersteller auf seine eigene Art und Weise.

Dabei ist diese Funktion wirklich richtig gut und inzwischen erfrischend kreativ. iOS hat sogar die Möglichkeit der Weiterverarbeitung dieses Features standardmäßig ins Betriebssystem eingebrannt.

Bei Android seid ihr auf Apps von Drittanbietern angewiesen. Doch was passiert beim Aktivieren und bei der Nutzung dieses Features? Keine Sorge, es ist ganz einfach zu verstehen.

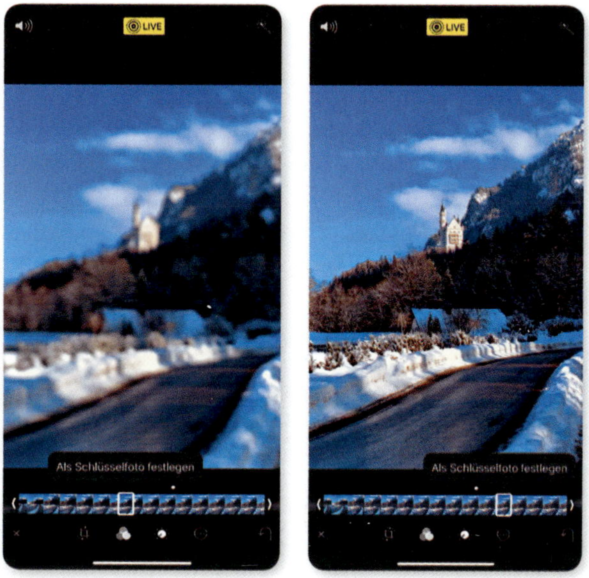

Mit einem einfachen Swipe eine Schärfekorrektur vornehmen. Live-Motion wurde zwar nicht dafür entwickelt, kann aber unter anderem dafür genutzt werden.

Mithilfe dieser Funktion wird vor und hinter euer eigentlich aufgenommenes Foto noch ein Stapel weiterer Fotos geklemmt. Kein Video, sondern so viele Einzelbilder, dass es wie ein kleines Video wirkt.

Ursprünglich war diese Funktion dazu gedacht, das aufgenommene Foto im Nachhinein noch authentischer zu erleben. Inzwischen dient sie jedoch als Puffer, um beispielsweise misslungene Aufnahmen zu korrigieren.

Bei iOS habt ihr die Möglichkeit, euch im Nachhinein – aufgrund der Vielzahl an Einzelbildern – umzuentscheiden und beispielsweise aus einem Lachen ein neutrales Gesicht zu machen oder aus einem unscharfen Bild ein scharfes Bild. Ihr müsst hierfür nur das Foto auswählen, auf Bearbeiten (also den Zauberstab oben rechts) drücken und in der erscheinenden Bilderzeitleiste ein neues »Schlüsselfoto« festlegen. Fertig. Das neu festgelegte Foto kann wie das ursprüngliche Foto bearbeitet und geteilt werden.

Das Live-, Motion- oder Momente-Feature bietet aber – aufgrund des großzügigen Bildpuffers – noch mehr! Beispielsweise, die kreativen Möglichkeiten eines Motivs maximal ausschöpfen zu können, indem Standbild mit Bewegtbild kombiniert wird. Es schreit uns schließlich förmlich ins Gesicht, dass hier Bewegung herrscht.

Bei iOS wischt ihr bei eurem mit Live-Feature aufgenommenen Foto einfach nach oben und findet euch dann im Effekte-Bereich wieder. Hier könnt ihr zwischen klassischem »Live« noch jeweils den Effekt »Endlosschleife«, »Abpraller« oder »Langzeitbelichtung« wählen. Sollte selbsterklärend sein. Beachtet jedoch, dass die Aufnahmen nur wenige Sekunden lang sind und sich dann wiederholen.

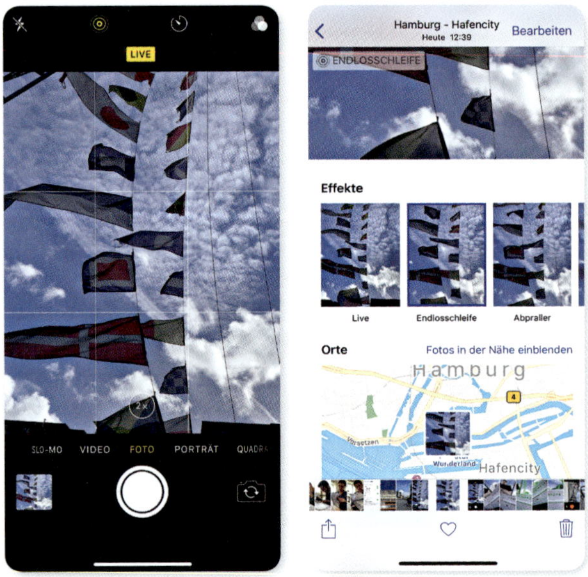

Wehende Fahnen. Der Klassiker. Was im Nachgang damit möglich ist, ist im Grunde eurer Kreativität überlassen.

Je nachdem, wie ihr euer Foto in Kombination mit der Motion-Funktion aufgenommen habt, ändert sich auch das Ergebnis teilweise deutlich. Um beispielsweise eine perfekte Endlosschleife hinzubekommen, wie bei uns im Beispiel der wehenden Fahnen, bedarf es schon ein bisschen Übung.

Aber hey: Ihr habt genug Akku und Speicher, das wird schon! Wenn ihr das Feature richtig gut beherrscht, könnt ihr einen Schritt weiter gehen und beispielsweise Fahrräder hin und her oder aus dem Bild und wieder ins Bild hineinfahren lassen, eine endlos lange Spaghettinudel verschlingen oder einen Wasserfall seidig-cremig aussehen lassen. Ist sozusagen die geschummelte Version der Langzeitbelichtung aus dem Kapitel über Shutter.

Was ihr mit der Live- bzw. Motion-Funktion noch alles anstellen könnt und wie ihr das auch bei Apple umsetzen könnt, verraten wir euch mit besonderen Apps im Kapitel »Apps von Drittanbietern«.

FILMEN MIT DEM SMARTPHONE

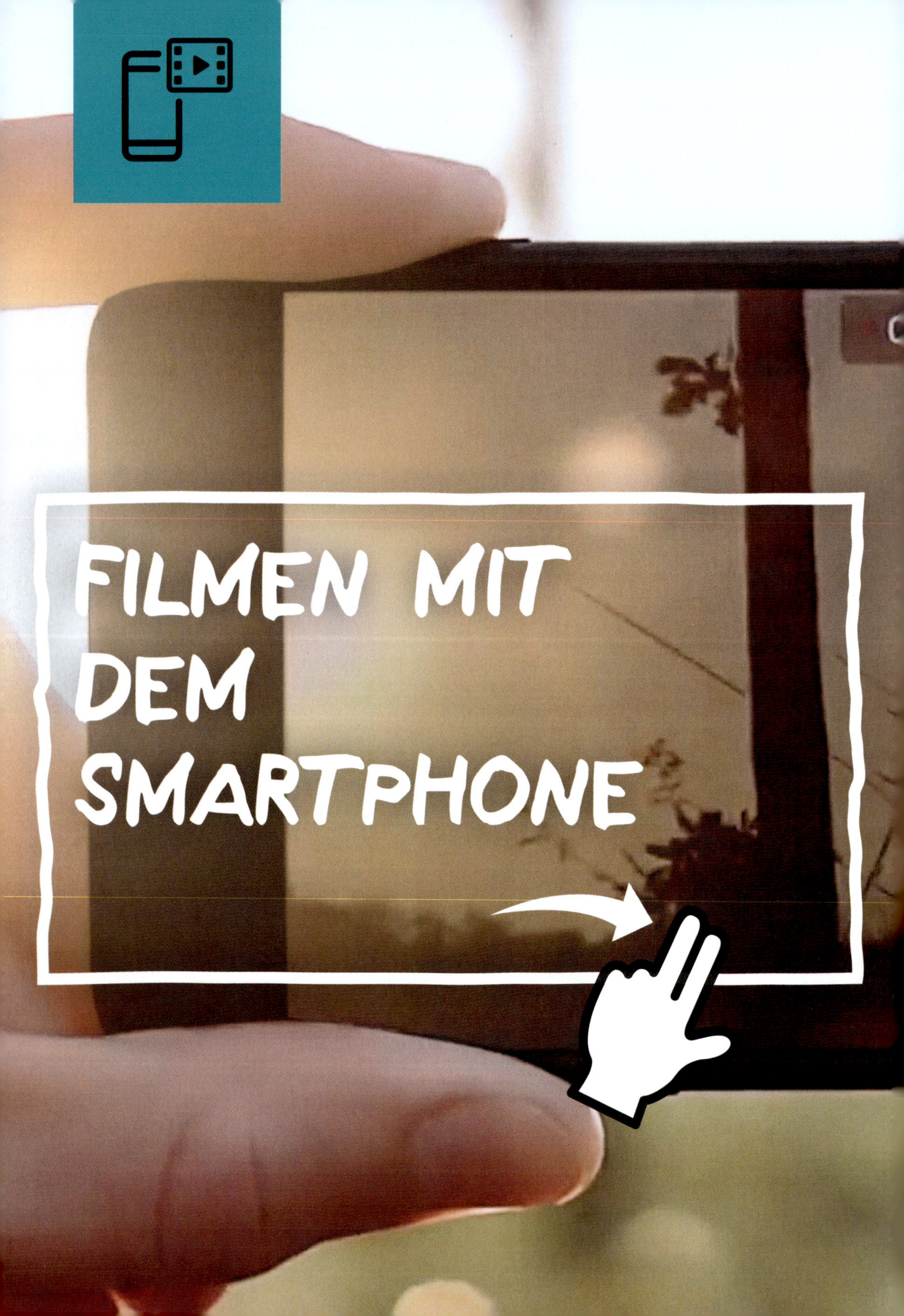

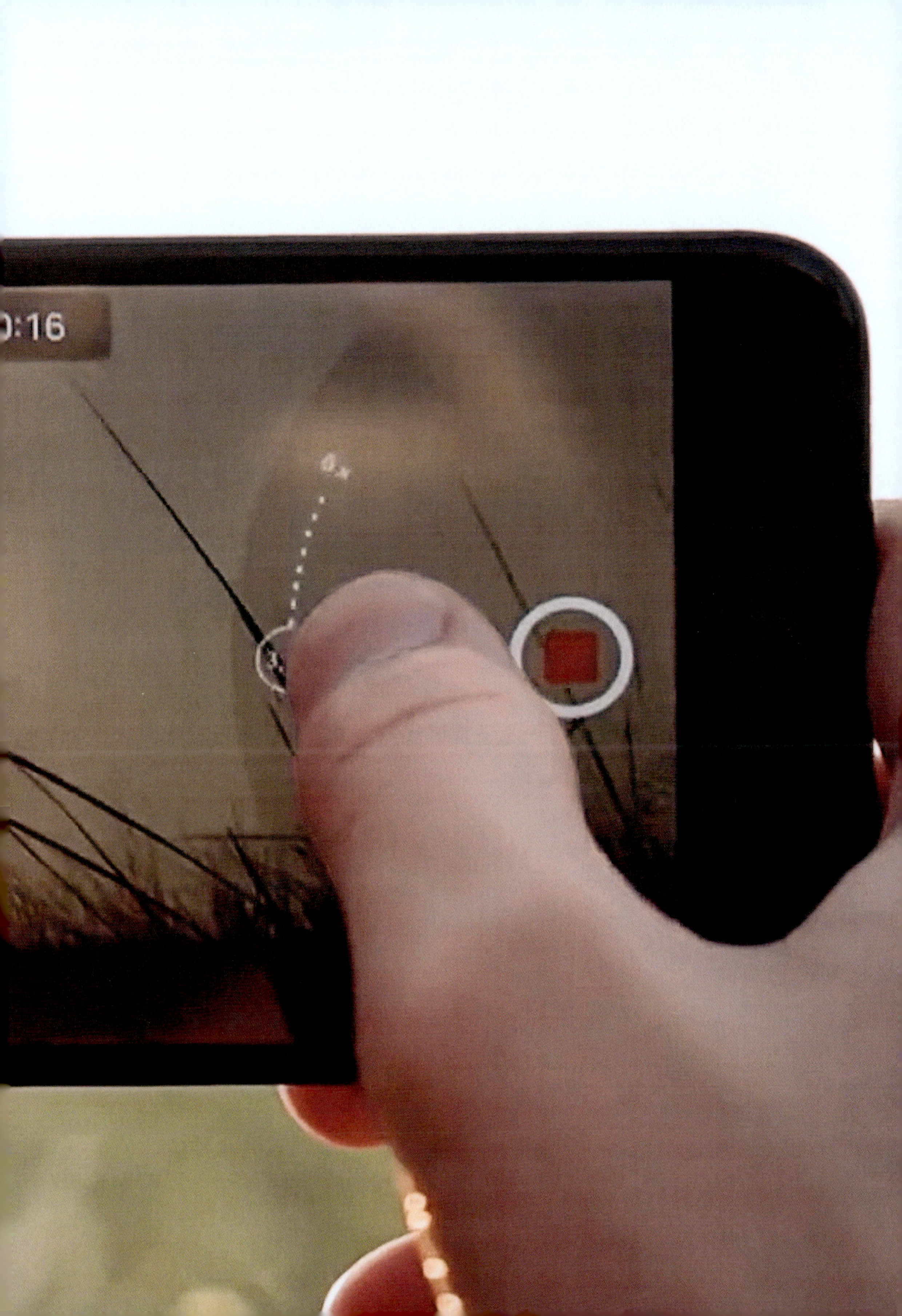
:16

Nun habt ihr so vieles über das Fotografieren gelernt. Was ist denn nun mit Filmen? Wie anfänglich angerissen, ist das Thema Video ganz dicht am Thema Foto dran und sollte in etwa als »draufgesetzt« betrachtet werden. Warum?

Weil Video deutlich mehr Power braucht, diese aber bisher nicht ohne Weiteres in rauen Mengen von Smartphones zur Verfügung gestellt werden kann. Es hat schon einen technischen und physikalischen Grund, warum Videokameras immer noch groß sind und sehr heiß werden (und giga- bis terrabyteweise Daten produzieren).

Also haben sich die Smartphone-Hersteller gedacht: Wir machen aus der Fotofunktion eine »Dauerfotofunktion«, die unter dem Deckmantel »Video« arbeitet. Oh je. Jetzt denkt ihr sicher: Ein Video oder gar einen ganzen Film nur mit eurem Smartphone aus der Hosentasche zu produzieren, ist nicht möglich? Falsch gedacht! Es ist trotz allem so einfach, effektiv und schön wie Fingernägelschneiden oder Schuhebinden, weil die Hersteller und Drittanbieter mit ihren Video-Apps viel Hirnschmalz in die Programmierung der Apps stecken. Wenn ihr also mit der Thematik eins werden wollt, dann ist es unabdingbar, dass ihr euch an eurem Smartphone auch mit der Videofunktion auskennt.

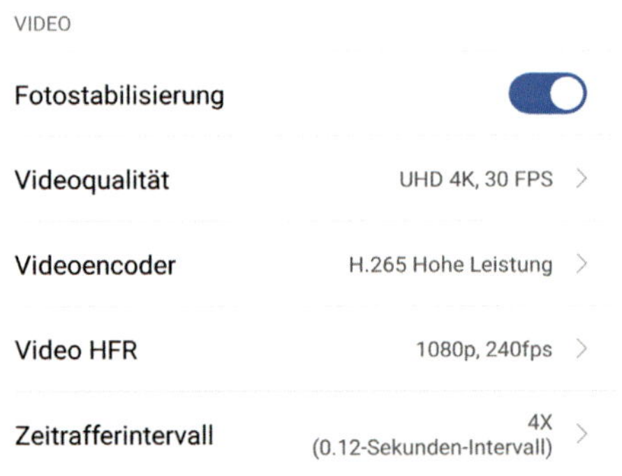

Dinge, die es bisher nicht gegeben hat: Gott spielen, wenn es um Zeit und Codec geht.

Lasst uns doch mal einen grundsätzlichen Überblick bekommen, was unsere Smartphone-Kandidaten in Sachen Video so auf dem Kasten haben. Angefangen beim Pocophone. Trotz Billigtelefon strotzt der Video-Modus nur so vor Einstellungsmöglichkeiten. Neben einem digitalen Bildstabilisator könnt ihr bis zu einer Auflösung von 3840 × 2160 Pixel auswählen, also echtes UHD (nicht 4K). Einstellungsmöglichkeiten für die Frontkamera habt ihr nicht – wie bei vielen Smartphones in dieser Preisklasse –, dafür einen potenten Zeitlupen-Modus mit bis zu 240 Bildern pro Sekunde.

Beim Pixel 3 finden wir Ähnliches. Videos sind in UHD mit bis zu 30 Bildern pro Sekunde möglich, die Frontkamera liefert bis zu Full-HD-Auflösung. Qualitativ eine ordentliche Schippe obendrauf. Auch hier hinzuschaltbar: die digitale Bildstabilisierung, die auch – aus technischen Gründen – ein bisschen Bild an den Rändern klaut.

Wie sieht's beim Mate20/P20 Pro aus? Auch hier eine Fülle an Einstellungsmöglichkeiten. Interessant: das Sonderformat 21:9. Ihr habt im Abschnitt Bildformate bereits gelernt, was solch ein Seitenverhältnis bedeutet. Im Bewegtbild ist 21:9 das ultimative Kinoleinwandverhältnis. Bei Smartphones kommt es – neben 18:9 eher an die Abmessungen des Displays heran, um es bestmöglich auszufüllen.

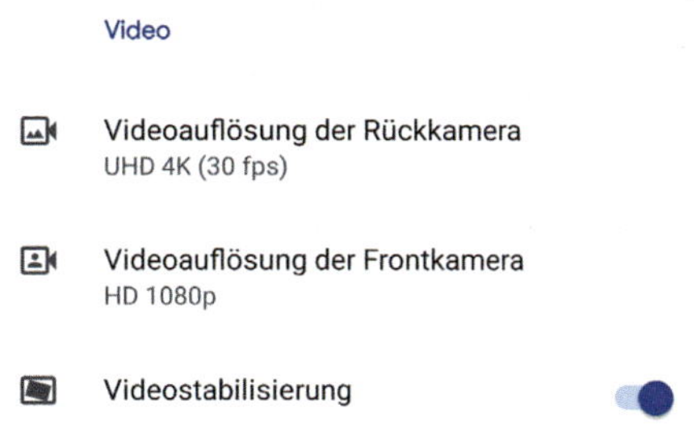

Da geht mehr, aber auch weniger. Ein typisches Symbolbild für Einstellungsmöglichkeiten im Bereich Video.

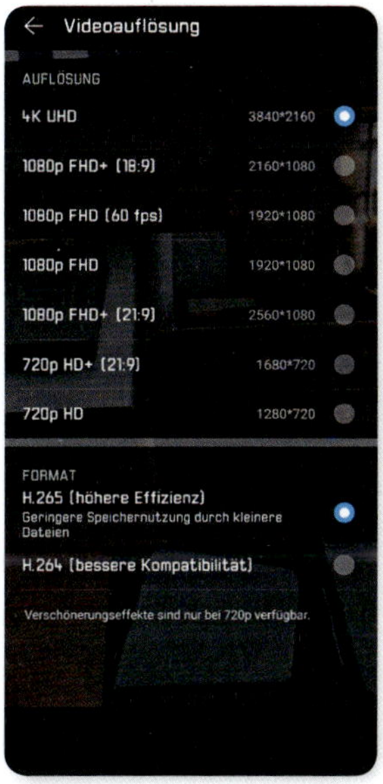

Auch wenn Huawei sonst mit Möglichkeiten trumpfen kann ...

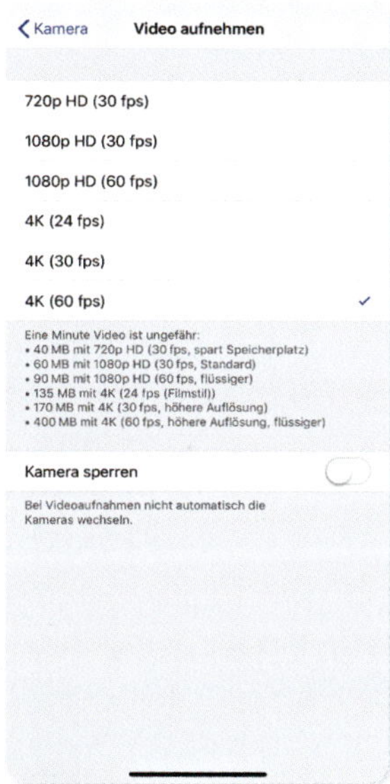

... ist das iPhone fast ebenbürtig.

Und last, but not least: Unser Einstellungsmöglichkeiten-Außenseiter iPhone Xs, das jedoch in diesem Fall richtig glänzen kann. Hier habt ihr die Möglichkeit, zwischen stolzen sechs unterschiedlichen Videoauflösungen zu wählen. Wobei es genau genommen neun Einstellungen wären, wenn wir die Slow-Motion, also die Zeitlupenfunktion, hinzuzählen würden. Eine Einstellung stellt sogar eine ungewöhnliche Sonderform für echtes Kinofeeling dar: 24 Bilder pro Sekunde.

Sollte man mit all den Telefonen nur hochkant filmen? Oder darf man nur quer filmen, weil sonst das Universum implodiert? Zugegeben, Videos hochkant aufzunehmen, haben wir schon in diversen Variationen durchgespielt. Sogar ganze Serien haben wir in diesem Format aufgenommen und online gestellt.

Unser Fazit vorab: Es ist ein reines Social-Media-Phänomen und hat mit tatsächlichem Filmen nichts zu tun. Erstens und am offensichtlichsten: Das Hochformat hat mit dem natürlichen Seheindruck nichts gemeinsam. Fernseher und Kinoleinwände sind aus ganz bestimmten Gründen quer und nicht hoch. Und zweitens: Für den ersten Moment mag hochkant spontan, hip und cool sein, viel Bildinformation liefert dieses Format jedoch nicht und man wundert sich, warum man ständig so weit von einem Motiv zurücktreten muss, um alles einfangen zu können. Es ist ein Kompromissformat, das aufgrund der Einfachheit eines Smartphones mit all seinen Apps existiert, aber keinen Mehrwert bietet – außer eben dem vermeintlichen Ausfüllen des Smartphone-Displays (was Quatsch ist, weil es keine 9:16-Displays sind). Quer filmen mag für viele Bewegungslegastheniker unter euch vielleicht eine Handbewegung zu viel sein, das Ergebnis kann sich aber um Welten eher sehen lassen. Welche Apps euch dabei helfen, von der Hochkantsucht loszukommen, erfahrt ihr auf Seite 168.

VORTEILE

An das Filmen mit dem Smartphone geht ihr in erster Linie genauso ran wie an das Fotografieren. Augen auf, Motiv sehen, Motiv verstehen, nachdenken, Aussage/Intention eurer Aufnahmen definieren, Knopf drücken, Gedachtes umsetzen, Knopf drücken, fertig. Dass euer Smartphone so etwas kann, ist definitiv vorteilhaft. Der offensichtlichste Vorteil ist, dass es überhaupt möglich ist.

»Schuppen von den Augen« ist das Stichwort. Wenn ihr diese Selbstverständlichkeit in euer Gehirn eingebrannt habt, werdet ihr merken, wie besonders diese Selbstverständlichkeit ist und wie ihr ganz automatisch und wie von Geisterhand in sehr viel mehr Situationen das Ding herausholen und den Auslöser drücken könnt. Ihr haltet schließlich ein sehr vielseitiges System und somit eine sehr wandlungsfähige Kamera in euren Händen. Der viel zitierte Satz: »Die beste Kamera ist die, die man dabeihat« trägt einen sehr wahren Kern in sich. Die ältere Generation neigt zwar dazu zu sagen, dass der Look von Smartphone-Videos »irgendwie digital und zu scharf« ist, aber gerade für die jüngere Generation kann es zudem ein Qualitätsmerkmal sein, wenn man »erkennen kann«, dass dieses oder jenes Video mit dem neuesten Flaggschiff aus dem Hause Apple oder Huawei aufgenommen wurde.

Prädestiniert ist das Smartphone vor allem, um nicht nur häufig, sondern auch in unerwarteten Situationen eingesetzt zu werden, da ihr viel schneller reagieren könnt und nicht immer eine große Kamera dabeihaben müsst. Solch eine kleine Smartphone-Kamera ist dazu auch unauffällig (aber bitte keine Schweinereien damit anstellen, denn Schweinereien sind der Grund, warum man auf keinem Smartphone für den chinesischen Markt das Kamerageräusch ausschalten kann). Solltet ihr viel in öffentlichen oder kritischen Bereichen herumlaufen und aufnehmen, dann kann euch die Unauffälligkeit des Smartphones die Beantragung der ein oder anderen Drehgenehmigung ersparen. Das soll jetzt aber kein Tutorial zum Quatschmachen sein!

Darüber hinaus wäre Filmen mit vielen oder wenigen Ausstattungsextras möglich, egal ob analog oder digital. Was bedeutet das? Die Art und Weise, wie Smartphones Videos aufnehmen, unterscheidet sich im Grunde nicht von der, wie Smartphones Fotos schießen. Die Art und Weise, wie Videos auf einem Smartphone außerdem bearbeitet und verbreitet werden, unterscheidet sich im Grunde auch nicht von der, wie Videos und Filme am Computer produziert werden. Die genutzten Kameras oder der genutzte Sensor mit entsprechend angepasster Optik ist der gleiche und die Apps sind die gleichen.

All das ist entweder geradlinig mit dem Smartphone-Hersteller der eigenen Kamera-Apps möglich oder mit wahnsinnig potenten Apps von spezialisierten und etablierten Marken und Entwicklern. All das ist entweder ganz puristisch mit dem Smartphone only möglich oder mit abgedrehten Zubehörteilen zum Anschrauben. Ihr braucht euer Smartphone nicht mehr verlassen, um ein Video oder einen Film von Anfang bis Ende mit allem, was an Grafiken, Musik und Social-Media-Krimskram dazugehört, zu produzieren. ***#WelcomeToTheFuture!***

NACHTEILE

Nachteile von Handykameras beim Filmen gibt es natürlich auch. Der größte ist offensichtlich: Sie liegen nicht gut in der Hand. Wenn euer Smartphone nicht mit der aktuellsten Bildstabilisierungstechnik ausgestattet ist oder auf einem Gimbal sitzt, dann wackeln eure Aufnahmen genauso gemein wie die alten Urlaubsaufnahmen eurer Eltern. Dazu kommt noch erschwerend, dass ihr keinen Sucher zur Verfügung habt, durch den ihr hindurchschauen könnt, um auch bei strahlendem Sonnenschein noch das Display ablesen zu können. Da ist immerhin das Wichtigste zum Filmen drauf. Euer aufzunehmendes Bild. Informationen zum Akku. Speicher. Verdammt.

Eingeschränkt ist das Smartphone außerdem noch durch die weniger verfügbaren Einstellungs- und Anschlussmöglichkeiten. Nicht nur, weil im Vergleich zu einer echten Kamera echte Knöpfe fehlen und ihr für alles Mögliche auf das Touch-Display zurückgreifen müsst, sondern auch, weil die Aufnahmetechnik eines Smartphones der einer Kompaktkamera gleicht. Hier fehlen nun einmal

Dinge wie Kopfhörer- oder Mikrofonanschlüsse. Es gibt meist nur einen Anschluss (USB-C wird es bald überall nur noch geben), den ihr adaptieren müsst. Da wird viel per Automatik und Algorithmen nachgeholfen, um die physikalischen Grenzen der miniaturisierten Technik digital umgehen, aushebeln oder manchmal auch wegschummeln zu können. Bedeutet in diesem Zusammenhang auch, dass es – je nach Smartphone – bei schwierigen oder dunklen Lichtverhältnissen auch zu unübersehbar fiesen Problemen kommen kann, die nicht nur nicht mehr wegzubekommen, sondern nicht mehr schönzureden sind.

Hinzu kommt der Zoom. Okay, ehrlich gesagt, in der Regel zoomt man bei Bewegtbildern nicht. Das ist Pfui-Bäh unter Filmern. Es sei denn, ihr heißt Quentin Tarantino und habt einen triftigen, erzählerischen (oder nachvollziehbar experimentellen) Grund, an etwas heran oder von etwas weg zu zoomen. Aber auch hier seid ihr auf eure Finger auf einem Display beschränkt und habt zur Unterstützung für gleichmäßige Bewegungen keinen Motor oder mechanischen Drehring. Es würde einfach scheiße aussehen.

Und nein, ein Zoom in einer Instagram-Story zählt nicht. Das macht man dort nur aus optischer Langeweile, da der Inhalt der allermeisten Storys so belanglos ist, dass er visuell aufgepimpt werden muss, um von der allgegenwärtig in- und auswendig bekannten Realität abzulenken. Außerdem ist der digitale Zoom qualitativ nicht gerade das Gelbe vom Ei.

Weiterer Nachteil: Thema Zuverlässigkeit. Hier müssen wir ein schnelles Hühnchen rupfen. Es ist inzwischen zwar besser, aber immer noch nicht gut geworden. Teilweise unterscheiden sich Videofunktionalitäten oder -qualitäten innerhalb einer Modellreihe so enorm, dass man denken könnte, man hätte ein ganz anderes Telefon in der Hand. Hier gibt es keine magische Formel, um dem entgegenzuwirken. Da hilft nur ausprobieren und die aufgenommenen Videos zusammen mit dem jeweiligen Telefon genau begutachten.

Last, but not least: Die entstandenen Videos haben bei aktuellen Smartphones ein (unterschiedliches) Dateiformat, das nicht so einfach von allen anderen Geräten dieser Welt »verstanden« werden kann. Der Nachteil, wenn etwas zu neu ist. Solltet ihr also planen, eure Aufnahmen nicht auf dem Handy weiterzuverarbeiten, sondern beispielsweise am Computer, müsst ihr vorher genau gucken, welche Formate miteinander, untereinander und zueinander kompatibel sind.

Im schlechtesten Falle büßt ihr entweder Qualität ein oder sitzt vor einem schwarzen Bildschirm. Nicht so cool, wenn die ganze Arbeit für die Katz ist.

HFR-/ZEITLUPENAUFNAHMEN

Je nach eingestelltem Codec und genutztem Telefon variieren die Einstellungsmöglichkeiten.

Normalerweise sind bei einem Smartphone 30 oder 60 Bilder pro Sekunde das höchste der Gefühle, wenn es um das Thema Bildverarbeitung geht. Das sind bereits so viele Daten, da wundert es, dass die Dinger nicht zwischen den Fingern wegschmelzen. Doch mit der magischen Software-Trickkiste geht hier wieder viel mehr, als man erahnen kann: HFR! HFR steht für High Frame Rate und wird im Gaming-Bereich geliebt. Und doch war es bis vor ein paar Jahren noch der Grund, warum Kinobesucher wutentbrannt aus dem Saal gerannt sind, schimpften und sich wunderten, dass die *Hobbit*-Trilogie so mistig aussieht. Es war der erste Blockbuster, der in HFR gedreht wurde, also mit viel mehr Bildern pro Sekunde aufgenommen wurde, als üblich und nötig war. Das Ergebnis: Alles wirkte so ungewohnt »flüssig«, dass man den Eindruck bekam, der Film sei »zu realistisch« oder lief gar mit zu hoher Geschwindigkeit, was wiederum den Eindruck des Vorspulens erweckte. Das war natürlich Quatsch und allein dieser technischen Umstellung geschuldet.

Nun muss man aber all die zusätzlich aufgenommenen Bilder nicht zwangsläufig in normaler Geschwindigkeit abspielen, sondern kann sie auch langsamer abspielen. Sehr viel langsamer sogar. Da sehr viele Bilder aufgenommen werden, ruckelt auch nichts, denn es sind ja ausreichend Bildinformationen vorhanden und es muss nichts digital interpretiert werden. Je nachdem, wie viele Bilder pro Sekunde aufgenommen werden, können Aufnahmen so bis zu achtmal langsamer abgespielt werden – ohne Bewegungsverluste. Warum achtmal? Guckt euch einmal diesen Screenshot an. 240 Bilder pro Sekunde bietet der HFR-Modus. 30 Bilder pro Sekunde hat ein normales Video. Damit es in das Zeitformat eines normalen Videos passt: 240 geteilt durch 30 gleich 8. Fertig. Da dies aber ein unglaublicher Verarbeitungsprozess für Smartphones ist, müsst ihr mit Detailverlusten leben. Die sind jedoch definitiv zu verkraften, denn was ihr durch eine Zeitlupe alles an spannenden Eindrücken gewinnen könnt, überwiegt um ein Vielfaches. Vorausgesetzt, ihr steht nicht meterweit, also viel zu weit, vom Motiv entfernt. Im Slow-Motion-Modus könnt ihr alles einfangen, wofür euer Gehirn normalerweise zu langsam ist, um es im Detail betrachten zu können. Beispielsweise Tierbewegungen, Sportarten, Abläufe in Maschinen oder einfach nur Emotionen oder Reaktionen von Menschen.

APPS VON DRITTANBIETERN

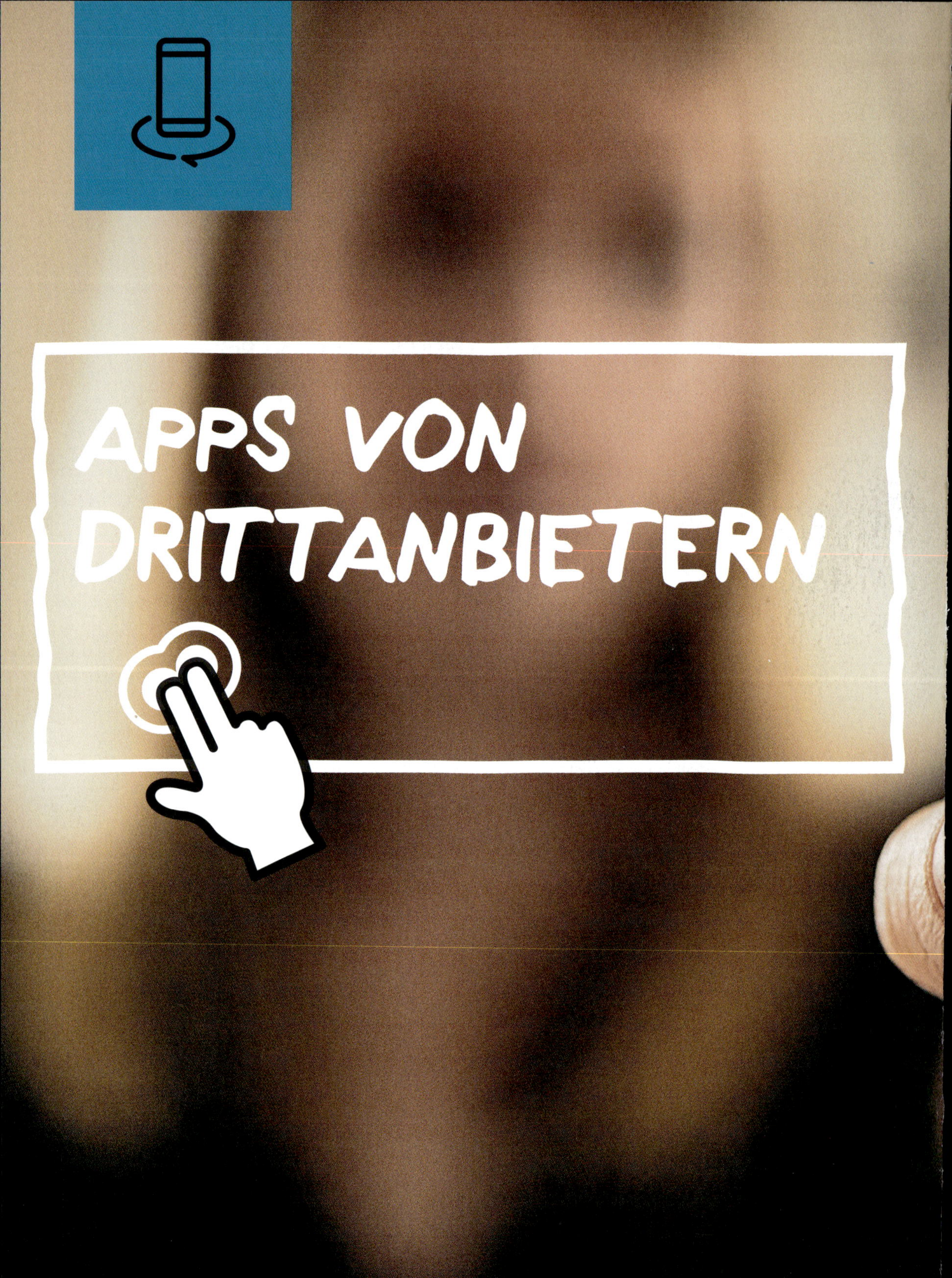

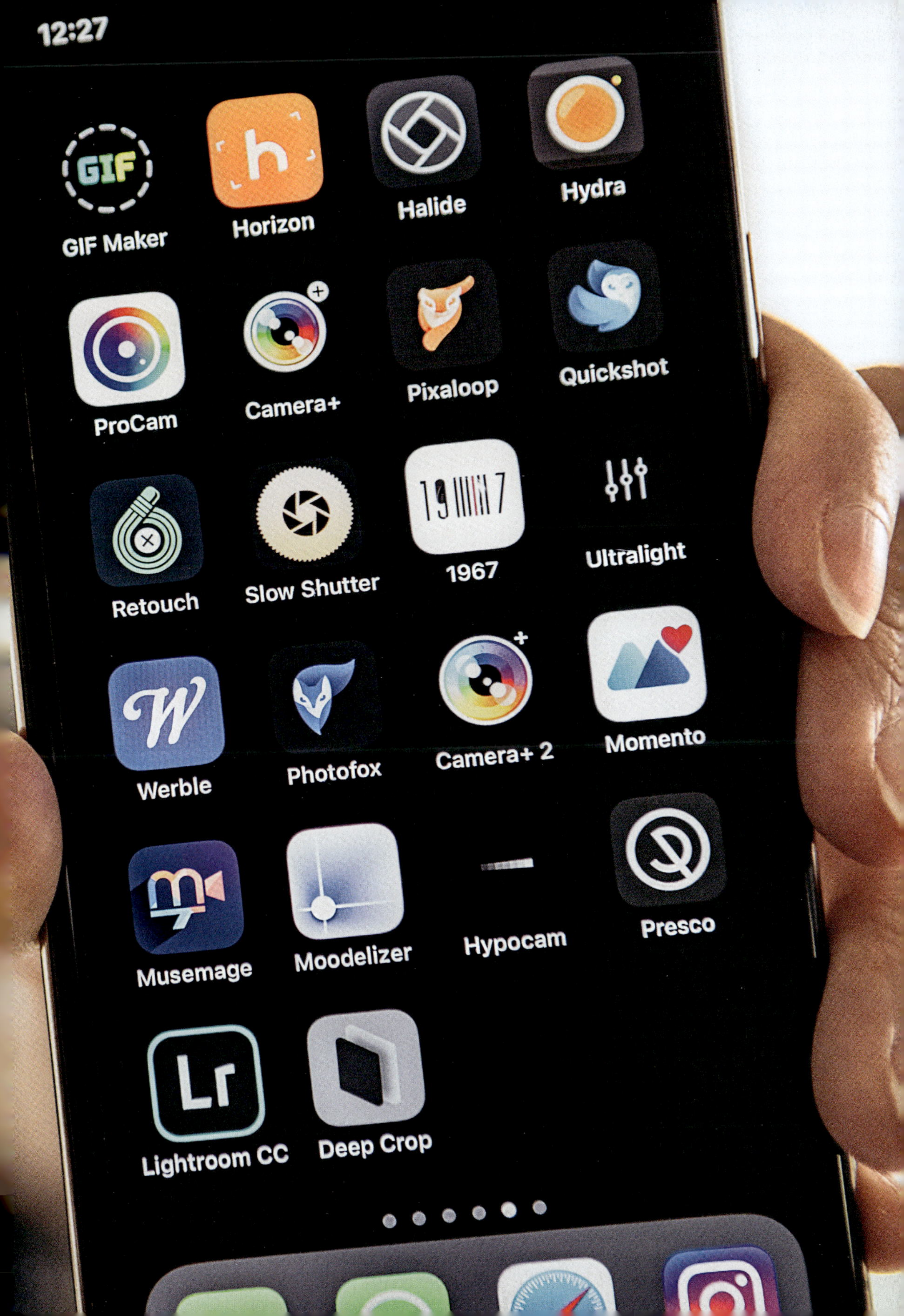
12:27
GIF Maker
Horizon
Halide
Hydra
ProCam
Camera+
Pixaloop
Quickshot
Retouch
Slow Shutter
1967
Ultralight
Werble
Photofox
Camera+ 2
Momento
Musemage
Moodelizer
Hypocam
Presco
Lightroom CC
Deep Crop

In den meisten Fällen, also bei den meisten Smartphones, reichen die integrierten Kamera-Apps für den alltäglichen und normalen Gebrauch völlig aus. Doch wenn man – wie wir und wie ihr – zusätzlich noch den allerletzten Tropfen Qualitätssaft aus den Bildern pressen und eben nicht nur mit dem Smartphone »herumknipsen« will, lohnt es sich definitiv, einmal im App Store oder Play Store über den Tellerrand zu schauen. Hier tummeln sich sowohl bei Apple als auch bei Android mittlerweile so viele Kamera-Apps, dass man schon gar keinen Durchblick mehr haben kann. Wir zeigen und erklären euch diese undurchschaubare Welt anhand von verschiedenen Kamera-Apps und Apps für die Bild- und Videobearbeitung.

Heißt: Wir schauen uns Apps an, mit denen man Fotos schießen kann, und wir schauen uns Apps an, mit denen man Fotos hinterher gut am Smartphone bearbeiten kann. Hierfür haben wir die unserer Meinung nach bis dato besten Apps für euch herausgesucht. Wir verzichten hier bewusst auf Anmerkungen wie »kostenlos« oder auf Preisangaben, denn aufgrund der Nachfrage oder aufgrund von hinzugekommenen Features kann innerhalb von wenigen Tagen, gar wenigen Stunden eine App mal gratis sein oder mal 79 Cent oder mehrere Euros kosten. Manchmal wird sogar auf ein Abo-Modell gewechselt. Wichtig ist nur zu wissen, dass ihr euch vom Kostenlos-Mythos verabschieden solltet. Wer sich ein Telefon für viel Geld kauft, darf am Ende nicht an der App für eine Handvoll Cents oder Euros sparen. Das, was viele Entwickler leisten, ist viel mehr wert als eine müde 1- oder 5-Sterne-Bewertung. Dass ihr so einfach Fotos (oder Videos) aufnehmen und verarbeiten könnt, liegt daran, dass kluge Köpfe ihre Programme nicht völlig kompliziert, sondern schön simpel für jedermann entwickelt haben.

Als Faustregel gilt: Je einfacher eine App zu nutzen ist, desto komplizierter und aufwendiger war die Entwicklung. Wenn dann noch ein großer Funktionsumfang dahintersteckt, dann sollten die Programmierer mit Gold überschüttet werden. Denkt kurz eine Sekunde darüber nach. Wir verzichten ebenfalls bewusst auf Schritt-für-Schritt-Erklärungen oder Tutorials der Apps, sondern konzentrieren uns auf Ideen und Ansätze, da schon in wenigen Wochen entweder die Benutzeroberfläche umgestellt oder das Programm ein ganz anderes sein kann. Ihr habt mehr davon, wenn ihr nicht Apps in- und auswendig kennt, sondern Prinzipien der Bildgestaltung, die ihr auf jede andere App der Welt projizieren könnt. Bei der Schnelllebigkeit und Vielseitigkeit habt ihr so viel Mehrwert.

FOTO-APPS

APPS ZUM FOTOGRAFIEREN

Bei iPhones nur bei alten Modellen, bei Android auch mit aktuellen Flaggschiffen der Fall: Kompatibilitätsprobleme.

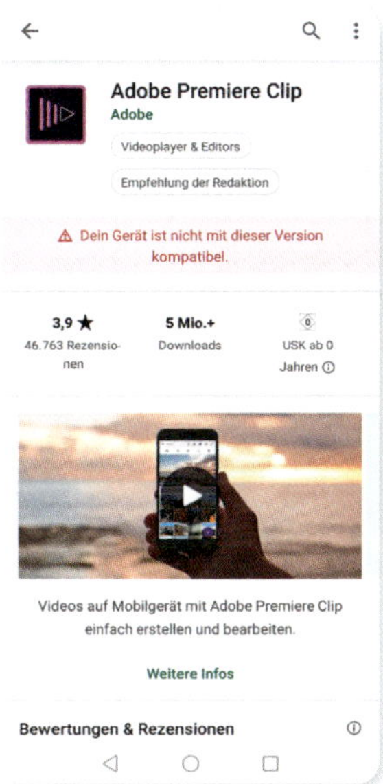

Fangen wir zunächst einmal mit den Kamera-Apps, also Apps von Drittanbietern zum Aufnehmen von Bildern, an. Wir haben uns, wie gesagt, gezielt ganz besondere Kamera-Apps herausgesucht, die nicht nur in technischer Hinsicht gegenüber der hauseigenen App Vorteile haben, sondern die euch auch in eurer Arbeit bereichern werden. Wichtiger Hinweis für Android-Nutzer: Aufgrund der unterschiedlichsten Konfigurationen im Android-Segment kann es stellenweise zu Kompatibilitätsproblemen (entweder Software oder Hardware) kommen. Es gilt: Ausprobieren. Nicht alle Apps funktionieren überall gleich. Wundert euch also nicht über Hinweise wie diesen im Play Store:

HALIDE (IOS)

Halide ist voll mit tollen Sachen, die euer Leben schöner machen. Zum einen könnt ihr fast alle Einstellungsmöglichkeiten manuell justieren und zum anderen habt ihr noch professionelle Zusätze, die euer Foto perfektionieren, beispielsweise RAW. Warum jedoch ausgerechnet am Shutter nicht gespielt werden kann, ist uns ein Rätsel. Hier mal die Halide-App als übertriebenes Symbolbild mit allen Funktionen eingeschaltet.

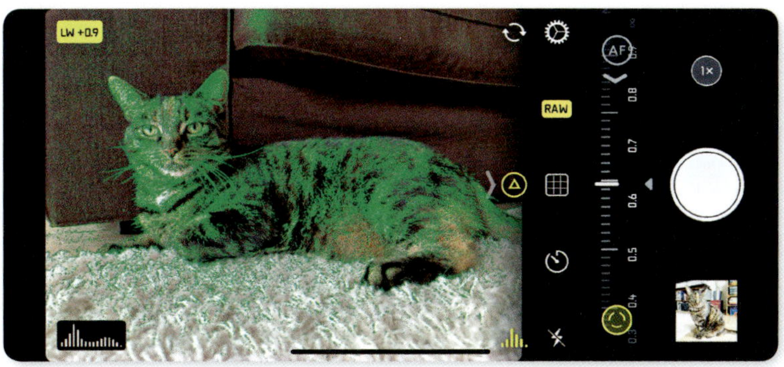

Extra-Features wären: Histogramm, Anzeige des Neigungswinkels und Focus Peaking. Sind alles Funktionen, die Stoff für zwei weitere Bücher bieten. Salopp gesagt hilft ein Histogramm dabei, die Belichtung zu beurteilen. Das Focus Peaking unterstützt euch, um die Schärfe eures Bildes zu kontrollieren. Gerade bei prallem Sonnenlicht ist es ratsamer, sich auf solche Tools zu verlassen, als nur auf den Seheindruck des Displays zu bauen. Der Neigungswinkel sollte selbsterklärend sein.

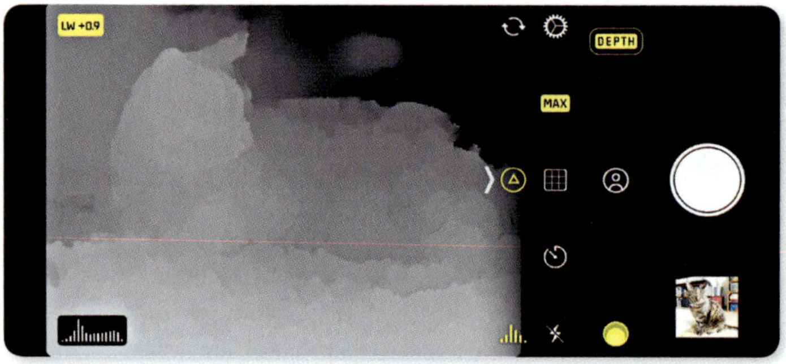

Die Tiefenwahrnehmung der App visuell dargestellt. Spannend, selbst für Nicht-Nerds.

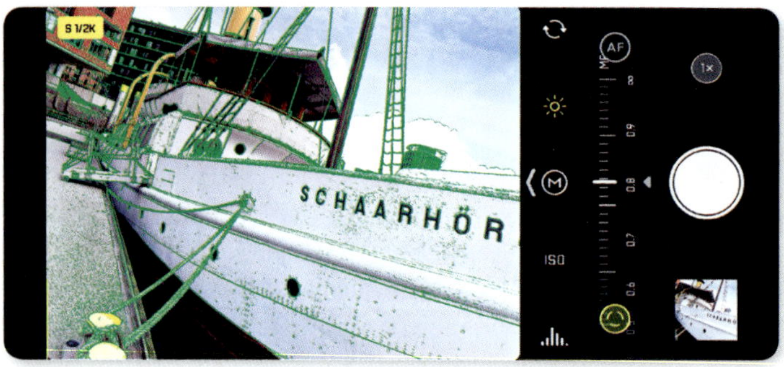

Focus Peaking. Ein professionelles Feature in der Hosentasche.

Außerdem bietet die App einen Tiefen-Modus, in dem ihr ganz genau sehen könnt, wie das Smartphone die Tiefeninformationen eures Motivs einfängt und wo ihr korrigieren müsst, damit beispielsweise das künstliche Bokeh im wahrsten Sinne des Wortes »fotorealistisch« aussieht.

Na?

Erkennt ihr die Katze darin?

Ähnliche iOS-Apps sind ***ProCam*** und ***Camera+***.

HYDRA (IOS)

Die App Hydra ist im Vergleich zu Halide nicht wirklich anders. Bis auf eine Funktion, die tatsächlich extrem heraussticht: High-Res-Fotos. Wir haben gelernt, dass die iPhone-Kamera mit 12 Megapixeln schießt. Doch mithilfe der Hydra-App werden daraus 32 Megapixel. Dafür schießt die App auf Knopfdruck ganz automatisch ein ganzes Dutzend an Fotos und fügt diese innerhalb von Sekunden zu einem großen Foto zusammen. Das funktioniert nicht nur in der Theorie, sondern auch in der Praxis. Die Fotos gewinnen an Schärfe und

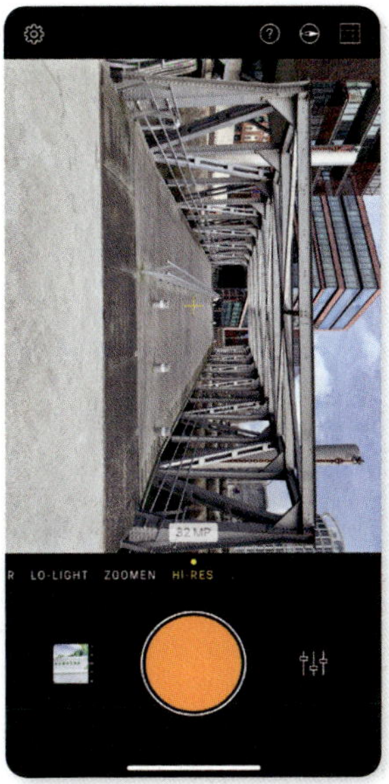

Die Aufmachung der App ähnelt der hauseigenen Kamera-App in iOS.

eignen sich selbst für große Ausdrucke wunderbar.

Ähnliche iOS-Apps sind ***Manual RAW Camera*** und ***Argentum***.

OPEN CAMERA (ANDROID)

Bei Android sind die Apps im Gegensatz zu iOS optisch weniger spektakulär, gleichzeitig aber nicht weniger nützlich. Open Camera ist beispielsweise ein kostenloses Aufnahmetool, um die maximale Kontrolle zu übernehmen oder gar zurückzugewinnen, sofern sie – wie beim Pixel 3 – so gut wie nicht vorhanden war. Damit meinen wir manuelle Einstellungsmöglichkeiten für den ISO-Wert, für die Belichtungszeit oder auch für den Weißabgleich. Wer sich noch tiefer einbuddeln möchte, der kann auch ganz konkret über Bildformat und Dateiformat bestimmen bzw. sich auch im RAW-Modus künstlerisch austoben.

Ähnliche Android-Apps sind ***Footej Camera*** und ***Bacon Camera***.

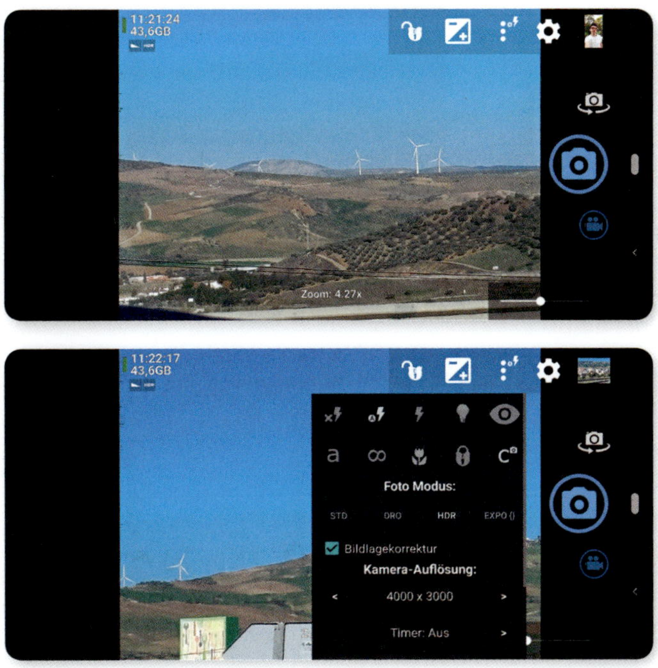

Nicht intuitiv, aber vollgestopft mit Funktionen: Open Camera.

MANUAL CAMERA (ANDROID)

Manual Camera hat im Vergleich zu Open Camera eine deutlich höhere Kompatibilität, ein intuitives Design und einen qualitativ besseren Video-Support, falls gewünscht. Sonst stehen sich beide Apps in ihren Funktionen in nichts nach. Volle manuelle Kontrolle über alle Einzelteile, RAW-Fotografie und das gezielte Auswählen jeder einzelnen Kamera für das optimale Foto.

Ähnliche Android-Apps sind ***Camera FV-5*** und ***Hedge Cam***.

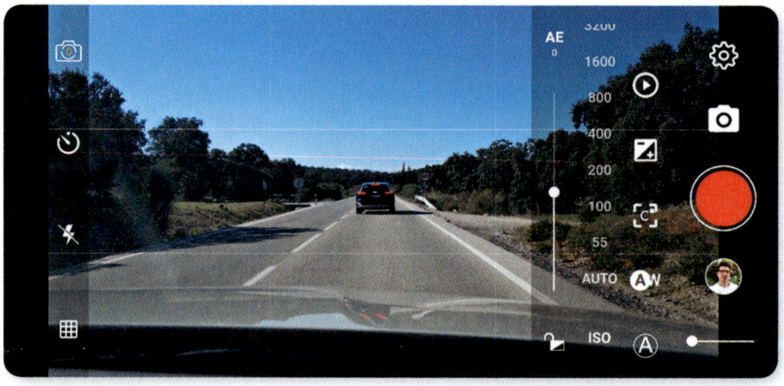

Von dieser App könnte sich so mancher Hersteller eine Scheibe abschneiden.

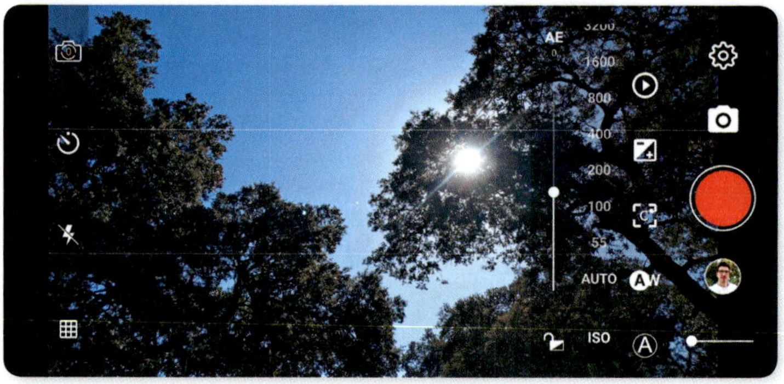

Egal ob Foto- oder Video-Modus: Manual Camera beherrscht beides.

HYPOCAM (IOS UND ANDROID)

Wie ihr bereits im Kapitel zur Schwarz-weiß-Fotografie gelernt habt: Wer Schwarz-Weiß-Fotografie angehen möchte, der muss noch etwas mehr Hirnschmalz in seine Fotos stecken. Aber keine Sorge, es gibt wundervolle Apps, die euch dabei helfen. Diese App ist momentan DAS S/W-Werkzeug: stabile Kamera mit allen Farbkanal-Auswahlvariationen, umfangreiche Filterauswahl und eine Galerie, um sich inspirieren zu lassen.

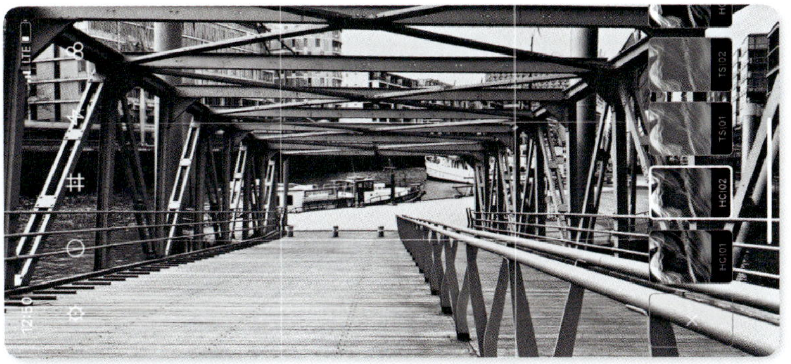

Filigrane Rudimentarität oder einfach nur »künstlerisch wertvoll«. Wie Schwarz-Weiß-Fotos eben.

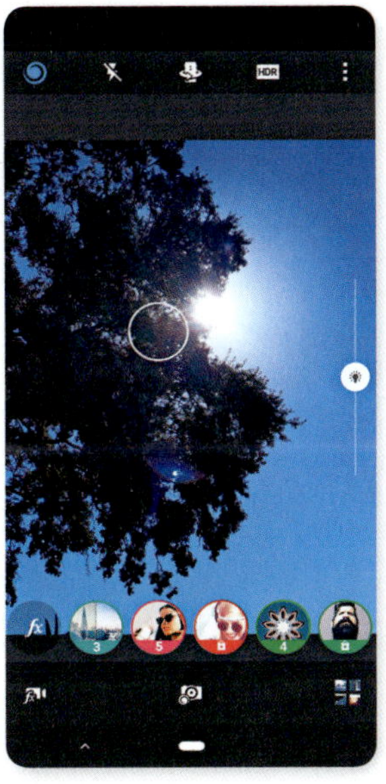

Die deutsche Software-Schmiede kann nicht nur Musik und Video, sondern auch kreative Foto-Apps.

CAMERA MX VON MAGIX (ANDROID)

Wie bereits im Kapitel zu Live- und Motion-Aufnahmen angedeutet, ist hier die aktuellste App, um diesen Effekt bei Android etwas weiterzuspinnen: *Camera MX*.

Euer gewünschtes Fotos nehmt ihr in diesem Fall direkt mit der App auf. Mit einem Tap auf den Auslöser aktiviert ihr die Aufnahme, wartet, bis der Ring durchgelaufen ist, und bearbeitet mit einem Tap auf die Aufnahme den gewünschten Effekt.

Ihr könnt die Geschwindigkeit variieren, die Richtung bestimmen und die Aufnahme entweder als Video oder als GIF exportieren und seid somit innerhalb von Sekunden mit ungewöhnlichen Seheindrücken ready für Social Media. So einfach!

APPS ZUM BEARBEITEN VON FOTOS

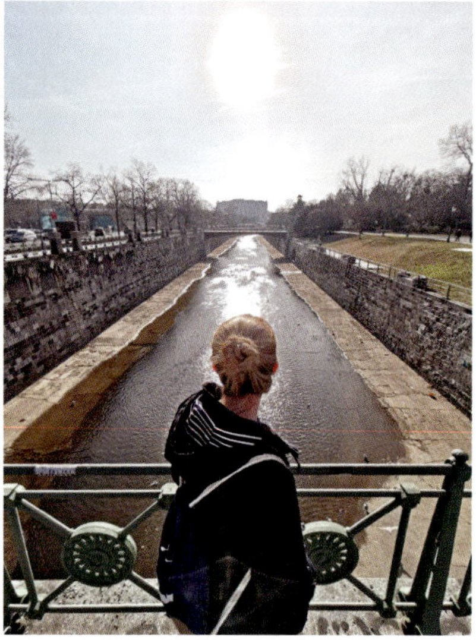

OOC (Out of Camera) …

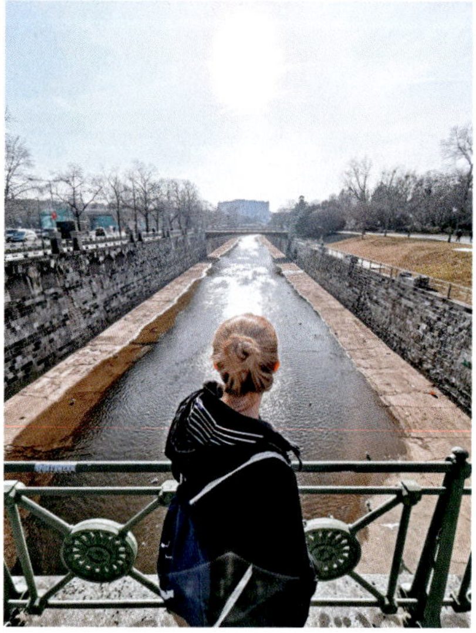

… anschließend bearbeitet.

Den Aufbau eures Bildes und die Bildgestaltung mit allen Facetten und Elementen, die es zu beachten gilt, habt ihr nun also schon gemeistert. Jetzt kommt ein weiterer wichtiger und zugleich sehr spannender Teil: die Bildbearbeitung. Mit Apps von Drittanbietern. Hier geht es nicht mehr um das Finden eines Bildes, sondern um das Weiterverarbeiten, Perfektionieren oder gar Umwerfen einer Idee. Es geht insbesondere darum, noch mehr Emotionen, noch mehr Gefühl, eben noch mehr Stimmung zu kreieren. Wie bei dem Bild oben beispielsweise.

Hier muss angemerkt werden: Insbesondere iOS ist im Hinblick auf Bildbearbeitungs-Apps sehr stark. Das hat in erster Linie technische Gründe, da die Entwickler andere Möglichkeiten haben, bestimmte Schnittstellen des Smartphones anzusprechen, die für die Arbeit an kreativen Dingen notwendig sind. Android könnte das theoretisch ebenfalls, hat jedoch das Problem, dass jedes Smartphone in Kleinigkeiten anders gebaut ist und somit etwas anders funktioniert. iOS muss nur auf »einem« Smartphone funktionieren, Android auf Hunderten. Wie Windows und Mac. Die Entwickler schießen also bei Android teilweise mit ihren Apps ins Blaue, wenn sie bei einer App ein ganz bestimmtes Feature eingebaut haben, das auf manchen Smartphones aber gar nicht genutzt werden kann, weil ein kleines Detail fehlt. Dann heißt es leider: Pech gehabt. Immerhin: Mit jeder Android- und Smartphone-Generation wird dieses Problem kleiner. Aber werden wir nicht zu nerdig. Apps zum Bearbeiten, die wir mit gutem Gewissen empfehlen können, sind folgende.

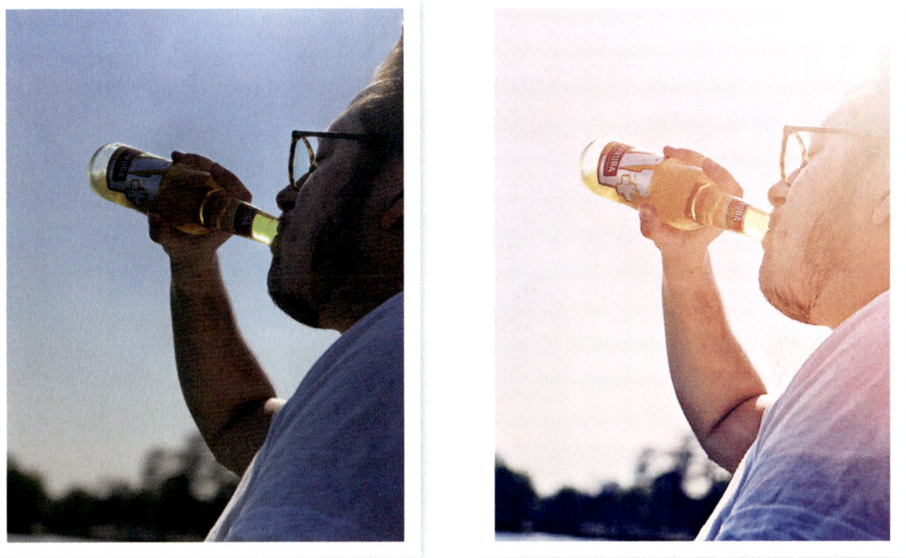

Wie aus einem einfachen Foto ein wahrer Trinkgenuss werden kann. Mithilfe der richtigen App kein Problem!

ADOBE PHOTOSHOP LIGHTROOM CC (IOS UND ANDROID)

Die meisten, seien es Hobby- oder Profifotografen, kennen Photoshop und Lightroom, denn nicht ohne Grund sind sie DIE Bildbearbeitungsprogramme, insbesondere für die Bearbeitung am Computer. Doch auch am Smartphone kann sich die App mittlerweile sehen lassen. Dies selbstverständlich in einer viel, viel, viel minimalistischeren Version als das originale und standardmäßige Programm am Computer. Nichtsdestotrotz reicht die App aus, um die eigenen Bilder schnell und professionell direkt am Handy zu bearbeiten. Man kann in der App Filter und Effekte über seine Bilder legen, es können Presets (Vorgaben) installiert werden, die ihr einerseits mit vorgefertigten Looks kaufen oder andererseits selbst erstellen könnt. So habt ihr immer den gleichen Look für eure Smartphone-Bilder und könnt diesen trotzdem individuell gestalten. Doch es gibt noch viele weitere Funktionen, mit denen ihr eure Bilder hier in Nullkommanichts bearbeiten könnt: Das Seitenverhältnis kann angepasst werden, Belichtung, Weißabgleich,

Kontrast, Farbe usw. können individuell eingestellt werden. Ihr habt hier sogar den Kopierstempel und die Reparaturpinsel so wie beim Original. Dem Pickel-Alarm kann somit schwuppdiwupp entgegengewirkt werden. Allerdings muss man sagen, dass dies am Handy ein bisschen kniffelig ist, um den richtigen Punkt zu treffen. Wurstfinger werden es hier schwer haben. Die App ist ein absoluter Allrounder und leicht verständlich, auch für diejenigen, die noch nie zuvor mit Programmen von Adobe gearbeitet haben. Die Bearbeitung der eigenen Bilder wird einem hier sehr einfach gemacht.

Schieberegler und Kurven. Das, was Profis lieben und ihr noch lieben lernen werdet.

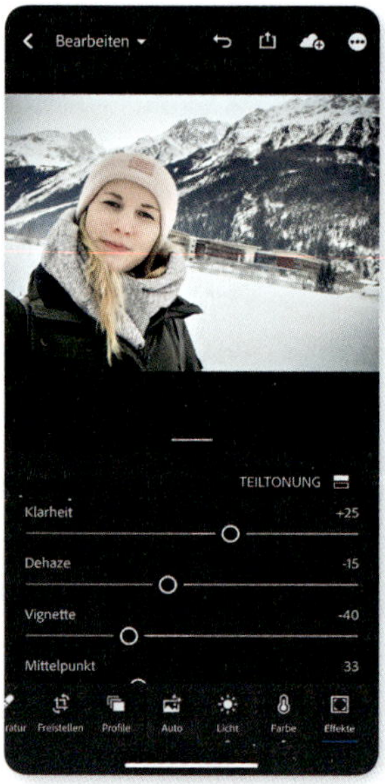

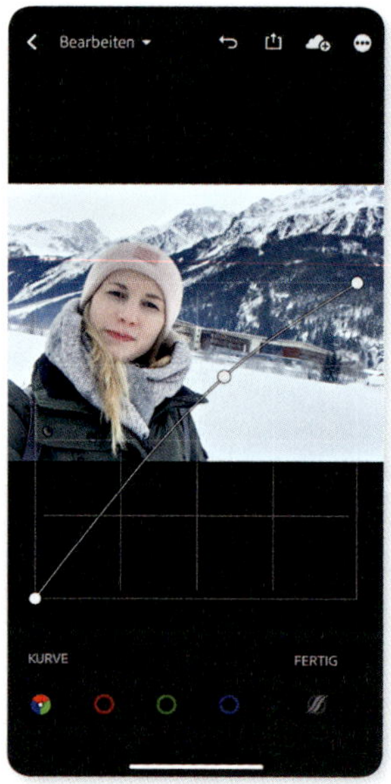

Die Detailbearbeitung kann sich sehen lassen.

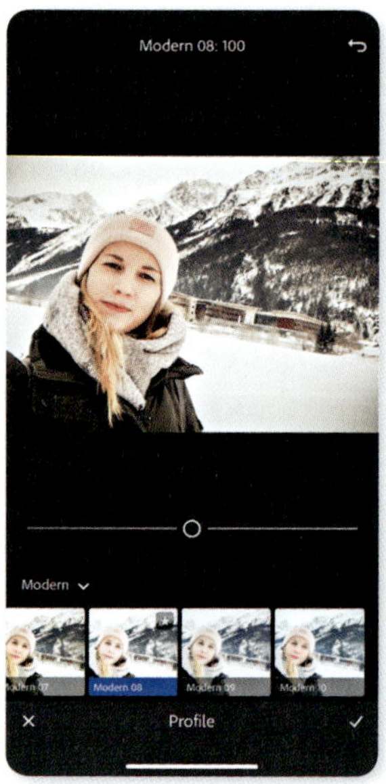

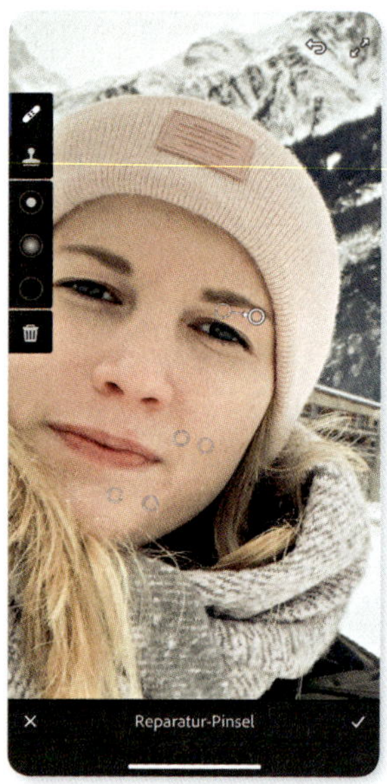

ENLIGHT-SERIE MIT QUICKSHOT, PIXARLOOP UND PHOTOFOX (IOS)

Inzwischen könnte man die Enlight-Serie auch als Adobe Suite fürs Smartphone bezeichnen. Nicht nur Standbild, sondern auch Bewegtbild kann mit einer Vielzahl an Apps auf absurdeste Art und Weise verwurstet werden. Man könnte darüber ein ganzes Buch schreiben, aber so viel Zeit haben wir dann auch wieder nicht. Spannendstes Feature wäre hier, dass man den Himmel mit Quickshot ersetzen kann. Wer blauen (oder zu stark bewölkten) Himmel einfach nur öde findet, der wird mit Quickshot richtig Spaß haben. Mithilfe von künstlicher Intelligenz (mal wieder) wird per Knopfdruck aus lahmem Blau ein episches Plakat in bester *Herr-der-Ringe*-Manier.

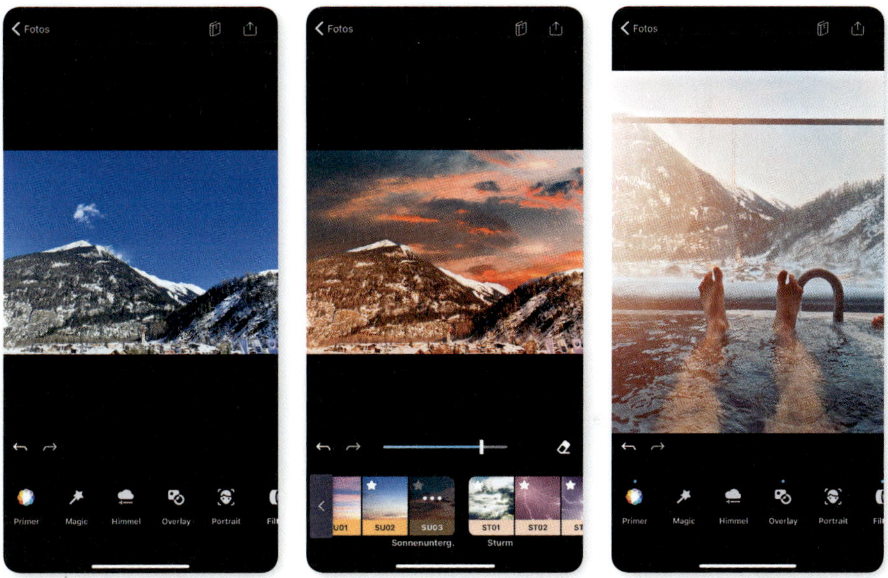

Im ersten Anlauf nicht unbedingt intuitiv, im zweiten Anlauf so, als wäre es ganz selbstverständlich: die Enlight-Serie.

Natürlich müsst ihr hier individuell schauen, wie und ob ein Himmel zu eurer Aufnahme passt, aber der Schieberegler lässt auf magische Art und Weise den Himmel variieren, sodass für jede noch so irre Aufnahme von euch der passende Ersatz dabei sein sollte. Aber auch die anderen Funktionen von Quickshot werden euch zum Spielen animieren. Probiert den Primer aus, um eine neue Grundstimmung zu erzeugen, oder klickt euch durch die Overlays. Ihr werdet merken, dass euer Gehirn anfängt zu rattern und eure Aufnahmen werden nie mehr so aussehen wie zuvor.

Ähnliche Android-Apps sind ***Pixomatic*** und ***Polarr***.

TOUCHRETOUCH (IOS UND ANDROID)

Das unserer Meinung nach aktuell beste Stück Software, um extrem schnell extrem gut Fotos zu retuschieren. Nicht zwangsläufig Gesichter, dafür aber alles andere. In unserem Beispiel haben wir eine hübsche Lichterkette in der blauen Stunde fotografiert. Nur stören uns die Dinge drum herum. Wir haben erst mal die kleine Lichterkette am Rand entfernt. Doch dann fanden wir Lichterkette only doch am besten. Verrückt, oder? Alles noch ein und dieselbe Aufnahme. Die künstliche Intelligenz hat jedoch gemäß unserer Auswahl den Rest herausgerechnet. In beachtlicher Qualität. Immerhin reden wir hier nach wie vor von einer Smartphone-App.

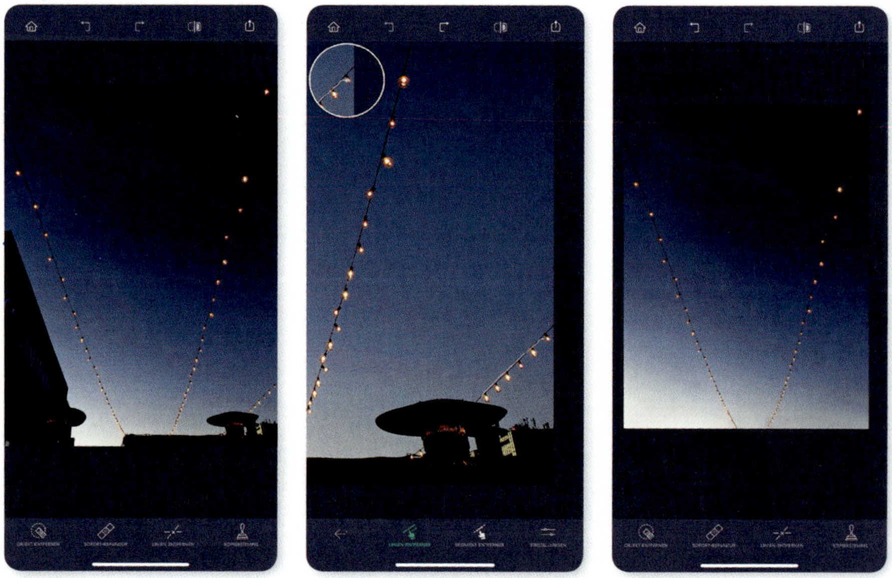

Es ist beeindruckend, wie gut die Algorithmen in mobilen Apps arbeiten.

SLOW SHUTTER (IOS)

Diejenigen unter euch, die so richtig, also so richtig Lust auf »malerische« Fotografie haben, die sind mit Slow Shutter bestens bedient. Diese App hat sich auf das Fotografieren mit (extrem) langen Belichtungszeiten spezialisiert und hilft euch in jeder nur erdenklichen Art und Weise dabei, das Ergebnis zu perfektionieren.

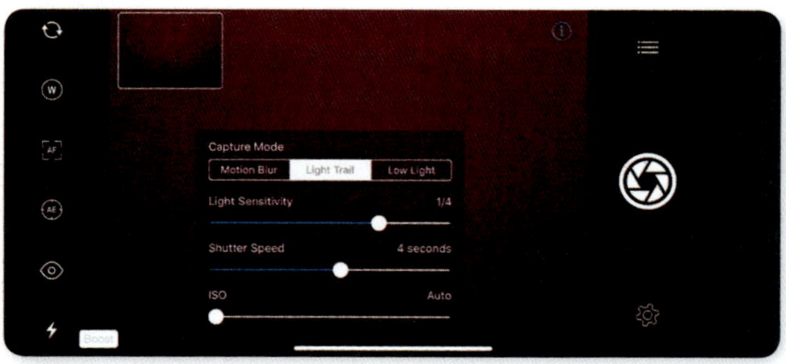

All das, was dem Nacht-Modus der meisten Kameras fehlt: Slow-Shutter-Aufnahmen.

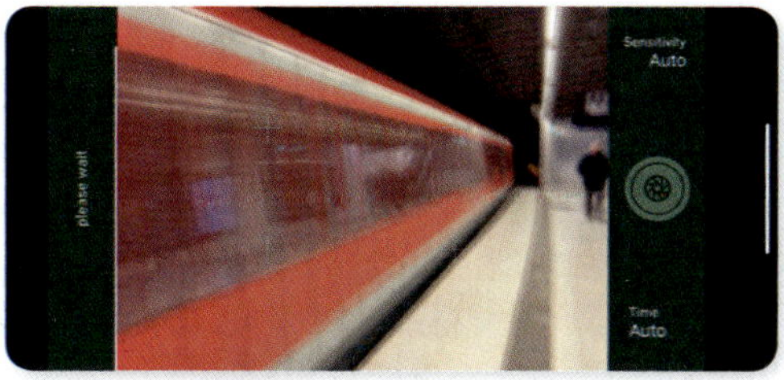

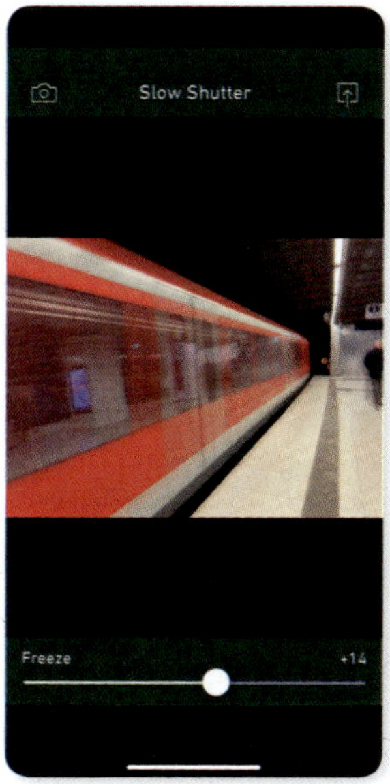

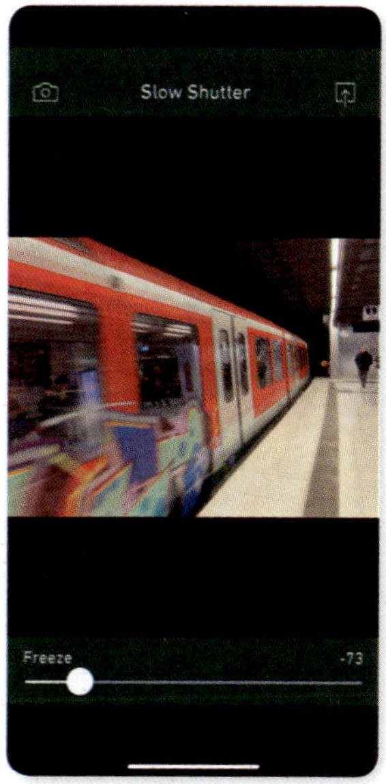

Slow-Shutter-Aufnahmen sind nicht gleich »Lichtmalerei«, hier kommen andere Stärken zum Einsatz.

VSCO (IOS UND ANDROID)

Der Klassiker unter den Farbkorrektur-Apps. Oder besser gesagt: Wer Filter (bei Instagram & Co.) mag, der wird diese App lieben. Hier gibt es gar nicht so viel zu erzählen, außer: ausprobieren.

Filter bestimmen nicht nur eine Stimmung, eine Aussage oder eine Absicht. Sie können auch einfach nur als Trend wahrgenommen werden.

VSCO bietet euch von allem etwas: Farbgebung, Detailgrad, Kontrast und viele weitere Einzelheiten, die darauf warten, von euch ausprobiert zu werden. Am besten in Kombination.

Ähnliche Apps für Android: ***Light Painting Camera.***

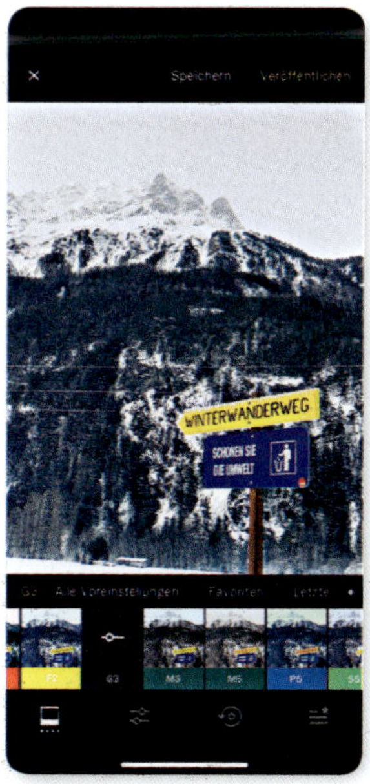

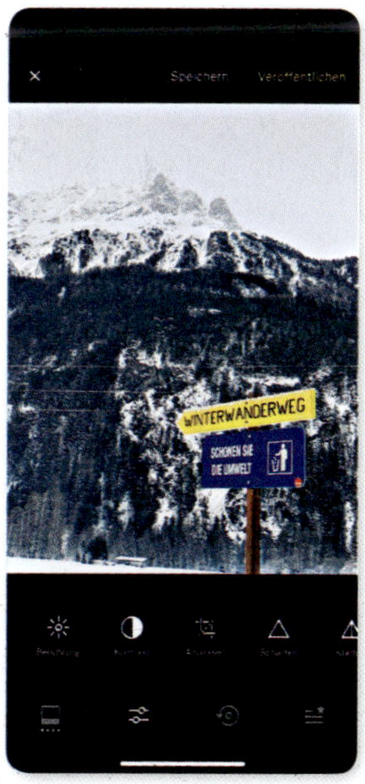

Der Klassiker, wenn es um mobile und schnelle Farbkorrektur geht.

DEEP CROP (IOS)

Diese App ist enorm simpel aufgebaut und hat nur eine – aber eine ganz wichtige – Funktion: die Veränderung des Bildausschnittes. Erste Reaktion? Mh, kann ich doch auch bei all den anderen Apps machen. Ja, das stimmt. Doch bei allen anderen Apps müsst ihr selbst eurer Kreativität freien Lauf lassen und müsst den Bildausschnitt quasi manuell auswählen.

Ihr kennt das bestimmt, manchmal hat man ein Bild aufgenommen, das einem aus irgendeinem Grund aber noch nicht gefällt, und man hat auch keine Ahnung, wie man das Bild – abgesehen von Farbe, Kontrast, Belichtung etc. – interessanter gestalten soll.

Hier kommt Deep Crop zum Einsatz. Mit dieser App könnt ihr euch Inspiration holen, was für interessante und ganz andere Bildausschnitte euer Bild verändern können. Ihr könnt direkt super vergleichen und merkt sofort, was euch gefällt und was nicht.

Kein Mut zum Beschnitt? Keine Sorge, Deep Crop schlägt euch von allein gute Möglichkeiten zum Überwinden eures inneren Schweinehundes vor.

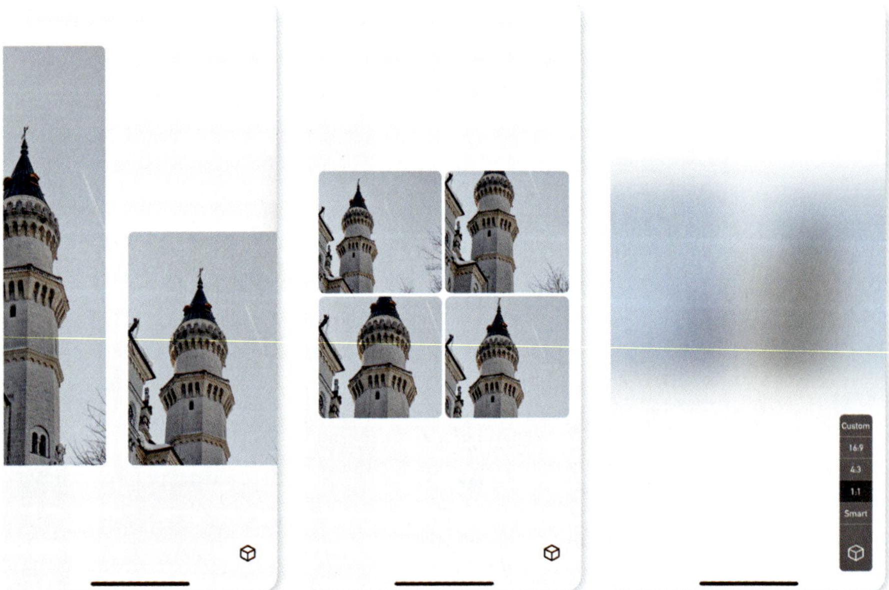

Deep Crop bedient sich hierbei künstlicher Intelligenz, die von professionellen Fotografien lernt, um euren Bildern neue Perspektiven und Blickwinkel zu geben. Wenn ihr nun also euer Bild so weit bearbeitet habt, das gewisse Extra aber noch fehlt, seid ihr hier ganz gut aufgehoben.

Einfach mal anders sein. Nutzt den Mirroring-Trend in eurem Alltag, um ganz neue Dinge zu entdecken.

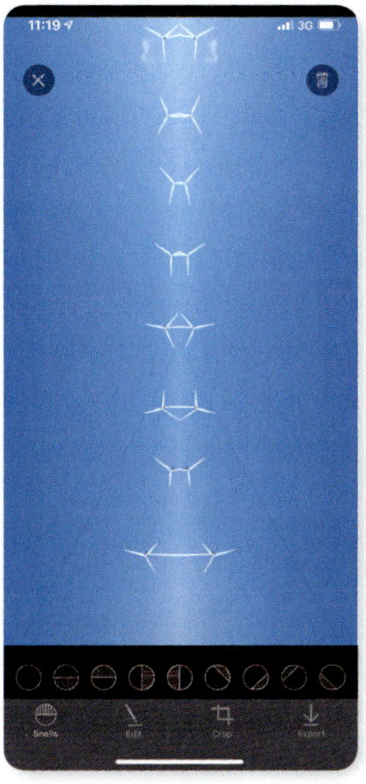

SNELL (IOS)

Eine App für einen noch recht neuen Trend: Mirroring oder einfach nur Spiegeln. Diese App hat sich darauf spezialisiert, eure Motive zu spiegeln. Doch ihr bestimmt mit der Haltung der Kamera und ausgewähltem Motiv das Wie: symmetrisch, asymmetrisch, experimentell oder querbeet. Durch das Doppeln, Spiegeln oder Weglassen bestimmter Motivteile erschafft ihr eine bis dahin unbekannte Welt – und wie wir wissen: Ungewohnte Seheindrücke sind wichtig. Spielt mit dieser App herum, probiert aus und findet eure abstrakte Seite.

Ähnliche Android-Apps sind *MirrorPic* und *Mirror Photo*.

PLOTAVERSE (IOS/ANDROID) UND WERBLE (IOS)

Diese beiden Apps sind ziemlich unterschiedlich, aber im Kern identisch. Beide erwecken durch künstliche Bewegung eure Fotos zum Leben.

Bewegtbild in einem Buch zeigen? Geht. Sind nur Standbilder. Stellt es euch also einfach vor.

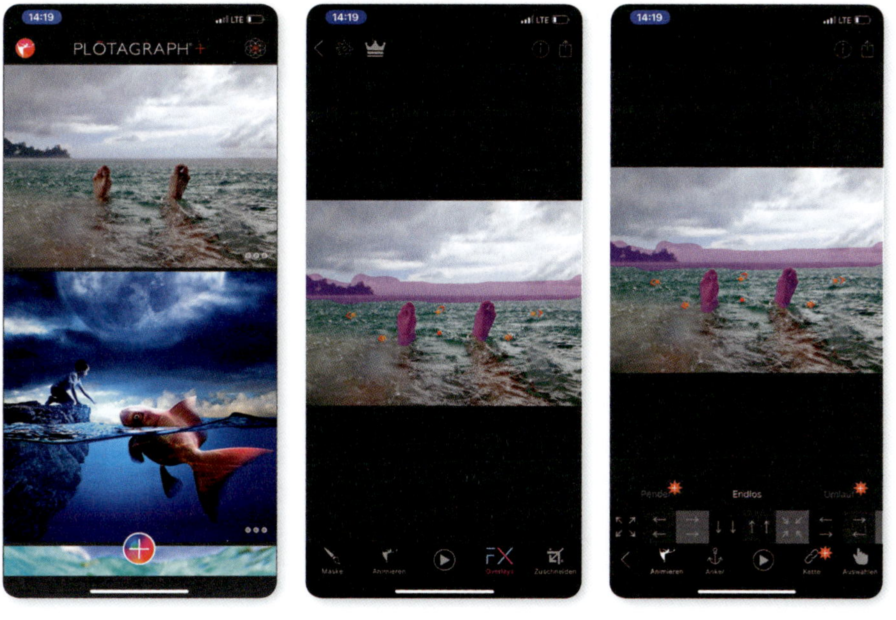

Plotaverse zaubert mithilfe von Bewegungslinien aus euren Standbildern fast schon meditativ fließende Bewegtbilder, während Werble eure Fotos mit halb transparenten künstlichen Videoschnipseln aus einer (Online-)Bibliothek vervollständigt. Beide Apps dienen dazu, eine Realität vorzugaukeln, die man sonst nur vor Ort erlebt haben könnte oder die es so gar nicht gibt. Natürlich könnt ihr auch hier richtig frei drehen und aus der Realität eine Utopie oder Dystopie zaubern. Ihr braucht lediglich Kreativität und ein paar Taps mit dem Finger. Wischen, hinzufügen, wischen, hinzufügen. Fertig.

Eine ähnliche App für Android ist ***Deleo***.

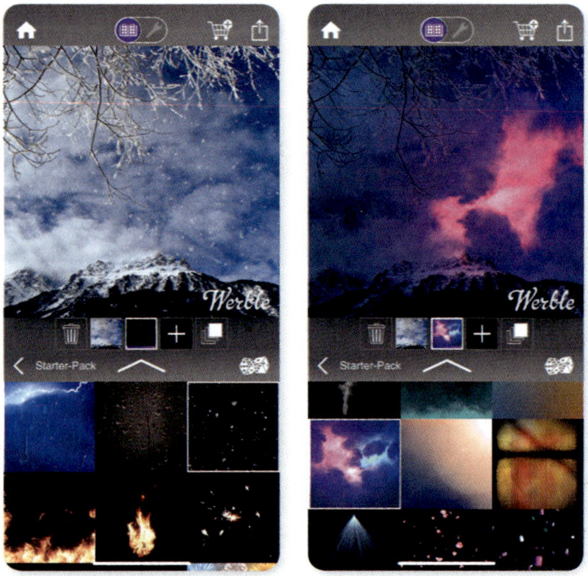

Apps wie Werble helfen euch dabei, ganz andere Aussagen zu erzielen.

APP-SONDERFALL »MULTICAM«

Ja, auch wenn »mehrere Kameras« zum guten Ton gehören, ist die Nutzung softwareseitig immer noch ein Sonderfall. Aber ein spannender Sonderfall. Die spielerischen Möglichkeiten sind genau genommen unbegrenzt. Da wir aber kein Buch mit Endlospapier liefern können, beschränken wir uns auf unsere aktuellen Favoriten, die euch auf den ersten Blick absurd erscheinen mögen, auf den zweiten jedoch eure Kreativität zum Kochen bringen werden.

FOCOS (IOS)

Diese App ist die Mutter aller Multicam-Effekte. Egal was ihr mit einem Mehrfach-Kamerakonstrukt aufnehmen könnt, diese App hilft euch bei der

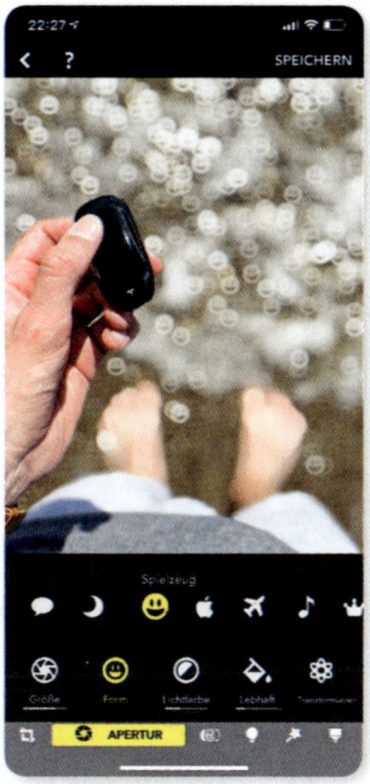

Es muss nicht immer rund sein: Auch ein Bokeh kann euch mit Smileys zum Lachen bringen.

Perfektionierung. Angefangen beim Aussuchen der Bokeh-Form. Normalerweise ist ein Bokeh rund oder angeeckt. Das hat etwas mit der Form der Blende zu tun. Diese Form kann man aber verändern. Bei großen Kameras ist dies möglich, wenn man ein zurechtgeschnittenes Stück Pappe vor die Linse klebt, bei Smartphone-Kameras ist es im Nachhinein durch solche Apps machbar. Am besten wirkt dies bei mehreren punktuellen Lichtquellen wie Lichterketten oder Reflexionen.

Zusätzlich kann die Art der Lichtbrechung durch unterschiedliche Linsen-/Objektivtypen angepasst werden, es können virtuelle Beleuchtungen hinzugefügt und der Tiefen(un)schärfe-Effekt bis ins kleinste Detail auseinandergerupft und neu interpretiert werden. Diese App kann einfach alles. Deswegen: Mutti.

Ähnliche Apps für Android: ***AfterFocus*** oder ***Blur Image Background.***

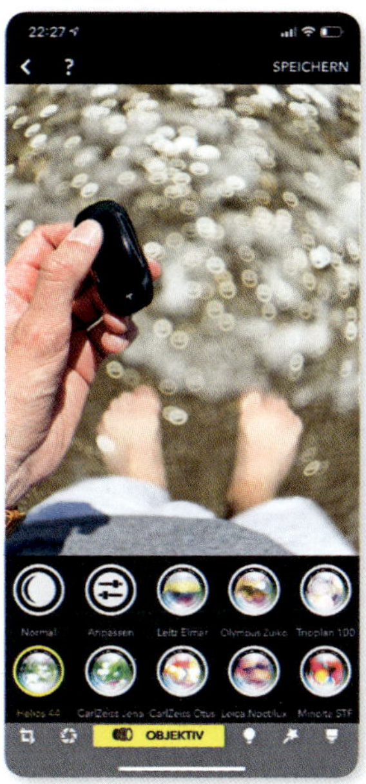

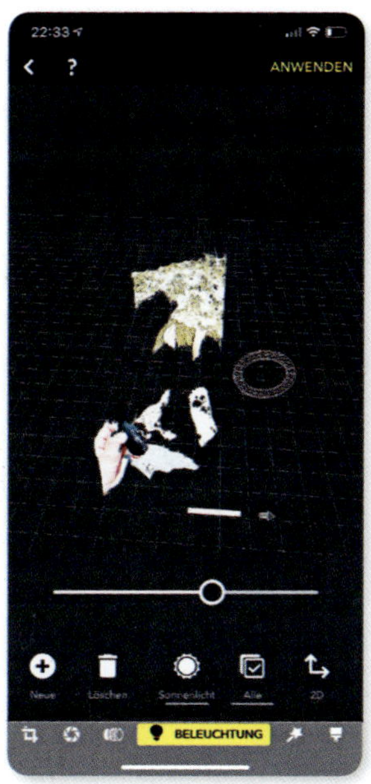

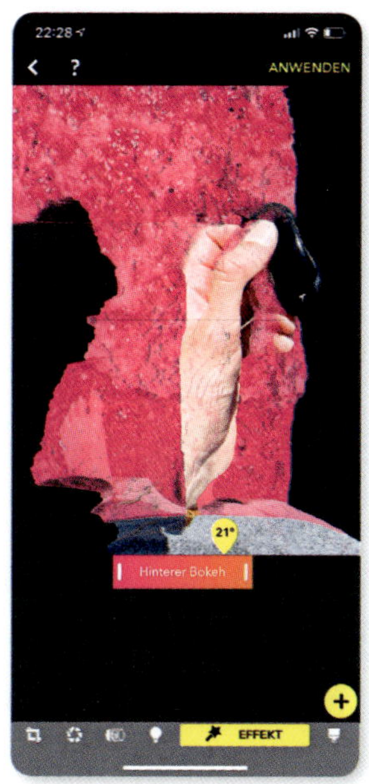

Nicht nur was für Nerds: Wer sich mit den Prinzipien von Tiefeninformationen beschäftigt, wird automatisch andere Bilder schießen.

MOMENTO (IOS UND ANDROID)

Diese App nutzt mithilfe von künstlicher Intelligenz (wie oft haben wir das Wort eigentlich schon erwähnt?) den sogenannten Parallax-Effekt eurer Live- oder Motion-Fotos bis ins letzte Quäntchen aus.

Allseits bekannte GIFs in einem Buch darzustellen, ist nicht möglich ...

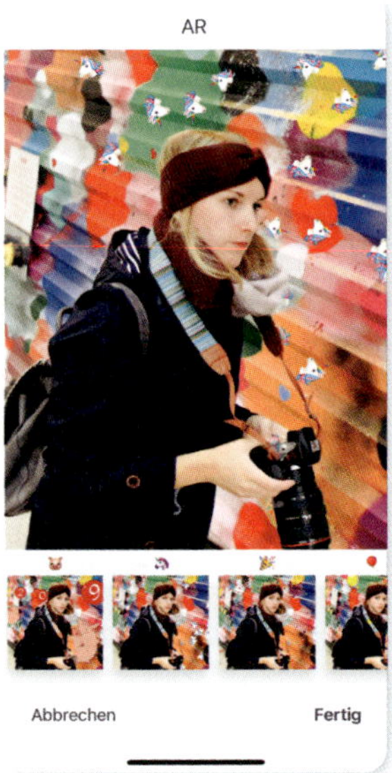

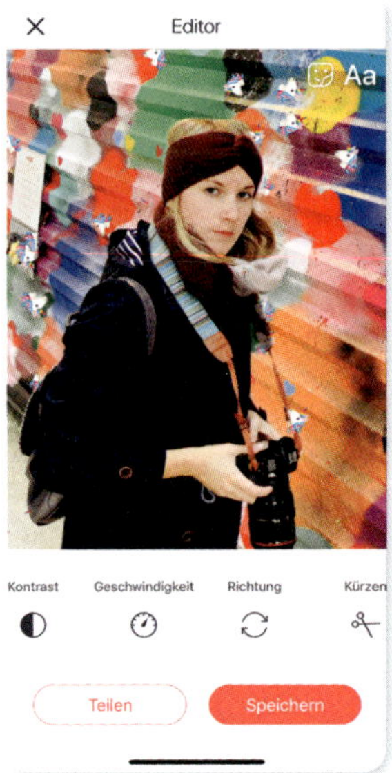

... in euren Köpfen werden sie an dieser Stelle aber lebendig.

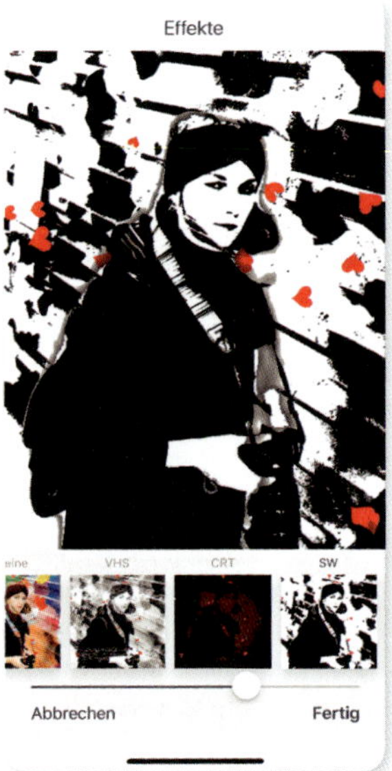

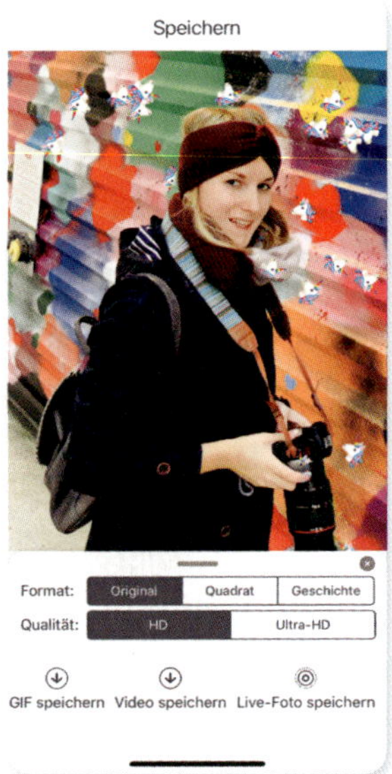

Mag die Bewegung auch noch so klein sein (wie bereits erwähnt reicht das natürliche Zittern eurer Hände bereits aus), die Momento-App kann mit diesen Informationen den Vordergrund vom Hintergrund trennen und die Ebene dazwischen beispielsweise mit zusätzlichen sich bewegenden Inhalten füllen.

Ihr könnt hier tolle GIFs entstehen lassen! Konfettiregen, nur Regen oder auch romantische Herzchen. Spielt mit euren Fotos einfach herum. Voraussetzung ist nur, dass ihr entsprechende Aufnahmen mit Live- oder Motion-Zusatz gespeichert habt.

APOLLO (IOS)

Eine App, um ein bisschen Gott zu spielen. Zumindest, wenn es um Licht geht. Mit Apollo könnt ihr nämlich im Nachhinein spitze, breite sowie farbige Lichtquellen hinzufügen und so nicht nur neue Akzente, sondern auch ganze Lichtstimmungen umwerfen und neu kreieren. Dabei macht sich die App die Tiefeninformation zunutze und berechnet fast schon fotorealistische Plastizität mithilfe von Schatten und Licht. Wenn euch manches Foto also zu flach oder zu realistisch vorkommt, macht es entweder realistischer oder abstrakter.

Ähnliche Apps für Android: ***Light Photo Editor.***

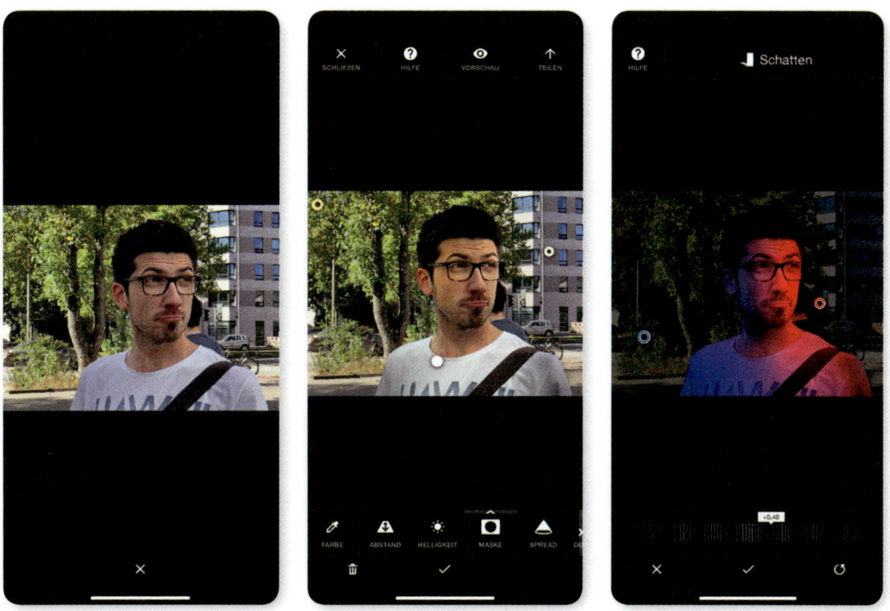

Licht hilft nicht nur, etwas »zu beleuchten«, Licht ändert Verhältnismäßigkeiten, Plastizität und effektiv die Aussage eures Bildes. Probiert herum. Es kann nichts kaputtgehen.

VIDEO-APPS

APPS ZUM FILMEN

So, das war bis hierhin schon wirklich eine ganze Menge Input. An dieser Stelle geht's nun aber weiter mit unseren App-Empfehlungen von Drittanbietern für das Thema »Videos aufnehmen« oder salopp: filmen. Wir haben uns dabei erneut gezielt ganz besondere Video-Apps herausgesucht, die euer Telefon und eure Arbeitsweise um einiges bereichern werden.

Wichtiger Hinweis für Android-Nutzer auch hier: Aufgrund der unterschiedlichsten Konfigurationen im Android-Segment kann es stellenweise zu Kompatibilitätsproblemen (entweder Software oder Hardware) kommen. Es gilt: Ausprobieren. Nicht alle Apps funktionieren überall gleich.

HORIZON/HORIZON KAMERA (IOS UND ANDROID)

Falls ihr auch unter der Sucht leidet, hochkant (vertikal) filmen zu müssen, ihr euch aber trotzdem wundert, warum nicht so viel auf eine Aufnahme passt, solltet ihr mal probieren, das Smartphone quer zu halten, also horizontal, daher auch der Name der App. Keine Sorge, so einfach fällt das Telefon nicht aus euren Händen, wenn ihr nicht gerade 124 Jahre alt seid. Falls das immer noch nicht reicht, helfen euch Apps wie Horizon, die – völlig egal, wie ihr das Telefon in den Händen haltet – ein Video aufzeichnen, das immer quer ist. Das ist nicht nur hilfreich und cool, sondern auch technisch beeindruckend.

Randnotiz: Gilt übrigens auch für andere Seitenverhältnisse und auch für Fotos. Seht diese App also auch als Unterstützung in dieser Hinsicht.

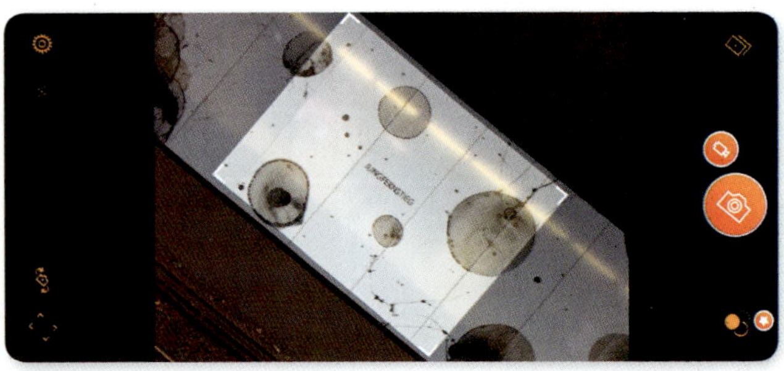

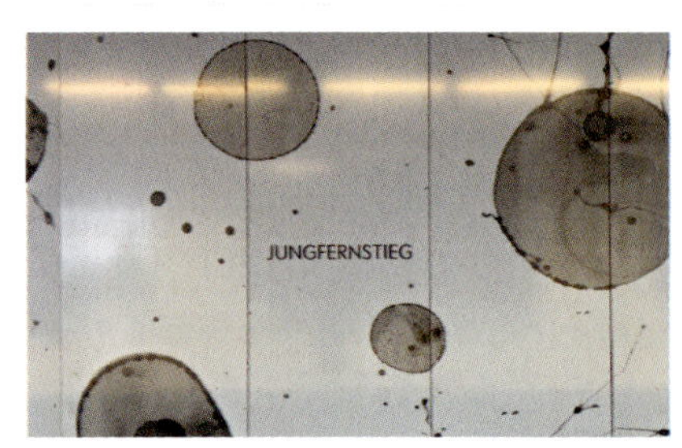

Falls ihr auch unter der »Horizontalitis« leidet, helfen euch Apps wie Horizon dabei, diese Krankheit auszukurieren.

FILMIC PRO (IOS UND ANDROID)

Das hier, liebe Leute, ist der heilige Gral des mobilen Filmemachens. Diese App ist vollgestopft mit tollen Sachen, die euer Filmer-Leben schöner machen. Ihr habt nicht nur volle Kontrolle über Dateiformate oder Bildformate, sondern auch über die Bilder pro Sekunde, ISO, Shutter sowie Seitenverhältnisse, und ihr könnt euch an echten Kinoauflösungen (Format 21:9) versuchen.

Obendrauf gibt es professionelle (flache) Farb-/Dynamikprofile und Audio-Werkzeuge, um mehrere Mikrofone sogar kabellos miteinander kombinieren zu können. Über diese App könnte man wahrlich ein ganzes Buch schreiben, deswegen solltet ihr sie euch auf jeden Fall zu Gemüte führen.

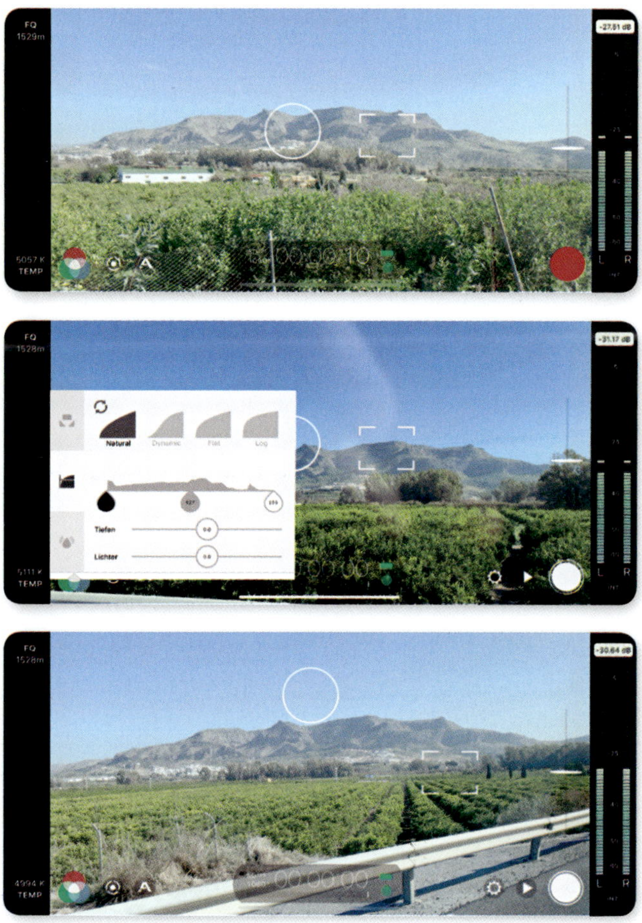

Der üppigste Funktionsumfang am Markt. Am Anfang holprig, nach ein, zwei Malen Herumprobieren läuft aber alles wie von Geisterhand.

Das Menü ist zwar vollgestopft mit vielen tollen Funktionen, lasst euch davon aber nicht abschrecken, denn es ist glücklicherweise intuitiv aufgearbeitet. Es lässt sich nach kurzem Durchklicken wirklich sehr gut begreifen.

Probiert ruhig ein wenig herum, es kann nichts kaputtgehen. Nur scheiße aussehen. Doch nur so lernt man!

Eine ähnliche App für iOS ist *ProMovie*.

Eine ähnliche App für Android ist *Cinema FV-5*.

MUSEMAGE (IOS UND ANDROID)

Das Gegenteil von FilMic wären sogenannte Effekt-Apps wie Musemage. Auch hier ist der Funktionsumfang üppig, die Benutzeroberfläche teilweise noch einen Tick geschmeidiger, aber ernst zu nehmende manuelle Einstellungsmöglichkeiten gibt es hier nur bedingt, da hier der Fokus auf digitalen Effekten liegt. Doch das kann diese App hervorragend, denn ein Großteil der Effekte lässt sich bis ins Detail individualisieren und an euer Motiv anpassen. Selbst, wenn es unglaublich schnell gehen muss, könnt ihr euch auf die Automatiken verlassen und sicher sein, dass im Endeffekt ein der Effekteinstellung passendes Video im Smartphone-Speicher landet.

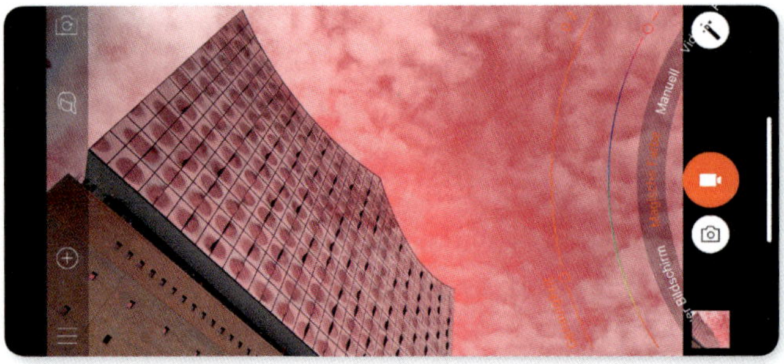

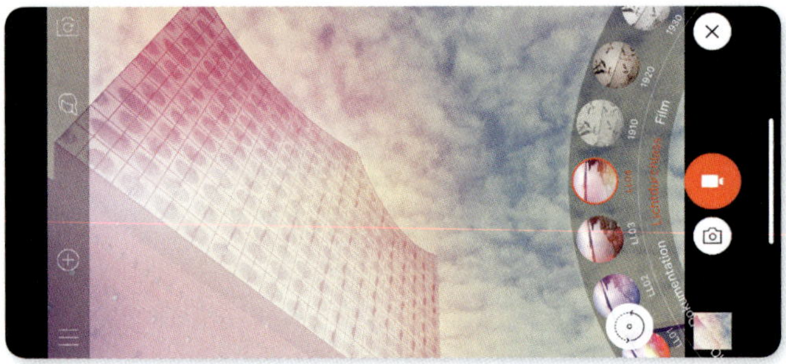

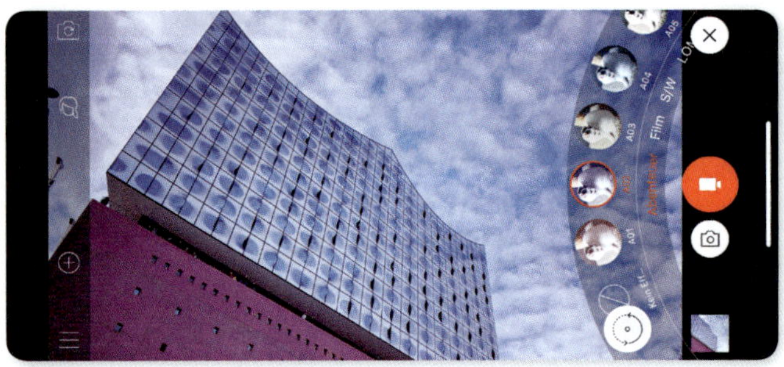

Wer sich nur noch mit Filtern auf die Straße traut, der wird sich über Musemage freuen. Das Schweizer Filter-Taschenmesser.

Eine ähnliche App für iOS ist ***Vue***.
Eine ähnliche App für Android ist ***Film Maker Pro***.

APPS ZUM BEARBEITEN UND SCHNEIDEN VON VIDEOS

Wenn ihr nun all euren Mut zusammengenommen und ein Video mit dem Telefon erstellt habt, dann sei euch an dieser Stelle gesagt: Glückwunsch! Der erste, grundlegendste und wichtigste Schritt ist hiermit gemacht. Mit diesem Schnipsel könnt ihr entweder direkt bei Instagram & Co. online gehen oder noch ein bisschen mehr machen. Deswegen sagen wir euch an dieser Stelle noch einmal: Habt keine Angst davor, es kann nichts kaputtgehen!

Ihr merkt, wir wiederholen uns hier gerne. Wir haben ebenfalls schon oft genug herumprobiert, gelöscht, verworfen, neu gemacht. Damit aus euren Videoschnipseln aber mehr wird als nur ein bisschen Blabla ohne richtigen Anfang und ohne richtiges Ende, bedarf es einer Sache, die in der Kreativbranche Schnitt genannt wird. Damit dieser Schnitt gelingt, braucht ihr Schnittprogramme. Was tut ihr in diesen Programmen? Die Schnipsel zusammenführen oder auseinandernehmen. Mehr macht ein Schnittprogramm nicht. Alles andere ist eurer Kreativität überlassen. Kein Scheiß. Als kleine Starthilfe geben wir euch aber ein paar App-Tipps auf den Weg, die wir ganz sneaky mit ein paar Schnitttricks verknüpfen. In einem Buch ist es nicht ganz so einfach, ein Bewegtbildmedium darzustellen.

Wichtiger Hinweis für Android-Nutzer: Aufgrund der unterschiedlichsten Konfigurationen im Android-Segment kann es stellenweise zu Kompatibilitätsproblemen (entweder Software oder Hardware) kommen. Es gilt: Ausprobieren. Nicht alle Apps funktionieren überall gleich.

IMOVIE (IOS)

iMovie macht gleich zu Beginn am abgespecktesten, aber zugleich am deutlichsten klar, woraus Schnittprogramme und vor allem Schnittprogramme am Smartphone gestrickt sind. Sie bestehen aus einer Timeline (der große, nicht zu übersehende Streifen) und ihren Inhalten, den sogenannten (Video-)Spuren, und Zusätzen wie Musik und Effekten (die Symbole an den Rändern). Das Allermeiste passiert auf der Timeline. Hier hängt ihr eure Videos aneinander und verziert sie mit Effekten oder Musik.

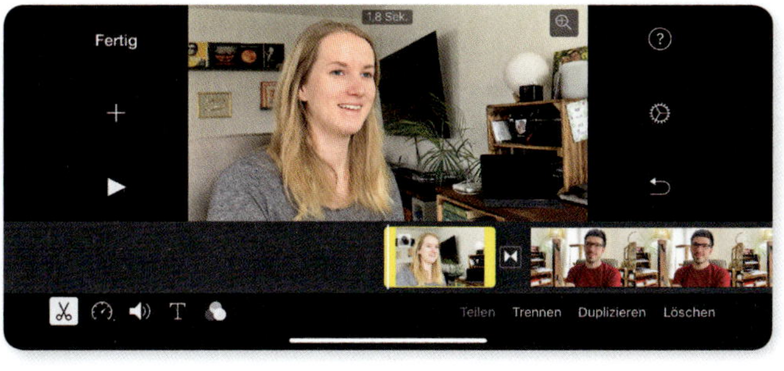

iMovie sieht seit jeher gleich aus. Intuitiv seit Tag 1.

Das einfachste Szenario wäre beispielsweise ein Interview. Ihr habt eine oder mehrere Personen beim Quatschen gefilmt und könnt diese Elemente nun einfach über das »Plus-Symbol« nacheinander hinzufügen und somit aneinanderhängen. Fertig. Ihr habt euren ersten Schnitt geschafft!

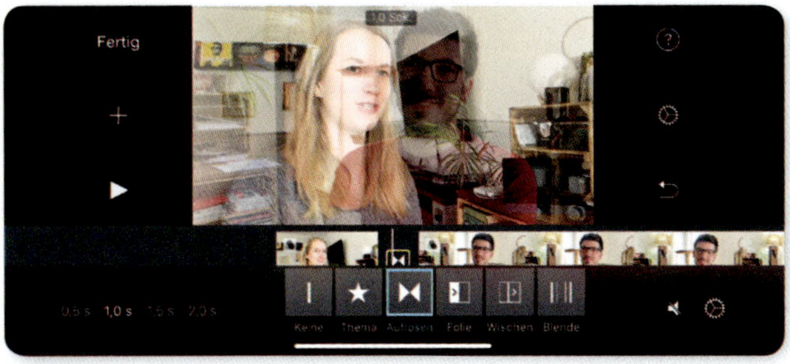

Das Anwenden von Effekten ist einfach und straight forward.

Falls euch das noch nicht befriedigt, keine Sorge. Es geht hier noch ein bisschen mehr. Euch sind sicherlich schon die Verbindungsstücke zwischen den Videoteilen aufgefallen, oder? Mit einem Tap auf diese kleinen Vierecke bestimmt ihr die Art und die Länge eines Übergangs.

Es bietet sich immer mal wieder an, eine Blende zu nutzen, und zwar als Alternative zu einem harten Schnitt, um weiche Übergänge zu erstellen, Fragen aufkommen zu lassen oder gar Spannung zu erzeugen. Selbst Filme wie *Star Wars* nutzen so etwas.

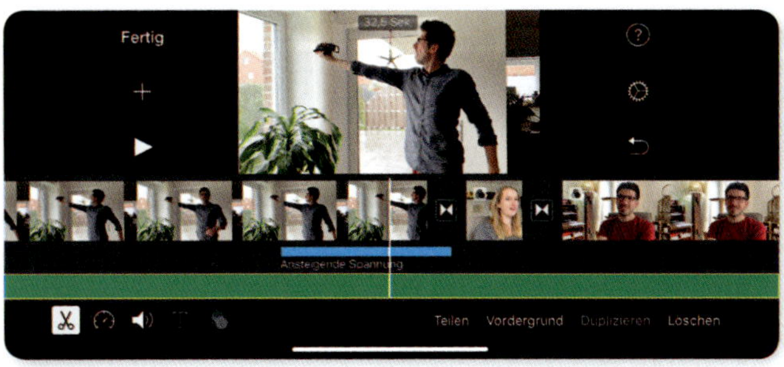

Auch das Hinzufügen von weiteren Spuren ist ein Kinderspiel.

Unterstützen könnt ihr eure erzählerischen Absichten noch mit Musik oder Toneffekten. Eine ordentliche Handvoll ist bereits als Zusatzpaket in iMovie inbegriffen und ist mit einem Tap auf das Plus-Symbol abrufbar und mit eurem Finger an eine beliebige Position verschiebbar. Ihr könnt jedoch zusätzlich Inhalte aus eurem Onlinespeicher iCloud oder aus eurer iTunes-Mediathek hinzufügen. Vergesst hier nur nicht, eventuell geltende Nutzungs- und Urheberrechte zu beachten!

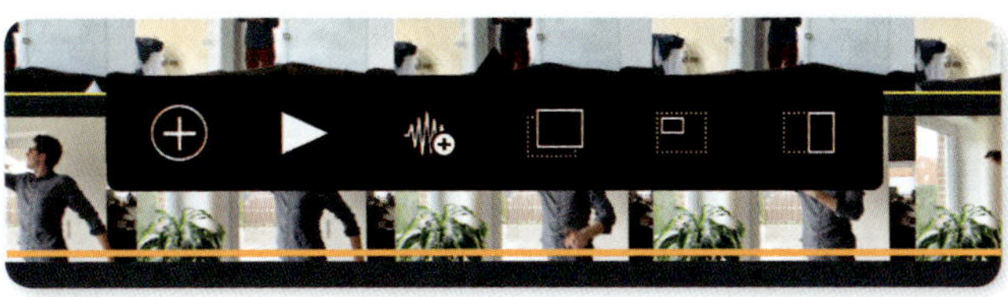

Die Symbole sind nicht beschriftet. Nach einer Weile habt ihr die Funktionen auswendig drauf.

Aber wäre es nicht viel schöner, während man einen redenden Kopf hört, noch andere Bilder zu sehen? Vielleicht sogar passende Bilder zu dem, was der Kopf da erzählt? Auch das geht, das nennt sich: Schnittbild! Ihr wählt hierfür über das Plus-Symbol wieder euer gewünschtes Material aus, nur fügt ihr es dieses Mal mit einem Tap auf das »übergeordnete Ebene«-Symbol hinzu. Das sind diese zwei überlappenden Rechtecke.

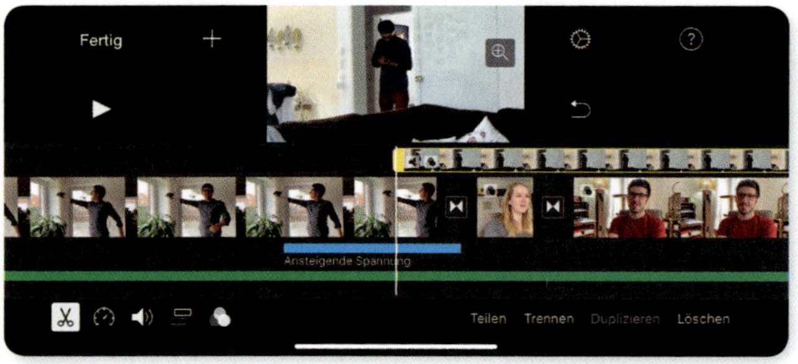

Selbst kleinteilige Projekte lassen sich mit dem Finger noch gut bedienen.

Jetzt landet das neue Video nicht neben, sondern über dem bereits existierenden Video. Die Position könnt ihr selbst bestimmen und das Video über dem anderen hin und her schieben. Mithilfe der Enden links und rechts bestimmt ihr die Länge. Fertig. Ihr habt euren ersten Umschnitt mithilfe eines Schnittbildes erschaffen. Achtet jedoch auf bestimmte Elemente unter dem Video, damit diese nicht verdeckt werden, zum Beispiel Übergänge. Denn das, was ganz oben liegt, überschreibt immer das, was darunter liegt.

Eine ähnliche App für iOS ist ***Adobe Premiere Rush***.

Eine ähnliche App für Android ist ***PowerDirector Videobearbeitung***.

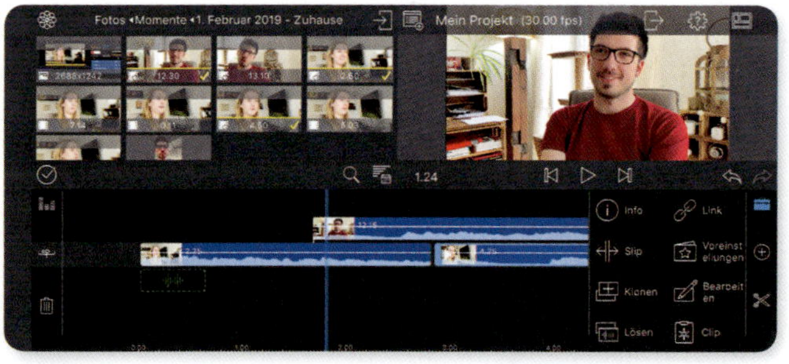

Weniger iMovie, dafür mehr »echtes« Schnittprogramm.

LUMAFUSION (IOS)

Bleiben wir doch beim Interviewbeispiel. Wäre es nicht schön, dem Zuschauer mit einer Texteinblendung zu verdeutlichen, wer da gerade spricht? Oder was genau da zu sehen ist? Dafür braucht ihr ein anderes Programm. Eine App, die etwas mehr Bumms hat und von Qualität und Umfang her schon an die richtigen Schnittprogramme auf Computern herankommt. In diesem Falle nehmen wir LumaFusion.

Diese App fordert alles von eurer Smartphone-Technik, kann dafür 'ne Menge. Besonders interessant, wenn ihr Aufnahmen mit den angesprochenen Video-Apps importieren wollt, die nicht die Standard-Bildfrequenz von 30 Bildern pro

Sekunde haben. Wundert euch also nicht, wenn manchmal ein paar Sekunden vergehen, bis ein Befehl vollständig ausgeführt wurde. Nachdem ihr ein Projekt angelegt habt, wählt ihr eure Quelle – in unserem Falle »Fotos«, weil da alle Aufnahmen standardmäßig gespeichert werden – und drückt auf Hinzufügen oder zieht das passende Video aus der Übersicht direkt in die Timeline und setzt es nach euren Vorstellungen zusammen. Das könnte dann in etwa so aussehen:

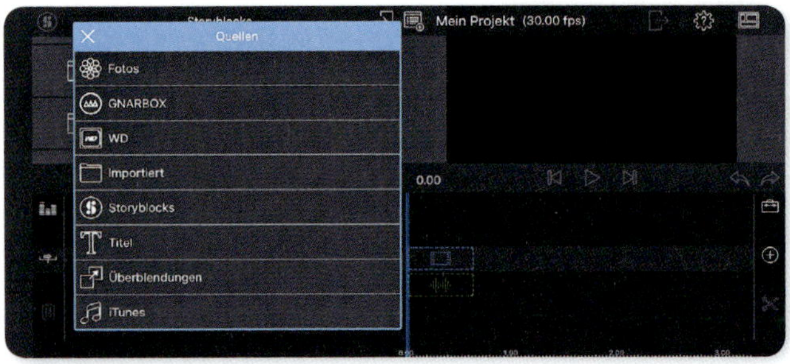

Die Möglichkeiten zum Importieren oder auch Verwalten sind bei Luma enorm.

Nun wählt ihr mit einem Tap auf den Dateipfad wieder eure Quelle aus, entscheidet euch dieses Mal jedoch für »Titel«:

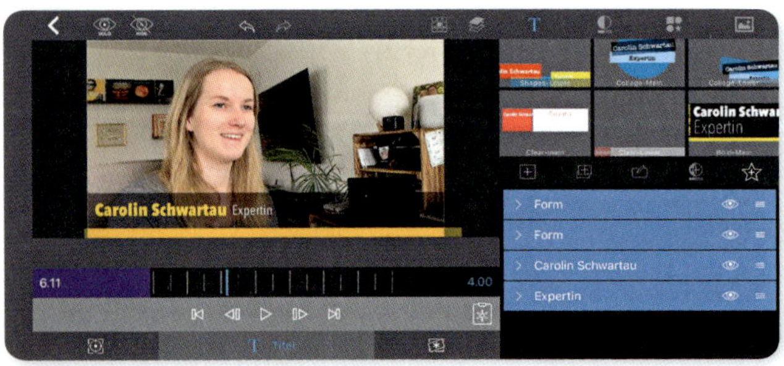

Fast wie am Computer: Wenn es um Effekte, Grafiken oder Titel geht, kriegen selbst Programme am Computer das Fürchten.

Zieht nun aus der Übersicht euren favorisierten Titel in die Timeline und tippt doppelt auf die Titelspur: Der Bearbeitungsmodus öffnet sich. Hier passt ihr die Titel, Farben und Positionen an, wie ihr sie haben wollt. Keine Angst vor all den Knöpfen, es ist viel intuitiver, als ihr denkt. Probiert einfach herum. Fertig! Eure erste sogenannte Bauchbinde ist kreiert! Falls ihr euch schon sehr sicher fühlt, könnt ihr auch Schritt für Schritt weiter die Schnittprogramme erforschen. Besonders LumaFusion bietet euch ein schier nicht enden wollendes Arsenal an kreativen Waffen. Neben Texten könnt ihr Musik, Toneffekte, Grafiken oder vorgefertigte Videos nicht nur vom eigenen Telefon wählen, sondern auch direkt aus dem Internet herunterladen. Dazu hat der Hersteller die Plattform STORYBLOCKS integriert. Für Instant-Kinofeeling oder professionelle Animationen, ohne irgendetwas dafür zu machen, die aktuell beste Wahl und somit definitiv empfehlenswert.

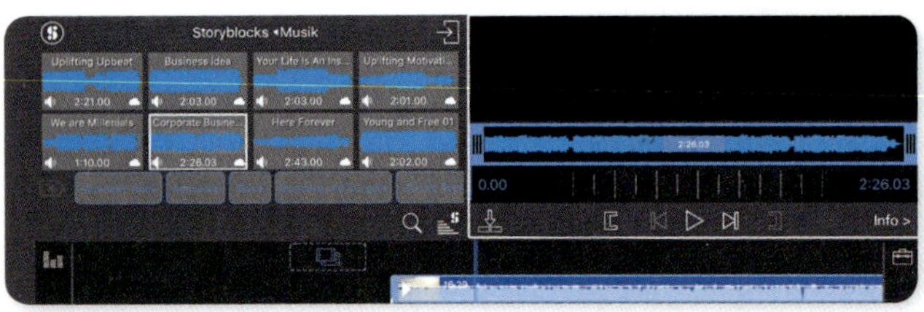

Entweder eigene oder Musik von Drittanbietern ist möglich (und im eigenen Store integriert). Praktisch!

KINEMASTER (ANDROID UND IOS)

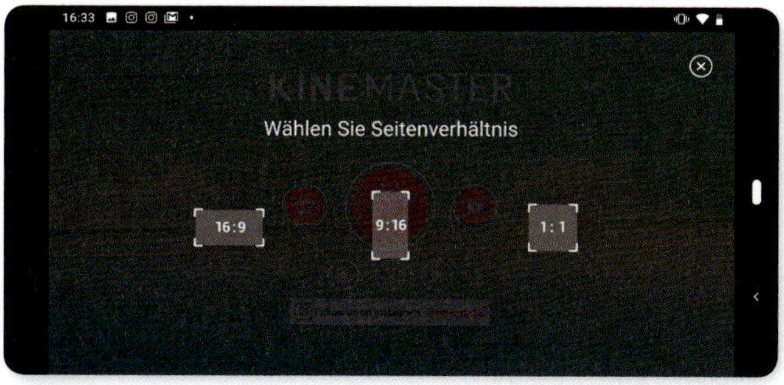

Klar und deutlich: So legt ihr euer Ausgabeformat fest.

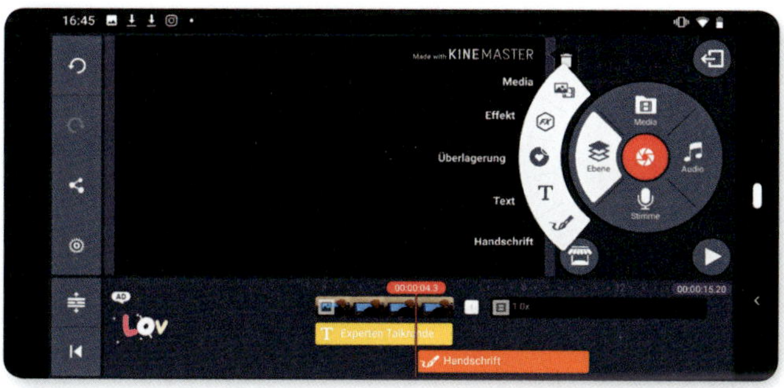

Ein anderer Ansatz: Kinemaster ist grundsätzlich klassisch, denkt die Nutzerführung neu und macht »alles rund«.

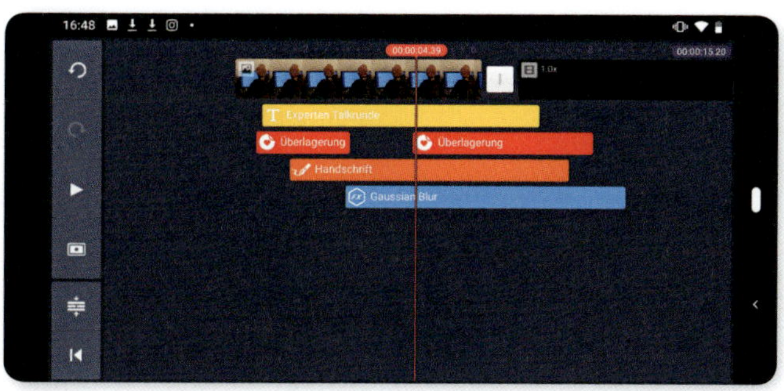

Auch hier lassen sich kleinteilige Projekte noch gut mit dem Finger bearbeiten.

KineMaster ist ein Hybrid aus iMovie und LumaFusion für Android und iOS. Es ist weitestgehend reduziert, doch gleichzeitig auch gut gefüllt mit hilfreichen Zusätzen. Auch hier liegt – wie überall – das Augenmerk auf der Timeline. Alles andere findet ihr in den Knöpfen im dauerpräsenten Auswahlrand.

Das Tolle hier: Ihr könnt wie bei LumaFusion gleich zu Beginn euer Seitenverhältnis bestimmen, um von Anfang an genau das richtige Format für YouTube, Instagram & Co. zu haben.

Die Interviewbeispiele funktionieren natürlich auch mit der Android-App.

Im Grunde genommen funktioniert theoretisch alles mit den Android-Apps ebenso wie bei iOS. Es kommt nur auf euer Smartphone an. All unsere Smartphone-Kandidaten beherrschen alle Funktionen reibungslos in bestmöglicher Qualität. Bei KineMaster gibt es weiterführend noch nützliche Zusatztools wie Texteinblendungen, Soundeffekte oder Sprachaufnahmen, aber auch einen eigenen Shop. Ihr müsst nur umdenken. Hier liegen die Ebenen untereinander und welche Spur gezeigt wird, bestimmt die Ebenenpriorisierung.

Habt ihr ein gutes Mikrofon als Zubehör für euer Smartphone, könnt ihr im Nachgang beispielsweise einen Text darüber sprechen oder singen. Habt ihr kein gutes Mikrofon am Start, helfen euch unsere Zubehör-Tipps sicherlich weiter.

GIF MAKER (IOS UND ANDROID)

Kurz gesagt: GIF Maker ist die umfangreichste GIF-App, um auf allen erdenklichen Wegen GIFs zu erstellen. Entweder aus euren Live-Aufnahmen ein kurzes Video für Social Media oder aus einer Bildschirmaufnahme ein fertiges Instagram-Video oder eine komplett neu entstehende Animation für eine WhatsApp-Gruppe – es gibt kein Limit. Wichtig für euch ist nur zu wissen, dass ihr genug Strom im Telefon dabeihabt. Solche Apps ziehen enorm viel Energie, weil das Umrechnen extrem aufwendig ist. Aber es lohnt sich, denn ein gutes GIF teilt jeder gern.

MOODELIZER (IOS/ANDROID) FÜR DIE MUSIKALISCHE PERFEKTION

Noch ein kleiner Tipp am Rande, um das Videopaket rund zu machen: Wer von euch gern mit Musik herumspielt, aber nicht zu viel Zeit und Hirnschmalz investieren möchte, der wird mit dem Moodelizer sehr viel Spaß haben.

Das ist eine Musik-App, die sich der modernen Multi-Kanal-Technologie bedient. Ihr habt die Auswahl aus mehreren Genres. Habt ihr euch für eines entschieden, seht ihr eine Art Trackpad, wie bei Notebooks, auf dem ihr eure Finger hin und her schiebt. Je nachdem, wo sich euer Finger befindet, wird völlig stufenlos die Orchestrierung und Abmischung eures vorher ausgewählten Soundtracks angepasst. Entweder klingt alles groß und episch oder zurückhaltend und klein. Hier sollte jeder auf die Schnelle ein recht individuelles Stück Musik für seine Projekte zurechtgeswipt bekommen.

ZUBEHÖR

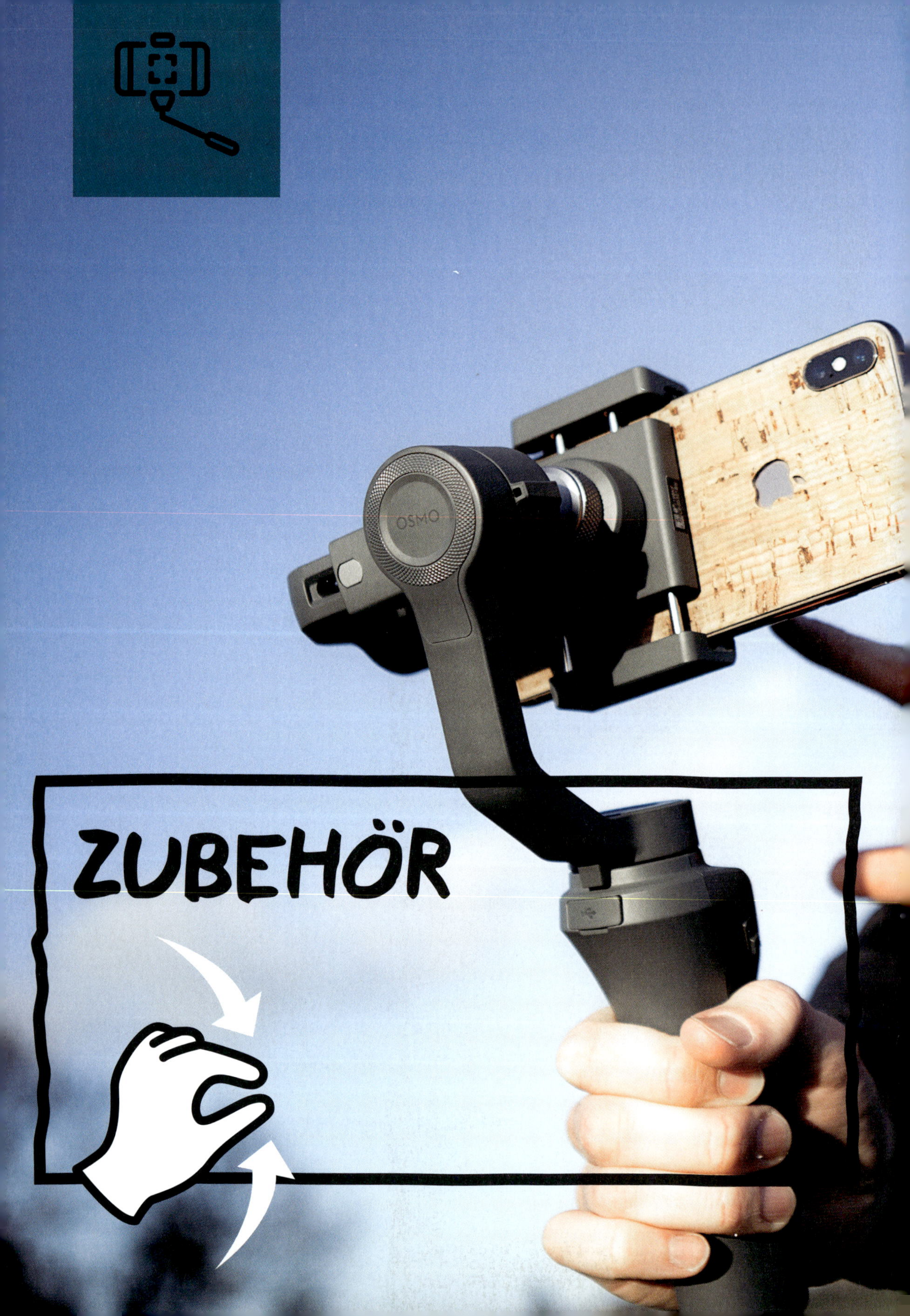

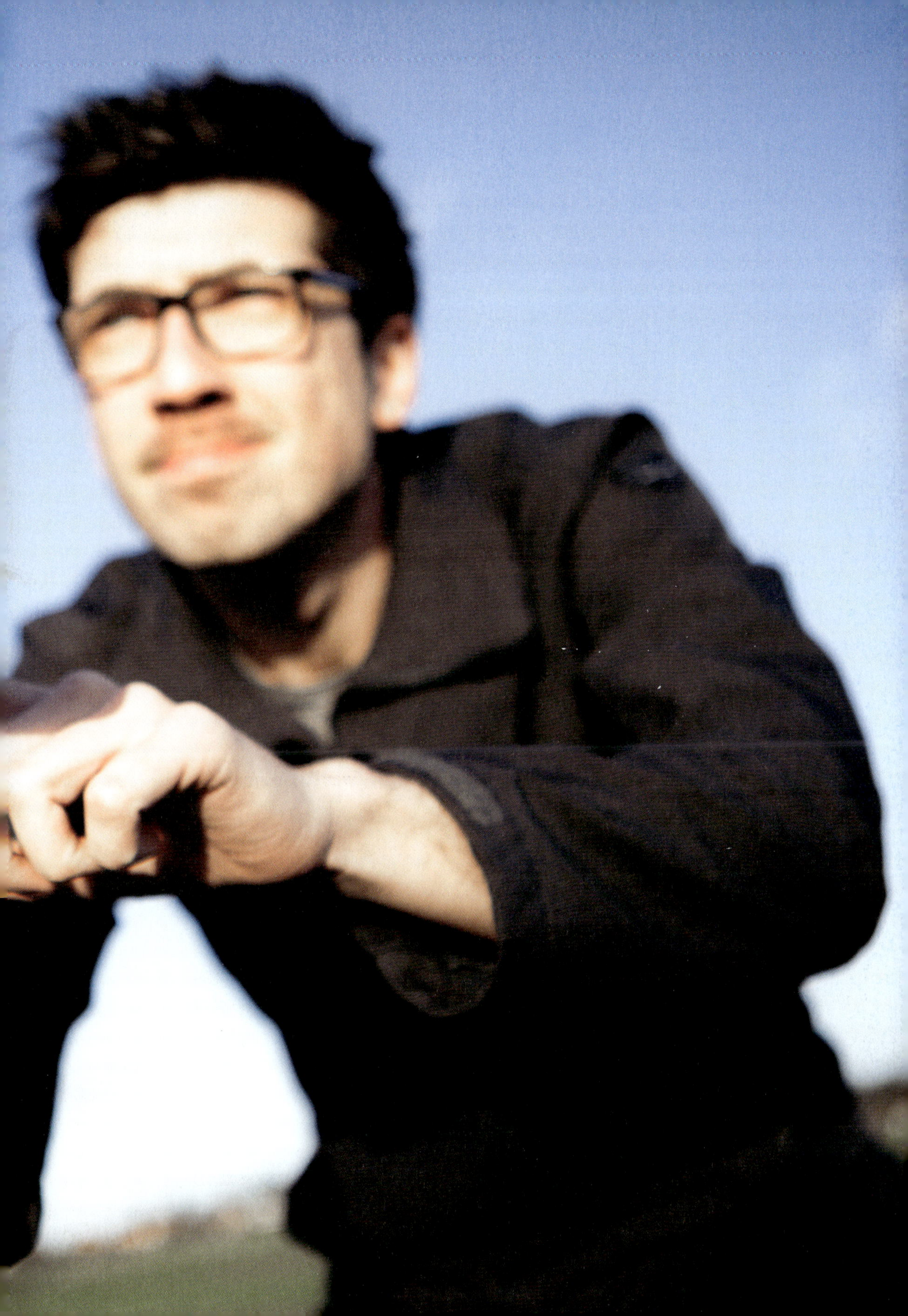

Jedes aktuelle Smartphone funktioniert als All-in-one-Lösung. Teilweise kann man es out of the box und teilweise mit den entsprechenden Apps verwenden. Wer mehr Individualität oder vielmehr Professionalität anstrebt, kann mit folgenden Möglichkeiten arbeiten.

Hier müssen wir etwas umfassender anmerken: Aufgrund der unterschiedlichen Konfigurationen im Android-Segment, aber auch aufgrund der unterschiedlichen Ausstattungsmerkmale bei iPhones kann es leider stellenweise zu Kompatibilitätsproblemen (entweder software- oder hardwareseitig) kommen. Es gilt also wie immer: Ausprobieren!

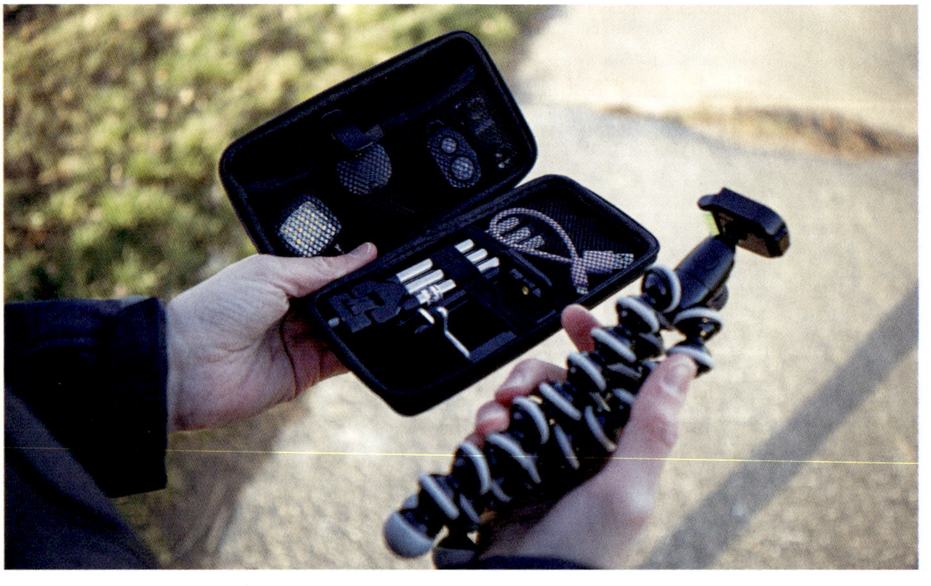

ZUBEHÖR ZUM FOTOGRAFIEREN

Obwohl – ehrlich gesagt – das Zubehör für Foto und Video nicht allzu weit auseinander liegt, gibt es immer mal wieder Kleinigkeiten, die kategorisiert werden müssen. Trägt nicht nur zu einer besseren Übersicht bei, sondern hilft eurer Feinmotorik enorm. Probiert jedoch unbedingt aus, Foto- und Videozubehör jeweils untereinander zu tauschen.

LINSEN

Ihr wisst bereits, dass Smartphones aufgrund der schmalen Bauweise an gewisse Grenzen kommen. Vor allem physikalische Grenzen, denn der Abstand zwischen Linse und Sensor ist so gering, dass ein optischer Zoom und Austauschlinsen (mit aktuellen Techniken) nicht möglich sind. Fun Fact: 2014 hat Apple schon ein Patent für austauschbare Linsen beim iPhone beantragt. Bis es aber so weit ist, solltet ihr euch wirklich gute Workarounds anschauen.

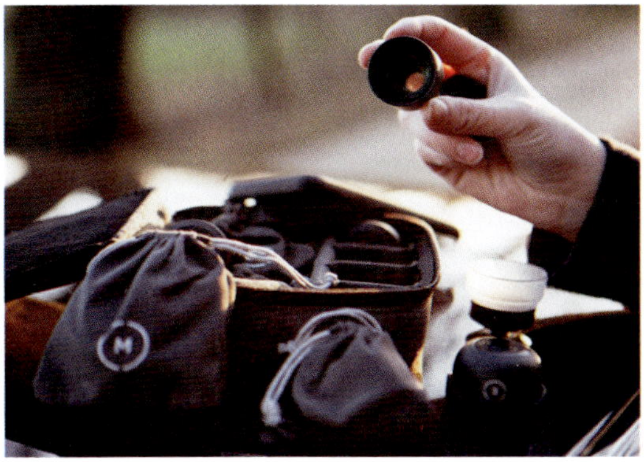

Die Auswahl an Linsen, zum Beispiel von Moment, ist riesig.

MOMENT LENS (IOS UND ANDROID)

Die Moment-Linsen sind ohne Übertreibung die hochwertigsten Linsen am Markt. Sauber verarbeitet, universell einsetzbar, breit aufgestellt beim Thema Brennweite (von Makro über Fischauge bis Tele-Zoom) und bei den Adaptierungs-/Befestigungsmöglichkeiten – der perfekte Zusatz, um das Potenzial von mobilen Geräten nicht nur auszuschöpfen, sondern zu erweitern.

Die passend dazu frisch herausgebrachte App erkennt die angeschraubten Linsen automatisch und hilft mit visuellen Tricks, an eurer Kreativität zu arbeiten. Tipp unsererseits: Linsen-Sets von Moment nicht nur nach Bedarf, sondern auch nach Möglichkeiten zusammenstellen. Wir versprechen euch, ihr werdet mit den neuen Eindrücken eine Menge Spaß haben.

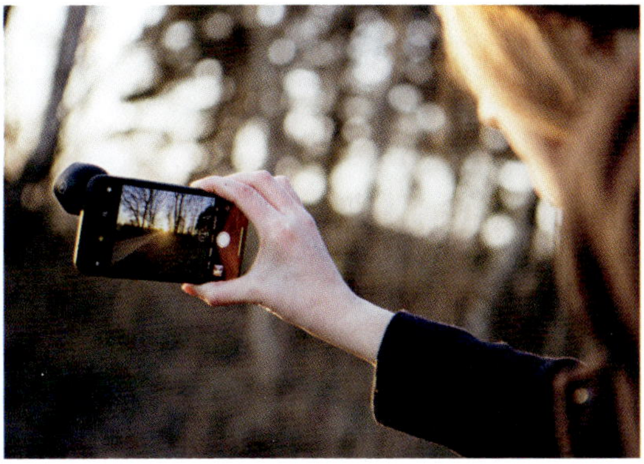

Der Seheindruck wird mit solchen Linsen definitiv einen zweiten Frühling erleben …

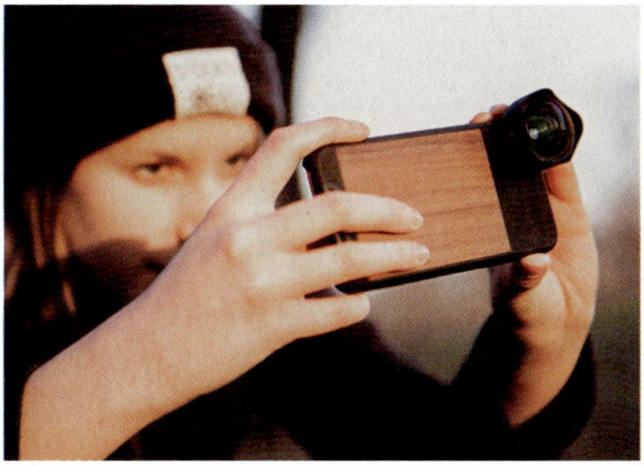

… und das Ganze sieht zugegebenermaßen auch ziemlich cool aus. ***#Kappa.***

NURUGO MICRO

Auch Smartphone-Mikroskop genannt. Bis zu einem Faktor von 400 kann dieses kleine Konstrukt ein Motiv vergrößern. Vorausgesetzt natürlich, ihr klemmt es an euer Smartphone. Im Gegensatz zu einem Moment-Linsen-Makro ist das Nurugo Micro nicht ganz so hochwertig, dafür aber deutlich flexibler einsetzbar, da es von Haus aus an alle wenigstens halbwegs modernen Smartphones mit Kamera passt und mit einem integrierten akkubetriebenen LED-Ring als Beleuchtungshilfe punkten kann. Und unter uns: Die Plastikkonstruktion dieser Aufstecklinse ist gerade für solche Einsätze etwas verzeihlicher und robuster als das Glas der Moment-Linsen. Bilder von der Nurugu Micro habt ihr schon im Kapitel »Makrofotografie« gesehen.

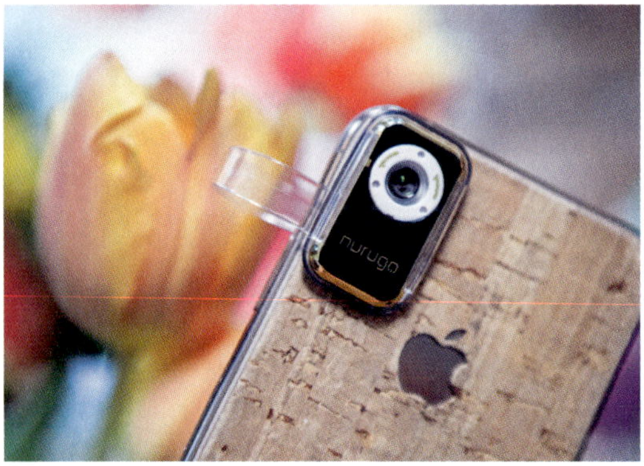

Ungewöhnlich, aber effektiv: das Nurugo Micro.

LICHT

Im Dunkeln lässt sich gut munkeln. Ja, mag sein, wenn man richtig Bock hat. Für Kameras ist Licht aber immer gut und essenziell. Selbst, wenn es nur ums Akzentesetzen geht. Stromanschlüsse hat man jedoch nicht immer und überall und Lust, große, schwere Dinge herumzuschleppen, auch nicht. Zum Glück gibt es kleine Helferlein, die euch ein Licht aufgehen lassen.

LUME CUBE CREATIVE LIGHTING KIT (IOS UND ANDROID)

Es muss nicht zwingend das Kit sein, falls ihr schon eine Stativklemme oder -halterung habt – der Lume Cube funktioniert auch ohne. Aber nice to know, dass es so was gibt. Es gibt sogar verschiedene Filter, die ihr auf das Cube setzen könnt. Außerdem gibt es mehrere Stufen für das Einstellen der Lichtintensität. Das Ding ist wirklich ganz nice und euer Lichtproblem ist schnell und simpel gelöst.

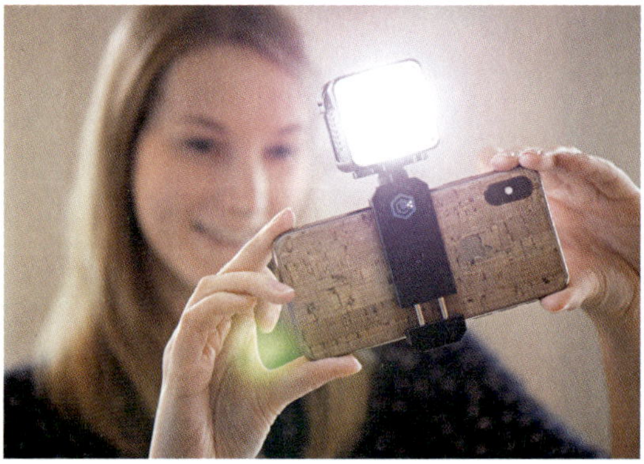

Wer hätte sich früher auch nur ansatzweise träumen lassen, dass Smartphones eigentlich Transformers sind.

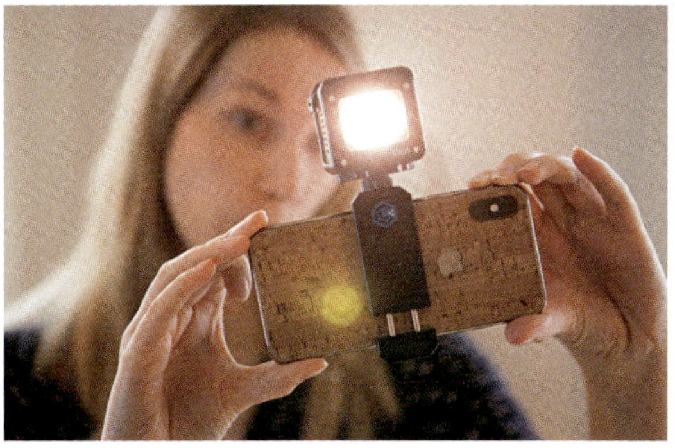

Mit Filter und weniger Intensität.

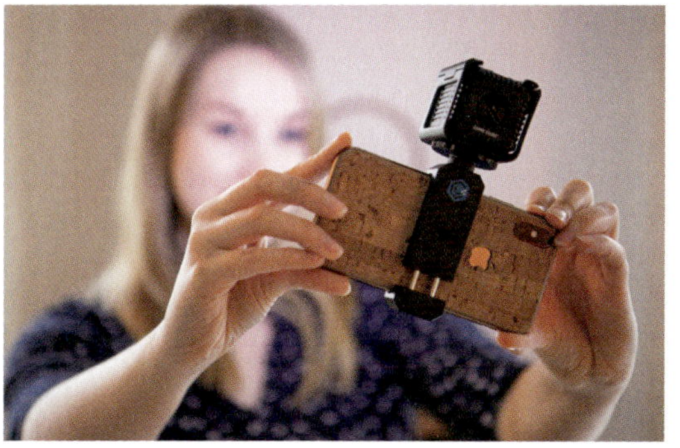

Selfie damit geht auch!

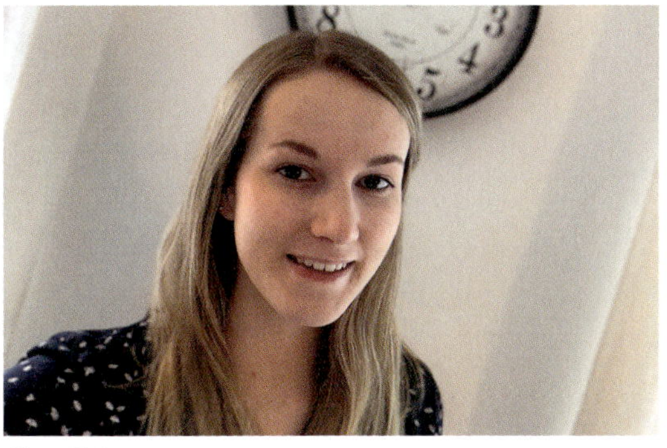

Ohne Licht.

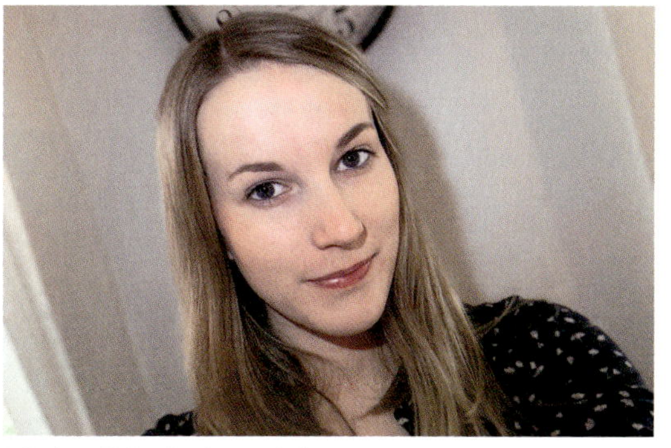

Mit dem Licht des Lume Cubes.

STROMVERSORGUNG

Woran erkennt man einen iPhone-Nutzer? Er trägt immer ein Ladekabel mit sich herum. Dieser Witz ist so alt wie iPhones selbst und trotzdem hat sich hier noch nichts getan.

Damit ihr aber nicht ständig aufgrund der mäßigen Akkulaufzeit bei längeren Fotosessions auf die Uhr schielen müsst, gönnt euch ruhig eine externe Stromversorgung. Aber nicht irgendeine. Pupsige Powerbanks kennt ja jeder ... aber das hier?

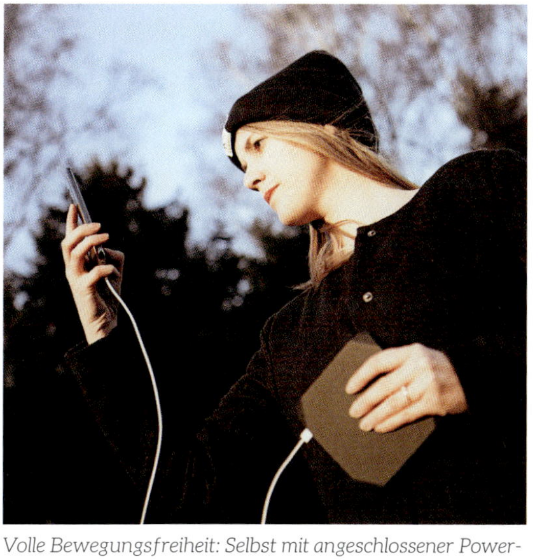

Volle Bewegungsfreiheit: Selbst mit angeschlossener Powerbank lässt sich mit ausreichend langem Kabel noch gut arbeiten.

OMNICHARGE POWERBANK (IOS UND ANDROID)

Omnicharge-Geräte sind mit Abstand die hochwertigsten Powerbanks am Markt. Sie haben die aktuellste Akku- und Spannungstechnologie an Bord, sind mit umfangreichen und modernsten Anschlüssen ausgestattet und haben als i-Tüpfelchen obendrauf noch (wahlweise) einen vollwertigen Stromanschluss am Start, der selbst große Notebooks unter Volllast beim Arbeiten mit Strom versorgen kann. Das alles in einer Kompaktheit, bei der selbst das (eigentlich schon sehr kompakte) Smartphone blass vor Neid wird.

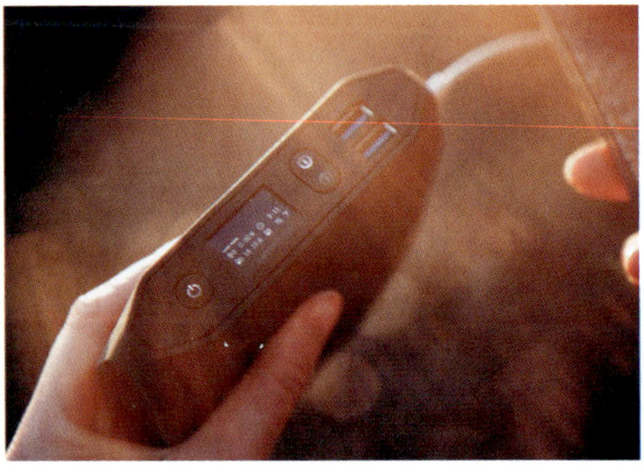

Auch im Hellen sind alle wichtigen Informationen von OLED-Displays wie im Omnicharge noch gut ablesbar.

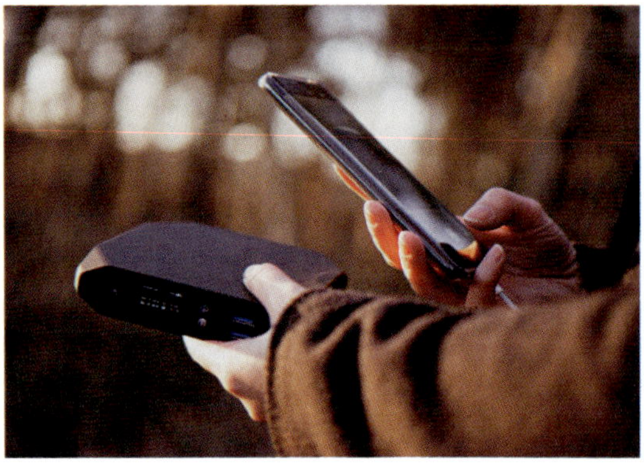

Selbst akkuintensive Apps sind dann über längere Zeit kein Problem.

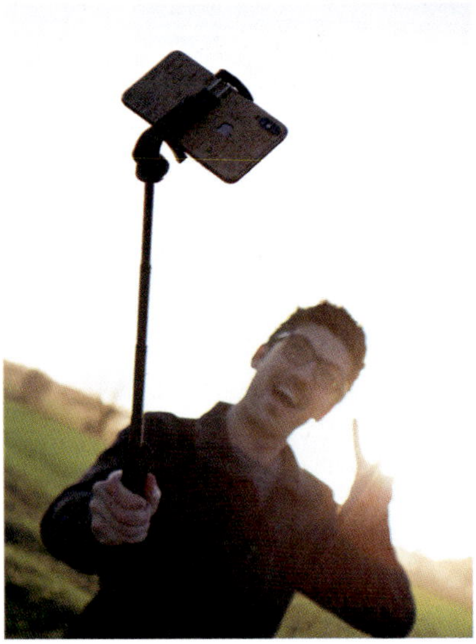

Selfie-Sticks sind verhasst. Dabei sind sie wirklich hilfreich, wenn ihr kurz euer Gehirn nutzt.

STATIVE & BEFESTIGUNGEN

Wir sind uns sicher einig, dass wir das Smartphone ständig in der Hand halten, egal ob wir foto- oder videografieren. Ihr braucht beim Fotografieren zwar nicht unbedingt eine zusätzliche Stabilisierung oder Befestigung. Da wir aber wissen, dass ihr mehr als nur Selfies schießen wollt, macht es definitiv Sinn, sich mal umzuschauen, welche Befestigungsmöglichkeiten eurer Kreativität guttun. Klar: Ihr könnt jederzeit ein Fotostativ nehmen und eine Smartphone-Halterung dranklemmen. Leider sind diese Dinger fragil und beschädigen euer gutes Stück schneller, als ihr denkt.

MANFROTTO TWISTGRIP HANDGRIP FOTO-VIDEO-KIT (IOS UND ANDROID)

Eigentlich nichts Spannendes, aber eines der wichtigsten Utensilien, wenn es um die einfache, aber effektive Stabilisierung eures Smartphones geht: Handgriffe.

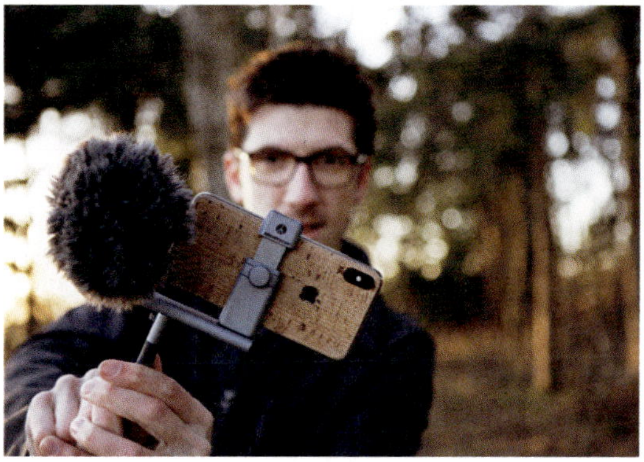

Stative und Rigs verleiten eher dazu, auch mal ungewöhnliche Dinge ganz gewöhnlich werden zu lassen.

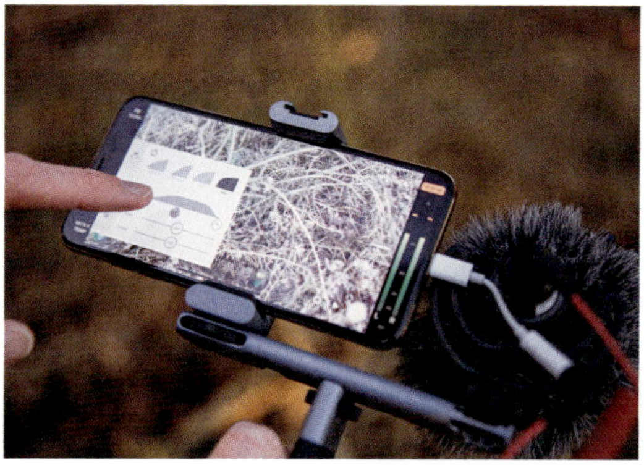

Die Klemmen versperren keinen Teil des Bildschirms. Alles bleibt trotz Zubehör wie gewohnt nutzbar.

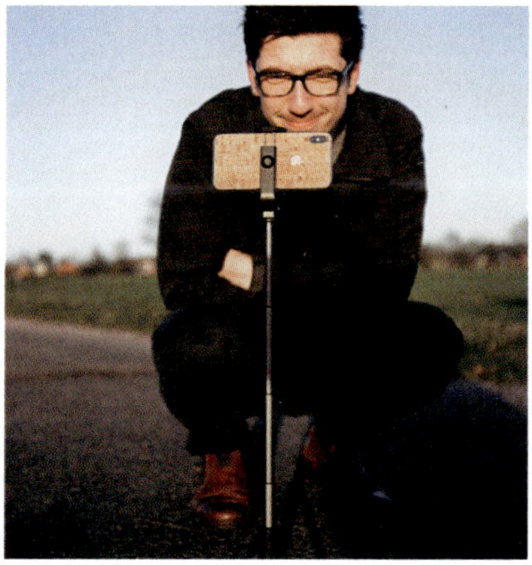

Wenn euch die Leute auf der Straße so sehen …

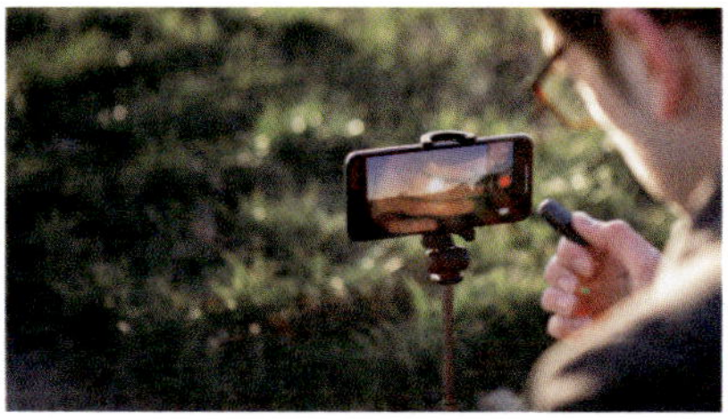

… wissen sie meist gar nicht, welch wundervolles Vorhaben ausgeheckt wird.

SELFIE-STICK MIT INTEGRIERTEM STATIV (IOS UND ANDROID)

Zugegeben, als wir zum ersten Mal solch eine Abart in den Händen hielten, waren wir irritiert: So überraschend kompakt und hilfreich für eine Vielzahl an Situationen, kann das sein? Ja, es kann. Selfie-Sticks sind mittlerweile mehr als nur peinliche Billigstangen, die von zwielichtigen Gestalten an Touristen verkauft werden und an denen ein Telefon hängt.

Sie sind robust, leicht und vielseitig. Problem hierbei ist nur, dass es diverse Hersteller gibt, die solch ein Konstrukt in unterschiedlichen Qualitätsausführungen anbieten. Uns haben die Selfie-Stick-Stative von VAVA, CliqueFie und Joby überzeugt. Von den ersten beiden Herstellern kann der Haltegriff zu einem Dreibein transformiert werden und so bis Hüfthöhe als windfestes Stativ dienen. Mit der am Griff verstaubaren, abnehmbaren Fernbedienung vermeidet ihr dann auch viel zu lange Arme in euren Aufnahmen, egal ob bei Fotos oder Videos.

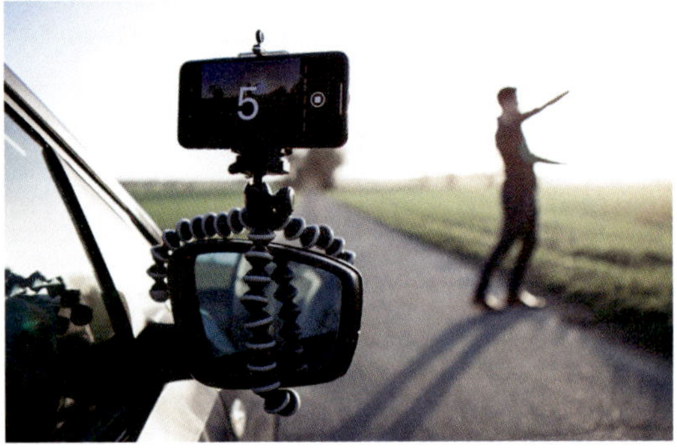

Bei aller Liebe zu ungewöhnlichen Dingen: Achtet trotzdem darauf, dass nach einem Fotoshooting euer Telefon nicht auf die Müllhalde muss.

OKTOPUS- UND GORILLA-STATIVE (IOS UND ANDROID)

Der Klassiker, aber noch lange nicht ausgelutscht. Die Besonderheit bei diesen Stativen ist ihre Flexibilität bei gleichzeitiger Straffheit. Ihr könnt im Gegensatz zu einem klassischen Dreibeinstativ, bei dem die Beine fest und starr sind, die Oktopus- und Gorilla-Pod-Beine um etwas herumwickeln, da sie eine Vielzahl an kleinen Gelenken haben, die sich den unterschiedlichsten Oberflächen und Unebenheiten ihrer unmittelbaren Umgebung anpassen können. So könnt ihr gut gesichert auch mal von Baumästen, Laternenpfählen oder Wasserrohren aus ein Foto schießen oder Video machen. Neben den Stativen von Fotopro haben uns auch hier die von Joby überzeugt.

ZUBEHÖR ZUM FILMEN

Wie gesagt, Foto- und Video-Zubehör liegt nicht allzu weit auseinander. Aber hier gibt es doch noch die ein oder andere Finesse, die nicht unerwähnt bleiben darf, damit eure Skills in den Himmel schießen. Probiert wie gesagt jedoch unbedingt aus, Foto- und Videozubehör auch jeweils für den anderen Zweck zu nutzen und zu tauschen.

TON

Was verzeihen potenzielle Zuschauer eher: ein schlechtes Bild oder schlechten Ton? Für manche vielleicht überraschend, aber es ist das Bild. Kann man nichts sehen, ist es halb so schlimm. Kann man jedoch nichts hören, finden das Zuschauer nachweislich doof. Deswegen hingen beim letzten *Star-Wars*-Film – vor allem in den USA – an jedem Kino kleine Schilder, die bereits im Vorfeld den Tonaussetzer mitten im Film nicht als Fehler, sondern als künstlerisches Stilmittel spoilerten. Damit eure potenzielle Zuschauerschaft nicht eines Tages mit Mistgabeln die teuren Eintrittskarten zurückverlangen wird, kommen hier ein paar Ideen von uns für euch, wie ihr mit einfachen Methoden eine Wohlfühloase für die Ohren schaffen könnt.

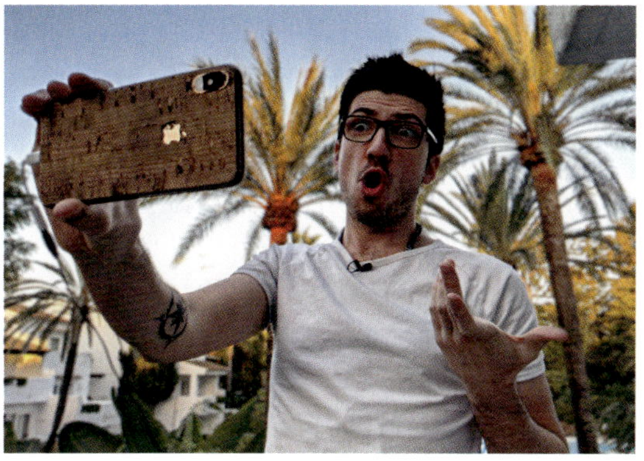

Vlogs weiter gedacht. Endlich auch mit gutem Ton am Kragen.

ANSTECKMIKROFON RODE SMARTLAV+ (IOS UND ANDROID)

Besonders für Interviewsituationen eine enorme Hilfe. Einfach ans Hemd oder an den Kragen gesteckt, und – schwupp – hört man denjenigen oder auch nur euch wesentlich besser. Es ist sozusagen ambitionierter Ton mit minimalem Aufwand, dafür kabelgebunden (bei neueren Modellen sind eventuell Lightning- oder USB-C-Adapter erforderlich).

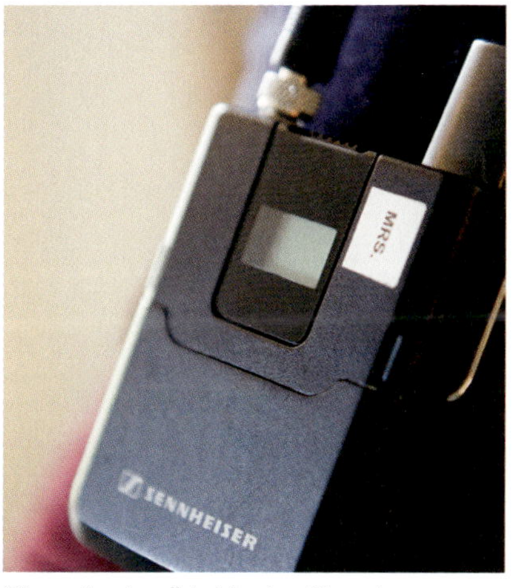

Die professionellste Version für unterwegs. Kostet aber auch entsprechend.

ANSTECKMIKROFON SENNHEISER AVX (IOS UND ANDROID)

Das Gleiche wie das SmartLav+, nur in Grün ... also Schwarz. Professioneller Ton mit minimalem Aufwand von der Traditionsfirma Sennheiser und sogar kabellos. Auch hier ist eventuell ein Adapter erforderlich, sofern die beigefügten Möglichkeiten nicht ausreichen.

AUFSTECKMIKROFON RODE VIDEOMIC ME/ME-L (IOS UND ANDROID)

Für alle Narzissten ... ähm ... Vlogger unter euch das perfekte Mikrofon, um schnell den dumpfen oder rauschigen Sound eures Smartphones um einige Level anzuheben. Wird fix an den Headset- oder Lightning-Anschluss geklemmt und schon kann es softwareunabhängig losgehen. Für den Fall der Fälle lässt sich das Mikrofon auch um 180 Grad drehen. Übrigens, ihr habt es schon gesehen: beim Manfrotto TwistGrip HandGrip.

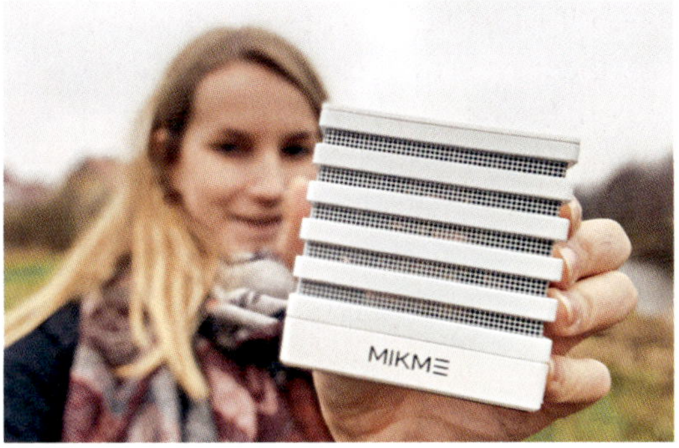

Solltet ihr viel Wert auf Dialoge, Sprache bzw. Interviews legen, sind solche mobilen Großmembranmikrofone ein echter Geheimtipp.

MIKME (IOS UND ANDROID)

Wer sich sein Großmembranmikrofon schon immer mal in die Hosentasche stecken wollte, der kann jetzt aufschreien vor Glück. Das Mikme ist ein kompaktes, doch professionelles Großmembranmikrofon für Studioqualität unterwegs. Für Interviews, aber auch für (Musik-)Events oder saubere Atmosphären eine kabellose Multihilfe.

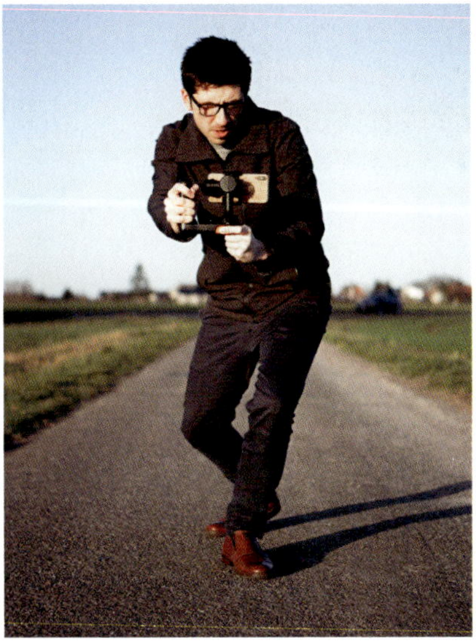

Sieht komisch aus, ist aber maximal effizient. Werdet eins mit eurer Technik.

STABILISIERUNGSSYSTEME

Eine gute Stabilisierungstechnologie beim Filmen mit dem Smartphone ist mindestens interessant. Klar, die digitalen oder optischen Bildstabilisierungen in modernen Telefonen können schon einiges, doch für das Grobe geht immer noch kein Weg an den üblichen Verdächtigen vorbei: Stative und Gimbals.

Natürlich könnt ihr auch für Videos jederzeit ein Fotostativ nehmen und eine Smartphone-Halterung dranklemmen. Aber wie gesagt: Diese Dinger sind fragil und beschädigen euer Smartphone schneller, als ihr denkt. Also überlegen wir uns wieder einmal eine Alternative.

DJI OSMO MOBILE 2 (IOS UND ANDROID)

Das aktuell beste Preis-Leistungs-Verhältnis (das klingt so typisch deutsch) bietet das Osmo Mobile 2 von DJI. Warum? Weil es robust und idiotensicher ist. Obendrauf gibt es noch clever programmierte Features, die euch dabei helfen, solch einen Gimbal in kurzer Zeit in Perfektion zu meistern: Bewegungen automatisch folgen oder über Kopf etwas aufnehmen, um ganz dicht an den Boden heranzukommen. Es gibt nur einen Tipp, den ihr beherzigen solltet: Werdet eins mit einem Gimbal. Seht solch einen Gimbal als Verlängerung eures Arms an, nicht als Hydrauliksystem eures Monster-Trucks. Gimbals können nur begrenzt Bewegungen kompensieren. Wenn ihr also beim Laufen merkt, dass der Gimbal ruckelt, liegt das entweder an einem zu schweren oder falsch eingesetzten Handy oder an euren Bewegungen. Bewegt euch sanft im Einklang mit dem Gimbal, seid nicht abrupt. Bildet eine Einheit und fühlt die nächste Bewegung voraus.

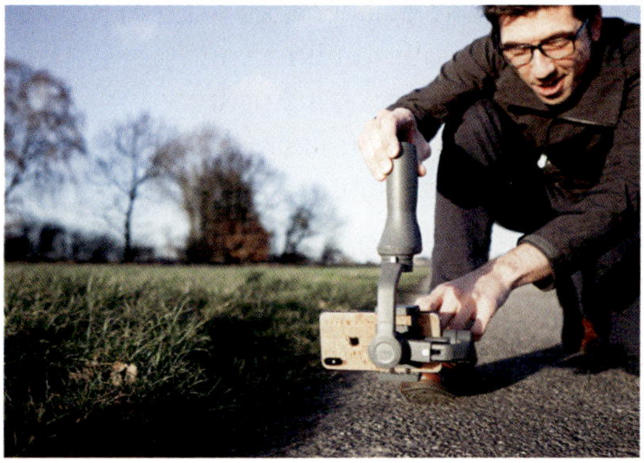

Indem ihr einfach »macht« …

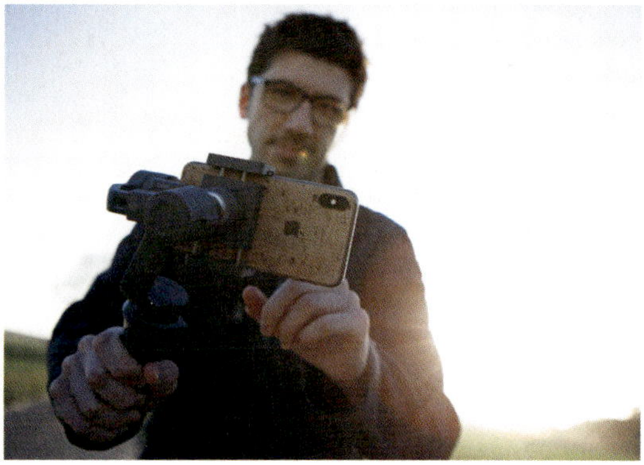

… holt ihr das Maximum aus eurer Technik heraus.

SMARTPHONE-GIMBAL FREEFLY MOVI (IOS UND ANDROID)

Der Freefly Movie ist ausgestattet mit Stabilisierungstechnologien, die man sonst nur in großen, professionellen Stabilizern findet, und er ist trotzdem leicht und extrem kompakt! Der kleine, aber feine Unterschied zu klassischen Gimbals wie dem Osmo ist die Zweihandbedienung. Die Griffe sind so konstruiert, dass ihr für maximale Stabilität und Anti-Arm-Ermüdung beide Hände anlegen und die Bewegungen und Funktionen mithilfe der verbauten Knöpfe vernünftig bedienen könnt. Eine Investition, die sich definitiv lohnt.

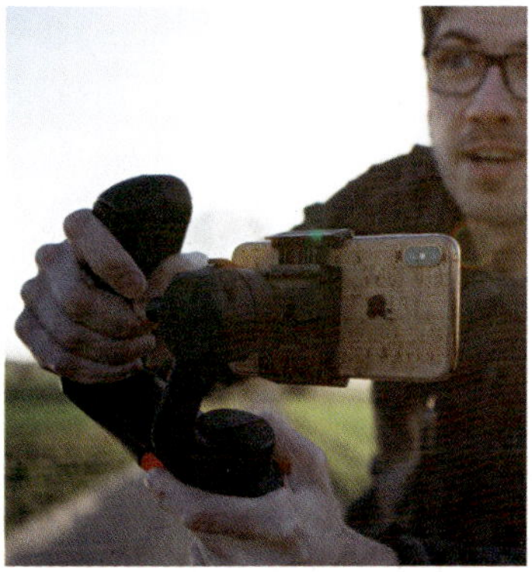

Keine Angst vor Fehlern. Denn …

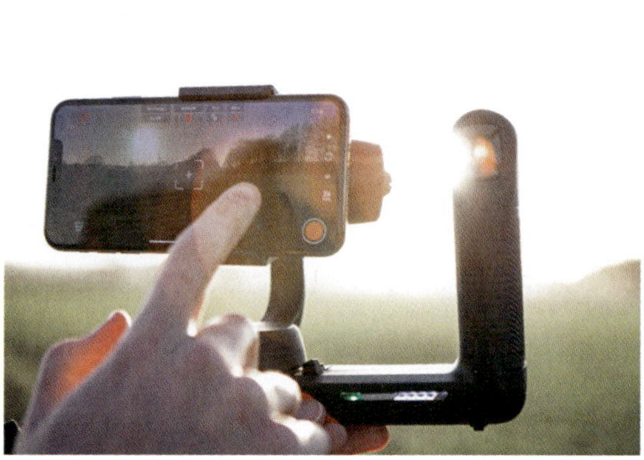

… sollte etwas schiefgehen, wird es euch das Gerät oder die Software schon mitteilen.

SCHLUSSWORT

Smartphones sind für uns allgegenwärtig und obligatorisch geworden. Die integrierten Kameras sowieso. Sie sind für uns so was von selbstverständlich geworden, dass wir ihr Können gar nicht (mehr) bewusst wahrnehmen. Nach diesem Buch aber nehmt ihr sie mit einem ganz anderen Verständnis wahr. Die Komplexität von Smartphone-Kameras habt ihr nun verstanden und verinnerlicht. Dieses Wissen könnt ihr in jeder Sparte einsetzen, ganz egal, mit welchem Smartphone ihr fotografiert. Selbstverständlich haben die gängigen Kamerasysteme, wie Bridgekameras, Spiegelreflex- und Systemkameras, definitiv ihre Daseinsberechtigung und Smartphone-Kameras können diese (noch) nicht ersetzen, doch in vielen Situationen sind Smartphone-Kameras – insbesondere im Alltag – von Vorteil und eröffnen in der Fotografie ganz neue Wege und Möglichkeiten. Wir können Fotos direkt am Smartphone bearbeiten, unsere Filmaufnahmen schneiden. Wir können unsere Fotos, unser ganzes verrücktes Leben jederzeit dokumentieren und vom Handy direkt, einfach und schnell mit der ganzen Welt teilen! Alles in nur einem Gerät, was wir sowieso immer in der Hand haben. Wieso also noch ein zusätzliches Gerät kaufen, das man in der Tasche haben muss, wenn doch schon eins da ist?

Macht euch effektiv nur klar, was am Ende bei eurer Fotografiererei oder Filmerei herauskommen soll und was ihr dafür an Kraft, Kopf und Energie einsetzen könnt. Kauft euch kein teures Smartphone, wenn ihr überhaupt keinen Bock darauf habt, euch mit den ganzen Funktionen auseinanderzusetzen, nur um unbedingt eines zu haben. Das Bild bleibt am Ende trotzdem Mist und kann zu Oscar in die Tonne. Gute Aufnahmen entstehen durch technisches Verständnis von dem Ding, das ihr in der Hand haltet, und sie entstehen durch den kreativen Prozess. Es ist ein Zusammenspiel aus Geschichte, Einstellungsmöglichkeiten, Bildgestaltung, weiterführenden Apps und Zubehör.

Also habt keine Angst und macht einfach Fotos!

Denn am Ende bringt euch all dieses theoretische Wissen nichts, wenn die Praxis fehlt. Daher können wir euch nur dazu ermutigen, einfach nach draußen (oder drinnen) zu gehen und zu experimentieren, bis der Akku eures Smartphones glüht!

Fürchtet euch nicht vor Meinungen anderer und brecht auch einmal all diese Regeln, um einerseits eure Grenzen, andererseits technische Grenzen zu finden und euren eigenen Stil zu formen. Es ist gut, wenn ihr nach links und rechts schaut, was eure Kamerakollegen so machen, aber vergleicht euch nicht! Das wird euch am Ende nicht guttun und ihr wollt ja niemanden kopieren, sondern euch selbst erfinden oder treu bleiben, nicht wahr?

Jeder hat eine andere Wahrnehmung. Hauptsache, ihr seid letztendlich mit eurem Werk zufrieden. Euer Gegenüber kann, wird oder will nicht wissen, was in eurem Kopf vorgeht und wie viel Arbeit in euren Bildern steckt. Es ist egal, für wen ihr eure Fotos mit eurem Smartphone macht – für die Öffentlichkeit auf Instagram, für Freunde und Bekannte oder aber auch nur für euch selbst. Zumindest für euch selbst solltet ihr den Anspruch haben, das Bestmögliche aus euren Fotos herauszuholen. Und da wir einer so dermaßen großen Flut an Bildern ausgesetzt sind, dass unser Kopf diese teilweise gar nicht mehr verarbeiten kann, tut es gut, nicht immer das Gleiche zu machen, um erfrischend anders aufzufallen.

Jeder kann, ist und hat Kamera. Auf so viele unterschiedliche Weisen. Was faszinierend ist. Doch wie sagt man so schön und langweilig? Es ist noch kein Meister vom Himmel gefallen.

ÜBUNG, ÜBUNG, ÜBUNG. Es braucht Zeit und Durchhaltevermögen. Ihr seid nicht perfekt, wir sind nicht perfekt, niemand ist perfekt. Was ist überhaupt perfekt? Lasst eurer Kreativität freien Lauf, besinnt euch aber immer wieder auf ein bisschen Know-how aus diesem Buch. Ihr müsst nicht alles Wissen im Kopf haben, ihr müsst nur wissen, wo ihr es nachschlagen könnt.

Wenn euch nun immer mehr Ideen in euren Kopf geflattert sind und ihr sie unbedingt umsetzen möchtet, bekommt ihr nun unseren Tritt in den Hintern. Offizielle Aufforderung, es JETZT zu tun! Nicht morgen und auch nicht übermorgen. Zeigt uns eure Ergebnisse, teilt, was das Zeug hält, und lasst uns an eurem Prozess teilhaben. Wenn ihr mögt. ***#ScheissAufKameras.***

BILDNACHWEIS

Shutterstock.com: Designua S. 11, Patryk Kosmider S. 20 (oben), Khairul Effendi S. 20 (unten), Sitthiporn Kongtee S. 21, Dominionart S. 22 (oben), Michael Dechev S. 22 (unten), Pozdeyev Vitaly S. 23, Framesira S. 25 (unten), zixia S. 38, Creative Travel Projects S. 46

Public Domain/CC: Joseph Nicéphore Niépce (Gemeinfrei) S. 12 (oben), Bronger (CC0) S. 12 (unten), Leica (CC BY-SA 2.0) S. 13 (unten), Daderot (CC0) S. 14, Mr. Gray (CC0) S. 15, Reinhard Dietrich (CC0) S. 16, II. Super Legendary.II (CC BY-SA 4.0) S. 17, Sebastian Klein/Wikipedia (CC BY-SA 3.0) S. 18, MalteAhrens at de.wikipedia. Vectorization by User: SidShakal (Gemeinfrei) S. 113

Christoph Dirkes · 4cSONS mediendesign: Grafiken auf S. 44, 45, 56, 71, 89 und 119

Layoutelemente:
Kopfzeile und Aufmacher (oben): 218038485_©AdobeStock_dima040293,
Aufmacher (Hand und Bildunterschrift): 135447471_©AdobeStock_R-DESIGN

Alle weiteren Abbildungen: © Alex Böhm und Carolin Schwartau